국보 제70호 유네스코 세계기록유산

우리말 소리를 그리는 문자

훈민정음

해례본 풀이

편저 전영태

나라의 말소리가 중국에 다르고

문자와도 서로 잘 맞지 아니하니라

이런 까닭으로 백성이 이르고자 하는 바가 있어도

마침내 제 뜻을 실어 펴지 못하는 사람이 많으니라

내 이를 위하여

새로 스물여덟 글자를 만드나니

사람마다 하여금 쉽게 익혀

날로 씀에 편안케 하고자 할 따름이니라

추천하는 글

훈민정음은 세종대왕께서 백성을 향한 사랑을 새겨 넣어 창제하신 인류의 역사에 빛나는 위대한 문화유산입니다. 훈민정음해례본은 단순한 해설서를 넘어 창제 원리와 사용법을 가장 온전히 전해 주는 귀중한 기록으로 인류 문자 역사에서도 그 가치가 빛나고 있습니다.

이번에 훈민정음해례본 번역본을 출간하게 된 것은 매우 특별한 의미를 지닙니다. 교육 현장에서 선생님들이 스스로 연구와 토론을 거듭하여 문헌을 풀어낸다는 것은 결코 쉬운 일은 아닙니다. 선생님들의 헌신과 열정이 가능하게 했습니다. 교실 현장에 학생들에게 직접 전할 수 있는 살아 있는 학문이자 교육의 결실이라 할 수 있습니다. 학문적 성과를 넘어 교육적 실천의 힘을 보여줍니다. 교단에서 아이들과 함께 한글의 소중함을 일깨우며, 동시에 학문적 자료를 쉽고 바르게 풀어내려는 노력이 담겨 있습니다. 선생님들의 손으로 이루어진 이번 출간은 훈민정음의 정신을 오늘의 교실 속에서 되살리는 귀한 실천입니다. 교사 스스로가 학문적 원전을 탐구하고 이를 학생과 함께 나누기 위해 새롭게 풀어낸다는 사실은 그 자체로 큰 의미를 지니고 있습니다.

이 책은 단순히 옛 문헌을 옮긴 번역본에만 그치지 않을 것입니다. 훈민정음해례본이 품은 창제의 원리와 사상을 현대적 언어로 풀어내어 교사와 학생 나아가 일반 독자들까지 한글의 뿌리를 새롭게 바라보게 하는 힘을 지녔습니다. 독자들은 이 책을 통해 세종대왕이 왜 새로운 문자를 창제해야 했는가? 훈민정음의 원리 속에는 어떤 과학적 지혜와 철학적 사유가 담겨 있는가? 오늘의 교실에서 이 정신을 어떻게 되살릴 수 있을까? 물음에 답하면서 훈민정음의 창제 정신을 다시금 마음 깊이 새기게 할 것입니다. 무엇보다 이 책을 읽는 학생과 교사, 그리고 일반 독자들 모두가 한글을 배우는 자부심과 기쁨을 다시 느끼게 될 바탕이 될 책이라 확신합니다.

교육은 씨앗을 심는 일입니다. 선생님들이 힘을 모아 이룬 세계의 소리를 그리는 문자 훈민정음해례본은 우리 아이들의 마음에 한글의 얼과 가치를 심는 소중한 씨앗이 될 것입니다. 이 작은 씨앗이 싹트고 자라, 미래 세대가 우리 말과 글을 더 사랑하고 더 깊이 이해하는 큰 나무로 성장하리라 믿습니다.

이 귀한 책이 널리 읽히며 훈민정음의 정신이 더 많은 이들에게 전해지기를 기대합니다. 그리고 무엇보다도 이 일을 위해 오랜 시간 열정과 노력을 다하신 선생님들께 깊은 감사와 존경을 드립니다. 선생님들의 이러한 노력이 바로 한글의 미래를 밝히는 힘이 될 것입니다.

2025년 10월
전 국립국어원 원장 이상규

펴내면서

지금 우리가 쓰고 있는 한글은 세종대왕 때 언문을 말합니다. 한글 스물 네 글자는 최세진이 지은 훈몽자회 범례에 뿌리를 두고 있습니다. 한글이라는 이름은 1910년 무렵에 훈민정음 원리를 제대로 알지 못할 때 글자를 새로이 갖추면서 붙인 이름입니다. 한글은 중요한 음소를 빼버리고 용도를 뒤바꾸고 성조를 없애고 자모 순서를 뒤바꾸어 사용했습니다. 오늘날 24자로 쓰고 있지만 본질적인 글자에 다가가면 심각한 문제점을 안고 있습니다. 우리는 한글을 잘 안다고들 합니다. 그러나 세종대왕의 훈민정음 스물 여덟 글자는 어둠 속에서 숨은 무늬처럼 제 모습을 드러내지 못하고 있습니다. 훈민정음의 자모는 모두 스물 세(23) 자모입니다. 지금 한글 자모는 열 아홉(19) 글자를 쓰고 있습니다. 현재 사용되지 않는 글자가 ㆁ ㆆ ㆅ ㅿ 네 글자입니다. 네 글자가 있어야 완벽한 훈민정음으로 모든 소리를 바르게 표현할 수가 있습니다. 동국정운 서문에 “7성조 84조가 성악의 정도와 더불어 한 가지로 크게 화합될 수 있게 되었다.” 하였습니다. 피아노 건반이 모두 7옥타브 88개입니다. 이 건반 중에서 잘 안 쓰는 것은 몇 개 없어도 일상적인 가락을 연주한다거나 할 때 별로 문제를 느끼지 못합니다. 하지만 더 넓은 더 깊은 세계를 표현하고자 할 때 더 낮거나 더 높은 음이 없으면 표현할 수 없는 원리와 같이 세종대왕께서 창제하신 스물 여덟 글자에서

한 자만 빠져도 전체 원리에 어긋나게 되어 글자의 세계를 완벽하게 나타내지 못합니다. 훈민정음해례본 정인지 서문에 "계해년 세종 25년 1443년 겨울에 우리 전하께서 정음 스물 여덟 글자를 창제하시고 대략 본보기와 바른 뜻을 들어 보이시어 이름을 훈민정음이라 하셨다. 모양을 본떴으나 글자는 옛 전서를 본떴고, 소리를 따랐으나 음은 일곱 가락에 들어맞는다. 삼극의 뜻과 음양의 묘가 다 갖추지 아니함이 없는 것이다. 스물 여덟 글자로서 굴리고 바꾸면 궁함이 없어 간단하고도 긴요함이 있고, 정묘하면서 두루 잘 통한다. 그러므로 지혜로운 사람은 아침나절이 끝나지 아니해서 깨칠 것이요, 어리석은 자라도 열흘이면 배울 수가 있다. 이로써 글을 풀어 보면, 가히 그 뜻을 알 수가 있다." 하였습니다.

훈민정음은 자연의 원리를 다하여 성음에 뿌리를 두어 그 이치를 다한 것이라 하였습니다. 훈민정음해례본은 단순히 언어 전달을 위한 역할에 그치는 것이 아니라 만물의 창조 원리와 변화의 이치를 담고 있습니다. 말소리가 생겨나는 자연의 원리를 찾아내어 이를 글자로 나타낸 것이 훈민정음입니다. 입에서 나오는 말소리를 훈민정음으로 쓴다는 것은 소리의 탄생과 변화의 모든 과정을 글자로 재현하면서 글자의 그림을 눈으로 보게 되는 것입니다. 오늘날 인공지능 시대에 소리를 정확하게 발음하는 중요성이 대두되고 있습니다. 이 책에서는 훈민정음 스물 여덟 글자의 창제 원리와 바르게 소리내는 방법 등을 고스란히 풀이하여 실었습니다.

훈민정음해례본은 우리 민족의 얼과 지혜가 응축된 인류 공동의 자산으로 국보 제70호이자 유네스코 세계기록유산으로 등재되어 그 가치를 세계적으로 인정받고 있습니다. 이는 단순한 문자 체계의 창제가 아니라 모든 백성이 쉽게 배우고 소통할 수 있도록 세종대왕께서 백성을 향한 깊은 애민 정신을 바탕으로 펼쳐낸 위대한 결실이었습니다.

오늘날 훈민정음해례본을 다시금 펴내는 일은 600여 년 전 창제 당시의 정신을 오늘의 교육 현장과 미래 세대를 잇는 귀중한 다리 역할을 할 것입니다. 이 책은 학교 현장의 교원들과 학습자들에게 훈민정음의 원리를 알기 쉽게 풀어내고 문자 너머에 담긴 철학과 가치까지 함께 전하려는 뜻에서 '우리말 소리를 그리는 문자 훈민정음 해례본 풀이'라는 책을 발간하게 되었습니다.

훈민정음은 소리를 글자로 옮기는 단순한 도구를 넘어 모든 이에게 학문의 길을 열어주고 사회적 소통과 문화 발전을 이끌어 온 살아있는 지혜의 산물입니다. 나아가 오늘날 디지털 문명 속에서도 문자 체계와 기록 문화의 중요성을 일깨우는 귀중한 길잡이가 될 것입니다. 독자 여러분께 새로운 깨달음과 자긍심을 불러일으키고 나아가 우리 민족의 정신과 문화유산을 지켜가는 일에 함께 뜻을 모으는 계기가 되기를 기대합니다.

2025년 중양절에
지은이 전영태

일러두기

◦본 책은 훈민정음 해례본과 언해본 원문을 풀이한 책입니다.
◦원문을 표기할 때는 세로를 가로로 표기하여 풀이 하였습니다.
◦훈민정음 해례본 정음 해석은 예시와 같이 훈민정음 해례본 원문과 언해본을 함께 실어 해석을 하였습니다.

〈예시〉
〈해례본 원문〉 國之語音。
〈언해본 언문〉 國·귁之징語:ᅌᅥᆼ音음·이
〈언해본 언문〉 나·랏:말ᄊᆞ·미
〈해 석〉 나라의 말소리가,

◦해석은 원문의 바른 번역을 위해 직역을 우선하였고 설명이 필요한 부분은 각주에 안내를 하였습니다.
◦훈민정음 해례본 스물 여덟 글자의 표기는 ㄱ ㄴ ㅁ ㅅ ㄹ ㆆ ㅣ ㅡ ㅏ ㅓ ㅗ ㅜ 등과 같이 EBS훈민정음 폰트로 표기하였습니다.
◦한글 키보드로 표현되지 않는 ᅘᅩᆼ 등과 같은 문자는 그림문자로 표기하였습니다.
◦본 책에서는 변별을 위해 닛소리 등 두음법칙을 적용하지 않은 낱말 등이 있습니다.
◦자음 ㄱ牙音 등의 풀이는 엄소리(牙音)같이 우리말로 먼저 풀이하고, 괄호 안에 한자음으로 함께 표기하였습니다.
◦훈민정음 해례본과 언해본 원문은 부록에 실어 두었습니다.
◦훈민정음 해례본 영인본(다듬본)은 모두 33장이며, 정음(正音)

4장과 정음해례 29장으로 구성되어 있습니다. 해례본 사본은 간송미술관에 소장된 간송본(국보 70호)을 그대로 찍어낸 사진본을 디지털 기기로 보정한 다듬본을 부록에 실었습니다.

◦훈민정음 언해본은 모두 15장 30쪽입니다. 언해본은 여러 언해본이 있으나 이곳에 수록된 언해본은 서강대에 소장된 월인석보(보물 제745호) 본으로 만든 다듬본을 실었습니다.

◦훈민정음 해례본을 적용한 초등학교 어린이를 위한 '한글해득 교수·학습 프로그램'과 '한글해득 프로그램 교수학습과정안 예시안'을 부록에 실었습니다.

제목차례

제 1 장

훈민정음 해례본

I. 훈민정음 해례본

1. 훈민정음 정음

가. 세종 어제 서문

나라의 말소리가 중국에 다르고
문자와도 서로 잘 맞지 아니하니라
이런 까닭으로 어린 백성이 이르고자 하는 바가 있어도
마침내 제 뜻을 실어 펴지 못하는 사람이 많으니라
내 이를 위하여 불쌍히 여기어
새로 스물여덟 글자를 만드나니
사람마다 하여금 쉽게 익혀
날로 씀에 편안케 하고자 할 다름이니라

나. 첫소리 스물 세 글자

1) 엄소리 ㅇ ㄱ ㅋ ㄲ

가) ㄱ

ㄱ는 엄소리 **군** 글자 처음 펴아나는 소리와 같다.

나) ㄲ

ㄱ을 나란히 쓰면 **뀽** 글자 처음 펴어나는 소리와 같다.

다) ㅋ

ㅋ는 엄소리 **쾡** 글자 처음 펴어나는 소리와 같다.

라) ㅇ

ㅇ는 엄소리 **업** 글자 처음 펴어나는 소리와 같다.

2) 혓소리 ㄴ ㄷ ㅌ ㄸ

가) ㄷ

ㄷ는 혓소리 둫 글자 처음 펴어나는 소리와 같다.

나) ㄸ

ㄷ을 나란히 쓰면 ᄄᆞᆷ 글자 처음 펴어나는 소리와 같다.

다) ㅌ

ㅌ는 혓소리 ᄐᆞᆫ 글자 처음 펴어나는 소리와 같다.

라) ㄴ

ㄴ는 혓소리 ᄂᆞᆼ 글자 처음 펴어나는 소리와 같다.

3) 입시울소리 ㅁ ㅂ ㅍ ㅃ

가) ㅂ

ㅂ는 입시울소리 볋 글자 처음 펴어나는 소리와 같다.

나) ㅃ

ㅂ을 나란히 쓰면 뽕 글자 처음 펴어나는 소리와 같다.

다) ㅍ

ㅍ는 입시울소리 푷 글자 처음 펴어나는 소리와 같다.

라) ㅁ

ㅁ는 입시울소리 밍 글자 처음 펴어나는 소리와 같다.

4) 닛소리 ㅅ ㅈ ㅊ ㅆ ㅉ

가) ㅈ

ㅈ는 닛소리 즉 글자 처음 펴어나는 소리와 같다.

나) ㅉ

ㅈ을 나란히 쓰면 쭝 자 처음 펴어나는 소리와 같다.

다) ㅊ

ㅊ는 닛소리 침 글자 처음 펴어나는 소리와 같다.

라) ㅅ

ㅅ는 닛소리 슗 글자 처음 펴어나는 소리와 같다.

마) ㅆ

ㅅ을 나란히 쓰면 썅 글자 처음 펴어나는 소리와 같다.

5) 목소리 ㅇ ㆆ ㅎ ㆅ

가) ㆆ

ㆆ는 목소리 ᅙᅳᆸ 글자 처음 펴어나는 소리와 같다.

나) ㅎ

ㅎ는 목소리 헝 글자 처음 펴어나는 소리와 같다.

다) ㆅ

ㅎ을 나란히 쓰면 ᅘᅩᆼ 글자 처음 펴어나는 소리와 같다.

라) ㅇ

ㅇ는 목소리 욕 글자 처음 펴어나는 소리와 같다.

6) 반혓소리 ㄹ

ㄹ는 반혓소리 령 글자 처음 펴어나는 소리와 같다.

7) 반닛소리 ㅿ

ㅿ는 반닛소리 ᅀᅣᆼ 글자 처음 펴어나는 소리와 같다.

다. 가운뎃소리 열 한 글자

1) 초출자 ㆍ ㅣ ㅡ ㅏ ㅓ ㅗ ㅜ

가) ㆍ

ㆍ는 ᄐᆞᆫ 글자 가운뎃소리와 같다.

나) ㅡ

ㅡ는 즉 글자 가운뎃소리와 같다.

다) ㅣ

ㅣ는 침 글자 가운뎃소리와 같다.

라) ㅗ

ㅗ는 ᅘᅩᆼ 글자 가운뎃소리와 같다.

마) ㅏ

ㅏ는 땀 글자 가운뎃소리와 같다.

바) ㅜ

ㅜ는 **군** 글자 가운뎃소리와 같다.

사) ㅓ

ㅓ는 **업** 글자 가운뎃소리와 같다.

2) 재출자 ㅑ ㅕ ㅛ ㅠ

가) ㅛ

ㅛ는 **욕** 글자 가운뎃소리와 같다.

나) ㅑ

ㅑ는 **샹** 글자 가운뎃소리와 같다.

다) ㅠ

ㅠ는 **슗** 글자 가운뎃소리와 같다.

라) ㅕ

ㅕ는 **볋** 글자 가운뎃소리와 같다.

라. 끝소리

끝소리에는 다시 첫소리를 쓴다.

2. 글자를 만든 풀이

가. 첫소리 풀이

정음을 만드는 것은 처음부터 지혜를 짜내고 애써 찾아낸 것이 아니라 성음으로 그 이치를 다한 것일 따름일 뿐이다.

1) 소리를 본뜬 글자

정음 스물 여덟 글자도 각각 그 소리의 모양을 본떠서 그것을 만들었다.

가) 엄소리 ㄱ

엄소리 ㄱ는 혀뿌리가 목구멍을 막는 모양을 본떴다.

나) 혓소리 ㄴ

혓소리 ㄴ는 혀(끝)가 윗잇몸에 붙는 모양을 본떴다.

다) 입시울소리 ㅁ

입시울소리 ㅁ는 입 모양을 본떴다.

라) 닛소리 ㅅ

닛소리 ㅅ는 이빨 모양을 본떴다.

마) 목소리 ㅇ

목소리 ㅇ는 목구멍의 모양을 본떴다.

2) 다섯 소리의 이름

가) 엄소리 ㆁ(ᅌᅵ)

ㆁ는 **ᅌᅵ** 으ᇰ이라고 부른다. ㅣ소리는 **ᅌᅵ** 요。ㅇ소리는 으ᇰ이다. ㆁ소리는 으ᇰ소리를 낼 때 혀가 미세하게 내었다가 ㅇ소리를 낼 때 입술이 미세하게 합해진다.

나) 혓소리 ㄴ(**니은**)

ㄴ은 **니은**이라고 부른다. ㅣ소리는 **니**요, ㅡ소리는 **은**이 된다. ㄴ소리는 ㅣ소리를 낼 때에 혀가 스스로 위로 올라서 아랫잇몸에 맞닿아 ㅡ소리 낼 때 혀가 스스로 내려와 위 잇몸에 맞닿는다.

다) 입시울소리 ㅁ(**미음**)

ㅁ은 **미음**이라고 부른다. ㅁ 소리는 **미**요。ㅂ 소리는 **음**이 된다。ㅁ소리는 ㅁ소리를 낼 때에 입술이 비릇되어 합했다가 돌려 열고 ㅂ소리 때에 입술이 닫힌다.

라) 닛소리 ㅅ(**시읏**)

ㅅ는 **시읏**이라고 부른다. ˊ소리는 **시**요, ˋ소리는 **읏**이 된다. ㅅ의 소리는 ˊ소리를 낼 때에 입술을 미세하게 왼쪽으로 기울어졌다가 ˋ소리를 낼 때에 입술이 미세하게 오른쪽으로 기울어진다.

마) 목소리 ㅇ(**이응**)

ㅇ는 **이응**이라고 부른다. C소리는 **이**요, ɔ소리는 **응**이 된다. C소리를 낼 때에는 혀가 가운데 위치하여 소리 때에 ɔ입술이 미세하게 합해진다.

3) 오음의 획을 더한 원리

가) 엄소리 획을 더한 원리 ㆁ < ㄱ < ㅋ

ㅋ은 ㄱ에 비하여 소리가 조금 빠르게 나기 때문에 획을 더하였다.

나) 혓소리 획을 더한 원리 ㄴ < ㄷ < ㅌ

ㄷ은 ㄴ에 비하여 소리가 조금 빠르게 나기 때문에 획을 더하였다.

다) 입시울소리 획을 더한 원리 ㅁ < ㅂ < ㅍ

ㅂ은 ㅁ에 비하여 소리가 조금 빠르게 나기 때문에 획을 더하였다.

라) 닛소리 획을 더한 원리 ㅅ < ㅈ < ㅊ

ㅈ은 ㅅ에 비하여 소리가 조금 빠르게 나기 때문에 획을 더하였다.

마) 목소리 획을 더한 원리ㅇ < ㆆ <ㅎ

ㆆ은 ㅇ에 비하여 소리가 조금 빠르게 나기 때문에 획을 더하였다.

4) 말소리의 청탁

청탁이란 기의 활동이 변화하는 양상을 말한다. 양의 기운를 청이라 하고 음의 기운을 탁이라 한다. 양의 기운이 밖으로 나올 때는 하늘처럼 펼치는 것 같아서 맑고 양기의 활동이 그치고 음으로 되돌릴 때는 땅처럼 엉기어 응축되므로 흐리다.

가) 전청 ㄱ ㄷ ㅂ ㅈ ㅅ ㆆ

양의 기운이 처음 솟아날 때 음의 기운은 돕기만 할 뿐

순수한 양의 기운만이 일어나기 때문에 온전히 맑아 전청이라 한다. 전청은 나무에 속하는 소리이다.

나) 차청 ㅋ ㅌ ㅍ ㅊ ㅎ

양의 기운이 다 펼칠 무렵이면 음의 기운이 일어나기 시작하는 때를 마치 맑은 하늘에 구름이 끼는 것 같아 차청이라 한다. 차청은 불에 속하는 소리이다.

다) 전탁 ㄲ ㄸ ㅃ ㅉ ㅆ ㆅ

양의 기운을 모두 감싸서 응축하는 소리이기에 맑음이 모두 사라지고 액체 성분의 음기에 불기운이 엉기기 때문에 용암처럼 되직해진다. 그래서 이를 농음이라 한다. 이때의 소리는 음기로 가득하여서 온전히 흐리다는 뜻으로 전탁이라고 한다. 전탁은 금에 속하는 소리이다.

라) 불청불탁 ㆁ ㄴ ㅁ ㅇ ㄹ ㅿ

음이 모두 응어리져 더는 음양의 상대 활동이 없는 상태를 맑지도 않고 흐리지도 않다고 하여 불청불탁이라 한다. 이 소리는 닿소리 중에서 닿음이 별로 없는 소리여서 울림이 길다.

5) 첫소리 내는 원리

가) 엄소리 ㆁ ㄱ ㅋ ㄲ

소리가 목젖 주변에서 난다. 혀를 움츠려 들여 뛰어 올리며, 이를 벌리고 입술을 내밀면 앞으로 평평하게 나간다.

나) 혓소리 ㄴ ㄷ ㅌ ㄸ

소리가 혀에 이르러 난다. 이는 합하고 입술을 열고 완만하게 올려 더디게 펴다가 번갈아 떨쳐 일으켜 저절로 어그러져 내려서 낸다.

다) 입시울소리 ㅁ ㅂ ㅍ ㅃ

소리가 입술에 이르러 난다. 이를 벌리고 입술을 모아 맑으며 미묘하게 밝게 들리다가 회오리바람이 떨쳐 일어나듯 들어 올리나 머무는 듯 사라지는 것처럼 한다.

라) 닛소리 ㅅ ㅈ ㅊ ㅆ ㅉ

소리가 이에 이르러 난다. 입을 열고 잇몸을 베풀어 위로 올렸다가 가운데로 되돌린다.

마) 목소리 ㅇ ㆆ ㅎ ㆅ

소리가 목에서 난다. 입을 미세하게 합하여 통하게 하여 거칠고 크게 가라앉고 웅그리어 혀가 곧 가운데 들게 하여 깊은 곳으로부터 곧게 오른다.

나. 가운뎃소리 풀이

가운뎃소리는 모두 열 한 글자이다. 가운뎃소리는 한편으로 깊으면 다른 한편은 얕고 또 한편이 오므러지면 다른 한편은 펴짐이니 가운뎃소리가 깊음 얕음 오므림 펴짐으로 앞에서 첫소리을 부르면 첫소리는 다섯 소리의 맑은 음 흐린 음으로 뒤에서 가운뎃소리에 서로 어우러지는데 첫소리가 되기도 하고 또한 끝소리가 되기도 한다.

1) ㆍ

꼴이 둥근 것은 하늘을 본뜬 것이다. 혀가 오그라들고 소리가 깊으니, 하늘이 자시에 열리는 것과 같음이다.

2) ㅡ

꼴이 평평한 것은 땅을 본뜬 것이다. ㅡ 는 혀가 조금 오그라들고 소리가 깊지도 얕지도 않으니, 땅은 축시에 열리는 것과 같다.

3) ㅣ

꼴이 서 있는 것은 사람이 서 있는 것을 본뜬 것이다. ㅣ는 혀가 오그라지지 않고 소리가 얕으니, 사람이 인시에서 나는 것과 같다.

4) ㅗ

ㅗ는 ㆍ와 같으나 입이 오므려지며 그 꼴은 ㆍ와 ㅡ가 합하여 이루어진 것이니, 하늘과 땅이 처음 사귀는 뜻을 취하였다.

5) ㅏ

ㅏ는 ㆍ와 같으나 입이 펴지며 그 꼴은 ㅣ와 ㆍ가 합하여 이루어진 것이니, 하늘과 땅의 작용이 사물에서 피어나되 사람을 기다려 이루어짐을 취하였다.

6) ㅜ

ㅜ는 ㅡ와 같으나 입이 오므려지며, 그 꼴은 ㅡ와 ㆍ가 합하여 이루어진 것이니, 하늘과 땅이 처음 사귀는 뜻을 취하였다.

7) ㅓ

ㅓ는 ㅡ와 같으나 입이 펴지며, 그 꼴은 ㆍ와 ㅣ가 합하여 이루어진 것이니, 역시 하늘과 땅의 작용은 사물에서 피어나되 사람을 기다려 이루어짐을 취하였다.

8) ㅛ

ㅛ와 ㅗ는 같으나 ㅣ에서 일어난다.

9) ㅑ

ㅑ와 ㅏ는 같으나 ㅣ에서 일어난다.

10) ㅠ

ㅠ와 ㅜ는 같으나 ㅣ에서 일어난다.

11) ㅕ

ㅕ와 ㅓ는 같으나 ㅣ에서 일어난다.

12) ㅏ ㅓ ㅗ ㅜ ㅑ ㅕ ㅛ ㅠ

여덟 소리는, 하나는 입술이 오무러지는 모음이고, 하나는 입술이 펴지는 모음이다.

13) ㅗ ㅏ ㅜ ㅓ

ㅗ ㅏ ㅜ ㅓ는 하늘과 땅에서 비롯되어 처음으로 생긴 것이다. ㅗ ㅏ ㅜ ㅓ가 둥근 것을 하나로 함은 처음에 생긴 뜻을 취함이다. ㅗ ㅏ ㅛ ㅑ의 둥근 것이 위나 밖에 있는 것은 그것이 하늘에서 생겨나 양이 되기 때문이다. ㅜ ㅓ ㅠ ㅕ의 둥근 것이 아래나 안에 있는 것은 그것이 땅에서 생겨나 음이 되기 때문이다.

14) ㅛ ㅑ ㅠ ㅕ

ㅛ ㅑ ㅠ ㅕ는 ㅣ에서 일어나 사람을 겸하여 두 번째로 생긴 것이다. ㅛ ㅑ ㅠ ㅕ가 둥근 것을 둘로 함은 두 번째로 생긴 뜻을 취함이다.

15) 가운뎃소리 내는 원리

가) ㅡ

ㅡ는 혀를 평평하게 하고 위에 올리지도 않고 아래에 내리지도 않으며, 입술을 조금 열되 열지도 않고 합하지도 않는다.

나) ㅣ

ㅣ은 혀를 위로부터 아래로 움직이고 입술을 미미하게 빗긴다.

다) ㅗ

ㅗ는 혀를 말고 입술은 오므리어 안으로 향한다.

라) ㅜ

ㅜ는 혀를 내밀고 입술을 뾰족하게 하여 밖으로 내민다.

마) ㅓ

ㅓ는 혀와 입술이 비스듬히 열리고 조금 합한다.

바) ㅏ

ㅏ는 혀와 입술이 비스듬히 열리고 또 열린다.

사) ㅛ

ㅛ는 혀를 말고 입술은 오므리어 안으로 향한다.

아) ㅠ

ㅠ는 혀를 내밀고 입술을 뾰족하게 하여 밖으로 내민다.

자) ㅕ

ㅕ는 혀와 입술이 비스듬히 열리고 조금 합한다.

차) ㅑ

ㅑ는 혀와 입술이 비스듬히 열리고 또 열린다.

다. 끝소리의 풀이

끝소리란 첫소리와 가운뎃소리를 이어받아 음절을 이루는 것이다. **즉**자의 끝소리가 ㄱ이니, ㄱ은 **즈**의 끝에 있어서 **즉**이 된다. **ᅘᅩᇰ**洪 글자의 끝소리는 ㆁ이니, ㆁ이 **ᅘᅩ**의 끝에 있어서 **ᅘᅩᇰ**이 되는 것이다. 혓소리, 입시울소리, 잇소리, 목소리도 모두 마찬가지이다.

1) 끝소리 내는 원리

첫소리를 발음하는 원리를 반대로 적용하면 끝소리 발음이 된다. 예를 들어 첫소리 ㄴ은 혀가 윗니에 살짝 닿았다가 떨어지면서 소리가 난다. 하지만 끝소리 ㄴ은 혀가 윗니에서 떨어져 있다가 붙으며 소리가 난다. 다른 끝소리도 모두 같은 원리로 소리가 나게 된다.

라. 정인지 서문

천지 자연의 소리가 있으면 곧바로 반드시 천지 자연한 글이 있는 것이다. 그러므로 옛 사람은 소리로 말미암아 글자를 만들어서 이로써 만물의 뜻과 통하게 하고, 이로써 삼재의 도를 싣게 하니, 후세의 사람들이 능히 이를 바꿀 수 없는 까닭이다. 그러나 사방의 기후와 토질이 구역으로 나누어져 다르고, 소리의 기운 또한 이에 따라 서로 달라졌다.

대개 나라 밖의 말은 그 소리는 있으나 글자가 없으니 나라 가운데의 글자를 빌어서 그것을 사용하여 통하게 하니, 이는 마치 모난 자루를 둥근 구멍에 맞추어 넣은 것과 같이 틀어져서 어긋나는 것이니, 어찌 능히 통달하는데 막힘이 없을 수 있겠는가? 요컨대 다 각각 처해 있는 곳에 따라 편안하게 함이지, 억지로 같게 할 수는 없는 것이다. 우리 동방은 예악과 문장은 화하와 가지런하다. 다만 방언 이어가 그와 더불어 같지 못하다. 글자를 배우는 이는 그 뜻의 깨치기 어려움을 근심하고, 옥을 다스리는 사람은 그 곡절의 통하기 어려움을 걱정했다.

옛날 신라의 설총이 비로소 이두를 지어서 시행하였는데, 관청과 민간에서는, 이제까지도 그것을 쓰고 있다. 그러나 모두 글자를 빌어서 사용하므로 혹은 껄끄럽기도 혹은 막히기도 한다. 다만 너절하고 더럽고 뿌리가 없을 뿐만 아니라 언어의 사용에 이르러서는 곧 능히 거의 그 뜻이 미치지 못했다. 계해년 세종 25년 1443년 겨울에 우리 전하께서 정음 스물 여덟 글자를 창제하시고 대략 본보기와 바른 뜻을 들어 보이시어 이름을 훈민정음이라 하셨다.

모양을 본떴으나 글자는 옛 전서를 본떴고, 소리를 따랐으나 음은 일곱 가락에 들어맞다. 삼극의 뜻과 음양의 묘가 다 갖추지 아니함이 없는 것이다. 스물 여덟 글자로써 굴리고 바꾸면 궁함이 없어 간단하고도 긴요함이 있고, 자세하면서 두루 잘 통한다. 그러므로 지혜로운 사람은 아침나절이 끝나지 아니해서 깨칠 것이요, 어리석은 자라도 열흘이면 배울 수가 있다. 이로써 글을 풀어 보면, 가히 그 뜻을 알 수가 있다. 이로써 송사를 자세히 들을 수 있어 가히 그 정황을 알 수가 있다. 글자의 운으로는 곧 청탁을 능히 가릴 수 있으며, 악곡의 노래는 곧 율여에 잘 맞는다. 쓰임은 갖추어지지 않은 바가 없고, 가는데 마다 통하지 않은 바가 없다. 바람 소리와 학 울음소리, 닭 소리와 개 짖는 소리라도 모두 얻어 쓸 수 있다.

마침내 세종께서 저희들에게 자세한 해석을 더해서 사람들에게 그것을 깨우치시라 명하셨다. 이에, 신은 집현전 응교(종 4품) 신 최항과 부교리(종 5품) 신 박팽년, 신 신숙주, 수찬(종 6품) 신 성삼문과 돈녕부 주부 신 강희안과 행 집현전 부수찬(종 6품) 신 이개, 신 이선로 등과 더불어 삼가 여러 풀이와 보기를 짓고, 그것에 대한한 줄거리를 서술하였다. 뭇사람들이 보는 사람들로 하여금 스승이 없어도 스스로 깨우치도록 함이다. 그 깊은 연원이나 세밀한 뜻의 묘함은 신들이 능히 펴서 나타낼 수 있는 바가 아니다.

공손히 생각하옵건대 우리 전하께서는 하늘이 내신 성인으로서 제도와 베푸심이 모든 임금에 초월하셨다. 정음을 지으심도 어떤 선인의 설을 이어 받으심이 없이 자연에서 이룩하신 것이다. 어찌 그 이치가 이르지 않는 데가 없다고 하여 사람이 이룩한 개인의 업적이 아니라 하랴! 대저 이 동방의 땅에 나라가 있음이 오래되지 않음이 아니지만,

만물을 여시고 힘써 일을 이룩하신 큰 지혜가 대개 오늘을 기다리고 있었던 것이 아니든가! 정통 11년(세종 28년 1446년) 9월 상한에 자헌대부 집현전 대제학 지춘추관사 세자 우빈객 신 정인지는 두 손 모아 엎드려 절하고 머리를 조아리고 삼가 쓰옵니다.

·훈민·졍흠(훈민정음)

제Ⅱ장

훈민정음 해례본 정음 풀이

Ⅱ. 훈민정음 해례본 정음 풀이

訓民正音[1)]

백성(百姓)을 가르치는 바른 소리

世·솅宗종御[2)]·ᅌᅥᆼ製[3)]·졩訓[4)]·훈民[5)]민正[6)]·졍音[7)]ᅙᅳᆷ[8)]

세종 임금이 훈민정음을 지으셨다

國[9)] 之[10)]語[11)]音[12)]。

國·귁[13)]之[14)]징語 : ᅌᅥᆼ[15)]音ᅙᅳᆷ·이

나·랏 : 말 ᄊᆞ ·미[16)]

나라의 말소리가,

---

1) 훈민정음은 동국의 언문을 한자의 발음기호로 사용하여 언문 27자에 ㆆ(여린히읗)을 추가하여 28자로 만들었다. 그 당시 발음 표기인 반절(훈민정음 이전의 한자 발음 표기법)이 아닌 새로 만든 28字의 발음기호로 그릇된 한자의 음을 바른 음으로 고치겠다는 뜻으로 훈민정음의 초점은 글자(문자)가 아니라 음성언어에 있다. 훈민정음은 동국의 임금인 세종과 중국의 백성인 신하가 서로 언어 소통이 잘 이루어지지 않아 동국인과 중국인의 언어소통을 위하여 문자의 발음을 쉽게 표기함으로써 자음(字音)을 정립하여 천하의 문자를 통일하기 위해 만들었다 *是月, 上親制諺文二十八字, 其字倣古篆, 分爲初中終聲, 合之然後乃成字, 凡于文字及本國俚語, 皆可得而書, 字雖簡要, 轉換無窮, 是謂訓民正音。이달에 임금이 친히 언문(諺文) 28자(字)를 지었는데, 그 글자가 옛 전자(篆字)를 모방하고, 초성(初聲)·중성(中聲)·종성(終聲)으로 나누어 합한 연후에야 글자를 이루었다. 무릇 문자(文字)에 관한 것과 본국(本國)의 이어(俚語)에 관한 것을 모두 뜻을 실을 수 있고 쓸 수 있다, 글자는 비록 간단하고 요약하지마는 전환(轉換)하는 것이 무궁하니, 이것을 훈민정음(訓民正音)이라고 일렀다-<조선왕조실록>세종실록>세종 25년(1443년) 12월 30일>

2)御 어거할 어; 彳-총11획; [yù]어거하다, 다스리다 *御ᆼ製·졩·ᄂᆞᆫ : 님·금 : 지·ᄉᆞ·샨·그리·라;御製어제는 임금이 지으신 글이라
3)製 지을 제; 衣-총14획; [zhì]짓다, 옷·글·약을 짓다 *製·ᄂᆞᆫ·글지·ᅀᅳᆯ·씨·니;製 제는 글을 짓는다는 뜻이다.
4) 訓 가르칠 훈; 言-총10획; [xùn]가르치다, 인도하다 *훈訓;한자(漢字)의 새김 *訓·훈·은ᄀᆞᄅᆞ·칠·씨·오;訓훈은 가르치다는 뜻이다. 이미 알고 있는 것이지만 실천하지 못하는 것을 다시 가르치는 것을 말한다.
5) 民 백성 민; 氏-총5획; [mín] *民민·ᄋᆞᆫ百·ᄇᆡᆨ姓·셩·이·오;民민은 백성이다 임금 외에 신하를 포함한 모든 사람 즉 백성을 가르치는 주체가 세종대왕이다.
6) 正 바를 정; 止-총5획; [zhèng,zhēng]바르다, 바로잡다 *정正;바르다; 비뚤어져 있는 것을 바르다는 말이다.
7) 音 소리 음; 音-총9획; [yīn]소리, 음악, 가락, 글 읽는 소리, 음신(音信), 성(姓) *소리 음(音);소리니;소리 성聲은 자연적인 소리 닭울음소리와 같은 것이고 소리 음音은 자연적인 소리를 문자화하거나 문자화한 것을 목소리 등을 통해 누구나 똑같이 재연할 수 있는 것으로 꼬끼오와 같은 것이다. 일반적인 음성언어(音聲言語)이다. 언어로서의 음(音)에는 성(聲(도 포함한다 *音음·은소·리·니;音음은 소리니 *정음(正音);문자의 바른 소리.
8) 訓·훈民민正·졍音음·은百·ᄇᆡᆨ姓·셩가ᄅᆞ·치시논正·졍ᄒᆞᆫ소·리·라;훈민정음은 백성을 가르치는 바른 소리이다.
9) 國 나라 국; 口-총11획; [guó]나라, 서울
10) 之 갈 지; 丿-총4획; [zhī]가다, 이(指示代名詞), -의(冠形格助詞)
11) 語 말씀 어; 言-총14획; [yǔ,yù]말씀, 말, 속담, 말씨, 말 비슷한 소리, 새.벌레 따위의 우는 소리, 말하다, 대답하다, 설명하다, 의논하다, 담화하다.
12) 소리 음(音(;언어의 발음 즉 사람이 말을 하기 위하여 내는 소리 즉 목소리이다 *어음(語音);하나의 고유 명사이다. 자연어(自然語)이다. 언어(言語)의 발음(發音)이다. 어음(語音);말의 소리 *국지어음(國之語音);나라의 말소리가
13) 國귁·ᄋᆞᆫ나·라히·라;국은 나라이다 *동국(東國)은 전제(天帝)의 나라 환국(桓國)이다. 동방(東方)=동국(東國)+중국(中國)+외국(外國)
14) 之징·ᄂᆞᆫ·입 : 겨지·라;之지는 입겨지라 *입겿;토(조사, 한문의 구절 끝에 붙여 있는 우리말 부분)의 옛말 ~의 관형격조사
15) 語 : 엉는 : 말·ᄊᆞ미·라;語어는 말씀이라. 문법적인 말 일반적인 음성 언어를 가리키는 것으로 어(語)는 말로서 이루어진 것들을 의미하는 것으로 어떤 사람의 어록이나 말 등을 가리킨다.
16) 말ᄊᆞ미;말(사람의 생각이나 느낌 따위를 표현하고 전달하는 데 쓰는 음성 기호 곧 사람의 생각이나 느낌 따위를 목구멍을 통하여 조직적으로 나타내는 소리)+씀(쓰다(획을 그어서 일정한 글자 모양이 이루어지게 하다, 어떤 말이나 언어를 사용하다) 글(어떤 생각이나 일 따위의 내용을 글자로 나타낸 기록) 서다(어떤 모양이나 현상이 이루어져 나타나다) 소리)=말소리

異[17]乎[18]中國[19]。

異·잉[20]乎 ᅘᅩᆼ[21]中듕國·귁[22]·ᄒᆞ·야

中듕國·귁·에 달·아

중국에 다르고,

與[23]文[24]字[25]。不[26]相[27]流[28]通[29]。

與ː 영[30]文문[31]字·ᄍᆞᆼ·로 不[32]·붏相샹[33]流륳 通통[34] ᄒᆞᆯ·씨

文문字·ᄍᆞᆼ·와·로[35] 서르ᄉᆞᄆᆞᆺ·디[36] 아·니 ᄒᆞᆯ·씨

문자와도 서로 잘 맞지 아니하니라.[37]

---

17) 異 다를 이; 田-총12획; [yì]다르다, 딴 것, 기이하다, 뛰어나다, 달리하다, 특별하게 다루다, 의심하다, 이상하게 여기다.

18) 乎 어조사 호; 丿-총5획; [hū]어조사, 인가, 로다, 구나, -에, -보다, 부사형 어미

19) 이호중국(異乎中國) 중국에 다르다;기원이 같은 언어가 오랜 세월 동안 지역에 따라 각자 변화한 것을 의미한다 ⋆나라의 어음(語音)이 중국에 다르다는 어음(語音)은 바로 동국어(東國語)를 가리킨다. 그 당시 동국인들은 동국어와 중국어를 같은 언어로 보고 있었다는 것이다. 현대의 중국어가 어음(語音)이 아닌 한자음(字音)이라는 것과 한국어는 한자어가 아닌 우리말이 따로 존재한다는 것이다. 그 언어가 바로 동국어(東國語)라는 것이다. 그 당시 동국과 중국은 하나의 국가이며 하나의 세계 하나의 시스템을 이루고 있었다.

20) 異·잉·ᄂᆞᆫ다ᄅᆞᆯ·씨·라;니는 다르다는 뜻이다;어떤 것과 비교해서 기원(起源)은 같지만 변(變)해서 달라진 것을 뜻한다

21) 乎ᅘᅩᆼ·ᄂᆞᆫ·아모그에·ᄒᆞ·논·겨체는·쓰는字·ᄍᆞᆼㅣ·라;호乎는~의 곁에 쓰는 자字이라;장소의 고정성(固定性)을 나타낼 때 쓰인다

22)中듕國·귁·ᄋᆞᆫ皇황帝·뎨 : 계신나·라히·니·우·리나·랏常썅談땀·애江강南남·이·라·ᄒᆞ·ᄂᆞ니·라;중국은 황제가 계신 나라이니 우리나라의 보통 쓰는 평범한 말에 강남이라 하느니라;천하의 중심이 되는 지역을 말한다.

23)與 줄 여; 臼-총14획; [yǔ,yú,yù]주다, 베풀다, 동아리, 무리, 동아리가 되다, 따르다, 돕다, 허락하다, 편을 들다, 좋아하다

24)文 글월 문; 文-총4획; [wén]글발, 무늬, 채색, 얼룩 ⋆글발;적어 놓은 글,

25)字 글자 자; 子-총6획; [zì]글자, 아이를 배다, 기르다 *짜다(부분을 맞추어 전체를 꾸며 만들다, 누르거나 비틀어서 물기나 기름 따위를 빼내다) *문자(文字) 음성기능으로서의 문자, 인간의 의사소통을 위한 시각적인 기호체계
26)不 아닌가 부{아닐 불,클 비}; 一-총4획; [bù]아닌가, 아니다, 크다, 말라(금지의 뜻)
27)相 서로 상; 目-총9획; [xiāng,xiàng]서로, 보다, 자세히 보다
28)流 흐를 류{유}; 水-총9획; [liú]흐르다, 물이 낮은 데로 흐르다, 흘러내리다
29)通 통할 통; 辵-총11획; [tōng,tǒng]통하다, 꿰뚫다, 두루 미치다, 보급되다, 탈 없이 통하다, 오가다, 왕래하다 *통하다;막힘이 없이 트이다, 말을 주고받아 서로의 뜻을 알다
30)與 : 영·는·이·와·뎌·와·ᄒᆞᄂᆞᆫ·겨체·쓰는字·ᄍᆞᆼㅣ라;與여는 이와 저와 하는 곁에 쓰는 자(字)이라
31)文문은·글·와리·라;글왈이라;글+왈曰(가로다>말하다>왈가닥왈가닥(작고 단단한 물건들이 자꾸 서로 부딪치는 소리);글 소리
32)不·붏·은아·니·ᄒᆞ논·쁘디·라;不불은 아니하다는 뜻이라
33)相샹·ᄋᆞᆫ서르·ᄒᆞ논하는·쁘디·라;서로하는 뜻이라 *서로;(명사)짝을 이루거나 관계를 맺고 있는 상대, (부사)관계를 이루는 둘 이상 사이에서 각각 그 상대에 대하여 또는 양방이 번갈아서 *서로는 동국과 중국을 말한다.
34)流률通통·ᄋᆞᆫ흘·러ᄉᆞᄆᆞ·ᄎᆞᆯ·씨·라;통하기는 하는 데 잘 통하지 않음을 나타내는 말이다
35)와(與 더불어);둘이상 함께*로;수단 *와로;~도 더불어>~와 함께>~와 더불어
36)ᄉᆞ(잘)-ᄆᆞᆺ디(맞다(틀리지 않다, 어울리다, 서로 통하다
37)國之語音이異乎中國ᄒᆞ야與文字로不相流通ᄒᆞᆯᄊᆡ;나라의 말소리가 중국에 달라고 문자도 서로 잘 통하지 아니하다. 동국과 중국이 자연어(어음)로 통하지 않는데다가 문자(인공어)로도 잘 통하지 않는다는 것을 말한다. 즉 동국어의 발음이 중국에서 달라지고 문자의 발음도 동국과 중국이 서로 잘 맞지 아니하다 *矧吾東方表裏山河, 自爲一區,風氣已殊於中國, 呼吸豈與華音相合歟!然則語音之所以與中國異者理之然也。至於文字之音則宜若與華音相合矣, 然其呼吸旋轉之間, 輕重翕闢之機, 亦必有自牽於語音者, 此其字音之所以亦隨而變也。하물며 우리 동방은 안팎 강산이, 저절로 한 구역이 되어, 풍습과 기질이 이미 중국에 다르니, 호흡이 어찌 중국 음과 서로 합치될 것이랴, 그러한즉, 말의 소리가 중국과 다른 까닭은 이치의 당연한 것이고, 문자의 음에 이르러서는 마땅히 중국 음과 서로 부합될 것 같으나, 호흡이 돌고 구르는 사이에, 가볍고 무거움과 열리고 닫힘의 조음調音(그 발음이 흘러나오는 사이에 가볍고 무겁게 열리고 합하는 조음)이 또한 반드시 말의 소리에 저절로 끌림이 있어서, 이것이 곧 또한 글자의 음이 따라서 변화게 된 까닭이니
<東國正韻 序文>

故[38] 。愚[39]民[40] 。有[41]所[42]欲[43]言[44] 。

故·공[45]·로愚웅[46]民민·이有ː웅[47]所ː송[48]欲·욕[49]言언[50]ᄒᆞ야·도

·이런젼·ᄎᆞ·로어·린百·ᄇᆡᆨ姓·셩·이니르·고·져·ᄒᆞᇙ·배이·셔·도

이런 까닭으로 어린 백성이 니르고자 하는 바가 있어도,[51]

而[52]終[53]不得[54]伸[55]其[56]情[57]者[58] 。多[59]矣[60]。

而싱[61]終즁[62]不·붏得·득[63]伸신[64]其끵[65]情쪙[66]者ː쟝[67]ㅣ多당[68]矣ː읭[69]·라

ᄆᆞ·참ː내제·ᄠᅳ·들시·러펴·디ː몯ᄒᆞᇙ·노·미하 · 니·라

마침내 제 뜻을 실어 펴지 못하는 놈이 많으니라.

---

38)故 옛 고; 攴－총9획; [gù]예, 이미 지나간 때, 옛, 예전의, 옛날의, 원래, 본래

39)愚 어리석을 우; 心－총13획; [yú]어리석다, 어리석은 사람, 어리석은 마음

40)民 백성 민; 氏－총5획; [mín]백성, 자기 조상의 무덤이 있는 곳에 사는 백성이 그 고을 원에게 자기를 일컫던 말 ★백성百姓;나라의 근본을 이루는 일반 국민을 예스럽게 이르는 말 ★백성百姓;문자를 사용하는 백성

41) 有 있을 유; 月－총6획; [yǒu,yòu]있다, 존재하다, 많다, 넉넉하다, 자재(資財), 소유물(所有物)

42)所 바 소; 戶－총8획; [suǒ]바, 일정한 곳이나 지역, 지위, 자리, 위치, 경우

43)欲 하고자 할 욕; 欠－총11획; [yù]하고자 하다, 하려고 하다, -할 것 같다, 바라다, 기대하거나 원하다

44)言 말씀 언; 言－총7획; [yán]말씀, 언어, 가르치는 말, 호령하는 말, 맹세하는 말, 글, 문자, 말하다, 발언하다, 꾀, 모의

45)故·공·ᄂᆞᆫ젼·ᄎᆞㅣ·라 ★고故는 젼ᄎᆞ이라 ★젼ᄎᆞ>전차;지난 앞의 매듭으로 인해 ★이런 까닭으로;오래전에 생기게 된 풀리지 않는 매듭(고리)으로 인해

46)愚웅·ᄂᆞᆫ어·릴·씨·라;愚우는 어리다는 뜻이다 ★어리다;빛이나 그림자 모습 따위가 희미하게 비치다. 어리석다(슬기롭지 못하고 둔하다)

47)有ː웅·ᄂᆞᆫ이실·씨·라;유有는 있다는 뜻이다

48)所ː송·ᄂᆞᆫ·배·라;소는 바이라

49)欲·욕·ᄋᆞᆫᄒᆞ·고·져ᄒᆞᆯ·씨·라;하고자하다

50)言언·은니를·씨·라;言언은 니르다는 뜻이다 니르다는 이르다의 옛말로 대화가 아닌 일방적인 음성언어인 말하다는 뜻이다 *欲言;니르고져;이르고자

51)故로愚民이有所欲言ᄒᆞ야도而終不得伸其情者ㅣ多矣라; 이런 까닭으로 어리석은 백성이 임금에게 말하고 싶은 것이 있어도 뜻을 표현하는 수단인 말(음성언어)에 문제가 있어서 말하고자 하여도 말이 통하지 않아 끝내 자신의 뜻을 말로 임금에게 제대로 표현하지 못하는 사람이 많다.

52)而 말 이을 이; 而-총6획; [ér]말 이음, 순접┌역접의 접속사, 구 말에 붙여 어세를 돕는 조사, 너

53)終 끝날 종; 糸-총11획; [zhōng]끝나다, 다되다, 극에 이르다,

54)得 얻을 득; 彳-총11획; [dé,dė,děi]얻다, 이익, 이득, 덕(德)

55)伸 펼 신; 人-총7획; [shēn]펴다, 기지개 켜다, 말하다

56)其 그 기; 八-총8획; [qí,jī]그(지시 대명사), 의(관형격 조사), 그(감탄, 강세 조사)

57)情 뜻 정; 心-총11획; [qíng]뜻, 정, 본성(本性)

58)者 놈 자; 老-총9획; [zhě]놈, 사람, 것, 일을 가리켜 이른다, 물건을 가리켜 이른다, 곳

59)多 많을 다; 夕-총6획; [duō]많다, 넓다, 도량이 넓다, 겹치다, 포개지다

60)矣 어조사 의; 矢-총7획; [y┌]어조사, 단정┌결정.한정.의문.반어의 뜻을 나타냄, 구(句) 가운데서, 또는 다른 조사 위에 쓰이어 영탄의 뜻을 나타냄, 구(句) 끝에서 다음 말을 일으키는 말

61)싱·ᄂᆞᆫ·입·겨지·라;이는 조사이다 *입겿;토(조사, 한문의 구절 끝에 붙여 있는 우리말 부분)의 옛말

62)終즁·은ᄆᆞ·ᄎᆞ미·라;종終은 마침이라 *마침;끝내 끝까지

63)得·득·은시·를·씨·라;得득은 싣다의 뜻이다. *실다>싣다;얻다(거저 주는 것을 받아 가지다)의 옛말, 물체를 운반하기 위하여 차 배 수레 비행기 짐승의 등 따위에 올리다 *얹다;위에 올려 놓다

64)伸신·ᄋᆞᆫ펼·씨·라;신은 펴다의 뜻이다 *펴다;접히거나 개킨 것을 젖히어 벌리다, 생각 감정 기세 따위를 얽매임 없이 자유롭게 표현하거나 주장하다

65)其끵·ᄂᆞᆫ : 제·라;其기는 제이다 *제;저에 주격조사 가가 붙었을 때의 형태*저;앞에서 이미 말하였거나 나온 바 있는 사람을 도로 가리키는 3인칭 대명사 자기로서 백성 자신

66)情쪙·은·ᄠᅳ디·라;情정은 뜯(뜻)이다 *뜻;마음 속에 있는 어떤 의지나 생각

67)者 : 쟝·ᄂᆞᆫ·노미·라;者자는 놈이라 *놈;사람의 옛말*떨어진 놈>어리석은 백성

68)多당·ᄂᆞᆫ할·씨·라;多다는 하다이라 *하다;많다의 옛말

69)矣 : 읭·ᄂᆞᆫ : 말ᄆᆞᆺᄂᆞᆫ·입·겨지·라;矣의는 말을 맺은 어조사이다

予[70] 。爲[71]此[72]憫[73]然[74] 。

予영[75] ㅣ 爲·윙此ː ᄎᆞᆼ[76] 憫ː민然션[77]·ᄒᆞ ·야

·내·이·ᄅᆞᆯ爲·윙·ᄒᆞ·야ː어엿·비너·겨

내, 이를 위하여 불쌍히 여기어,[78]

新[79]制[80]二十八字 。

新신[81]制·졩[82]二·싱十·씹八·밣[83]字·ᄍᆞᆼ·ᄒᆞ 노·니

·새·로 ·스·믈여·듧 字·ᄍᆞᆼ·ᄅᆞᆯ ᄆᆡᆼᄀᆞ노·니

새로 스물여덟 글자를 만드나니[84]

欲使[85]人[86]人易[87]習[88] 。便[89]於[90]日[91]用[92]矣。

欲·욕使ː ᄉᆞᆼ[93]人신[94]人신·ᄋᆞ 로 易·잉[95]習·씹[96]· ᄒᆞ 야 便뼌[97]於헝[98]日·싏[99]用·용[100]耳ː싱[101]니·라

사람ː마·다ː ᄒᆡ ᅇᅧː수·빙니·겨·날로·ᄡᅮ·메便뼌安한·킈ᄒᆞ·고

·져 ᄒᆞᇙ ᄯᆞ ᄅᆞ·미니·라

사람마다 하여금 쉽게 익혀, 날로 씀에 편안케 하고자 할 따름이니라.[102]

ㄱ。牙[103]音。如[104]君字初[105]發[106]聲[107]。

ㄱ·ᄂᆞᆫ 牙앙[108]音흠·이·니如셩[109]君군ㄷ字·ᄍᆞᆼ初총發·벓聲셩[110] ᄒᆞ ·니

ㄱ·ᄂᆞᆫ ː엄쏘·리·니君군ㄷ字· ᄍᆞᆼ ·처섬·펴·아[111]·나 ᄂᆞᆫ 소·리·ᄀᆞᄐᆞ·니

ㄱ는 엄소리니, 군君 글자 처음 펴아나는 소리 같으니

---

70)予 나 여; 亅-총4획; [yú,yǔ]나

71)爲 할 위; 爪-총12획; [wéi,wèi]하다, 베풀다, 되다 *하다;이롭게 하거나 돕다, 어떤 목적을 이루려고 하다 *위하다;이롭게 하거나 돕다, 물건이나 사람을 소중하게 여기다, 어떤 목적을 이루려고 하다

72)此 이 차; 止-총6획; [cǐ]이, 이곳, 이것, 가까운 사물을 가리킴, 이에, 그래서, 斯와 비슷하게 쓰여 접속의 뜻을 나타낸다
73)憫 근심할 민; 心-총15획; [mǐn]근심하다, 불쌍히 여기다, 가엾게 생각하다
74)然 그러할 연; 火-총12획; [rán]그러하다, 그렇다고 여기다 *여기다;마음속으로 그러하다고 인정하거나 생각하다
75)予영·는·내·ᄒᆞᅀᆞᆸ·시논·ᄃᆞ·디시·니·라 *내;나가 주격조사 ‘가’ 앞에 쓰일 때의 형태, 인칭대명사 문어적 표현 *나;말하는 이가 대등한 관계에 있는 사람이나 아랫사람을 상대하여 자기를 가리키는 일인칭 대명사
76)此 : ᄎᆞᆼ·는·이·라;차는 이라 *이;지시대명사
77)憫 : 민然ᅀᅧᆫ·은 : 어엿·비너·기실·씨·라;憫然민연은 어엿비여기시다는 뜻이다 *어엿브다;불쌍하다의 옛말 *불쌍하다;처지가 가엽고 애처롭다 *어엿비;불쌍히의 옛말 *가엾다;마음이 아플 만큼 딱하고 불쌍하다 *애처롭다;가엾고 불쌍하여 마음이 슬프다 *어여쁘다;예쁘다를 예스럽게 이르는 말 *예쁘다의 옛말;모양이 작거나 섬세하여 눈으로 보기에 좋다, 행동이나 동작이 보기에 사랑스럽거나 귀엽다는 뜻으로 주로 부모가 자식에게 윗사람이 아랫사람에게 베풀 것이 있는 사람이 궁핍한 사람에게 사용하는 말이다 *어엿비여기다;불쌍하게 여기다
78)予ㅣ爲此憫然·ᄒᆞ·야;내가 제 뜻을 실어 펴진 못하는 어린 백성을 위하여 불쌍하게 여기어
79)新 새 신; 斤-총13획; [xīn]새, 새로, 새로운, 처음
80)制 마를 제; 刀-총8획; [zhì]마르다, 자료를 필요한 규격대로 베거나 자르다, 만들다, 짓다
81)新신·온·새·라;新신은 새이다 *새;새것의 옛말 이미 있던 것이 아니라 처음 마련하거나 다시 생겨난 *새로;지금까지 있은 적이 없이 처음으로, 전과 달리 새롭게 또는 새것으로, 시각이 시작됨을 이르는 말 *新신은 舊구에 대한 상대적인 개념으로 기존의 발음기호 반절자半切字에서 새로운 발음기호 이십팔자二十八字로 바꾸겠다는 말이다
82)制·졩·ᄂᆞᆫ밍·ᄀᆞ·ᄅᆞ실·씨·라;制제는 만들다의 뜻이다 *만들다;노력이나 기술 따위를 들여 목적하는 사물을 이루다, 새로운 상태를 이루어 내다, 규칙이나 법 제도 따위를 정하다 *제制는 제도의 뜻을 나타내는 말 규칙이나 법 제도 따위를 정하다로 어떤 형식이나 규칙을 만들거나 어떤 대상을 지배支配한다는 뜻이 포함되어 있다
83)二·ᅀᅵᆼ十·씹八·밣·ᄋᆞᆫ·스·믈여·들비·라;二十八은 스물여듧이라
84)新制二十八字하노니;문자의 발음표기를 위해 새로운 발음표기 스물여덟자를 제도화制度化 하노니
85)使 하여금 사; 人-총8획; [shㄱ,shì]하여금, 시키다, 좇다
86)人 사람 인 人-총2획; [rén]사람, 백성, 타인 *인人;사람을 예스럽게 한 문투로 일컫는 말
87)易 바꿀 역; 日-총8획; [yì]바꾸다, 고치다, 바뀌다, 새로워지다
88)習 익힐 습; 羽-총11획; [xí]익히다, 되풀이하여 행하다, 연습하다, 배우다, 닦다, 숙달하다, 손에 익다, 물들다, 옮다

89)便 편할 편; 人-총9획; [biàn,bián,pián]편하다, 소식, 편안하다
90)於 어조사 어; 方-총8획; [yú,wú,yū]어조사(于), -에, -에서(처소격), 이에 있어서
91)日 해 일; 日-총4획; [rì]해, 태양, 햇볕, 햇살, 햇빛, 햇발, 해의 움직임
92)用 쓸 용; 用-총5획; [yòng]쓰다, 베풀다, 부리다, 등용하다, 행하다, 다스리다, 들어 주다, 작용, 능력, 용도-용 (用)
93)使 : ᄉᆞᆼ·ᄂᆞᆫ : ᄒᆡ·ᅇᅧ·ᄒᆞ논·마리라;使사는 하여금이라는 말이다 *하여금;누구를 시키어
94)人ᅀᅵᆫ·ᄋᆞᆫ : 사·ᄅᆞ미·라;人은 사람이라
95)易·ᅌᅵᆼ·ᄂᆞᆫ : 쉬ᄫᅳᆯ·씨·라;易는 쉽다는 뜻이다 *쉽다;어렵거나 힘들지 않다
96)習·씹·ᄋᆞᆫ니·길·씨·라;習습은 익히다는 뜻이다 *익히다;익다(자주 경험하여 조금도 서투르지 않다)의 사동사
97)便뼌·은便뼌安한ᄒᆞᆯ·씨·라;便편은 편안하다는 뜻이다 *편안하다;편하고 걱정 없이 좋음
98)於**헝**·는 : 아·모그에ᄒᆞ논·겨체·쓰는字·쫑ㅣ·라;於어는 ~에 곁에 쓰는 글자이다
99)日ᅀᅵᇙ·ᄋᆞᆫ나리·라;日일은 날이라
100)用·용·ᄋᆞᆫᄡᅳᆯ·씨·라;用용은 쓰다는 뜻이다 *쓰다;어떤 말이나 언어를 사용하다
101)耳 귀 이; 耳-총6획; [ěr]귀 *耳 : ᅀᅵᆼ·ᄂᆞᆫᄯᆞᄅᆞ·미·라·ᄒᆞ논·ᄠᅳ·디·라;耳는 따름이라 하는 뜻이라 *따름이다;뿐이다
102)欲使人人ᄋᆞ로易習하야便於日用耳니라;사람마다 하여금 쉽게 익혀 날로 씀에 편안케 하고져 할 따름이니라. ○是月, 訓民正音成。御製曰:國之語音, 異乎中國, 與文字不相流通, 故愚民有所欲言, 而終不得伸其情者多矣。予爲此憫然, 新制二十八字, 欲使人人易習, 便於日用耳。<조선왕조실록>세종실록>세종 28년(1446년)음력 9월 29일>
103)牙 엄 아; 牙-총4획; [yá]엄(어금니), 움
104)如 같을 여; 女-총6획; [rú]같다
105)初 처음 초; 刀-총7획; [chū]처음, 첫, 처음으로
106)發 쏠 발; 癶-총12획; [fā]쏘다, 가다, 떠나다, 보내다
107)聲 소리 성; 耳-총17획; [shēng]소리, 음향, 음성, 소리를 내다, 탄식하는 따위의 소리
108)牙앙·ᄂᆞᆫ : 어미라;엄이·라 *아음牙音>엄쏘리>엄소리
109)如ᅀᅧᆼ·는·ᄀᆞᄐᆞᆯ·씨·라;如여는 같다는 뜻이다
110)初총發·벓聲셩·은·처ᅀᅥᆷ·펴·아·나·ᄂᆞᆫ·소리·라;初發聲초발성은 처음 펴아나는 소리라 *발성發聲;목소리를 냄. 또는 그 목소리.
111)펴다;접히거나 개킨 것을 젖히어 벌리다, 굽은 것을 곧게 하다 *피다;꽃봉오리 따위가 벌어지다, 웃음이나 미소 따위가 겉으로 나타나다 *피어나다;꽃 따위가 피게 되다, 꺼져 가던 불이나 연기 따위가 일어나다 *벌다;틈이 나서 사이가 뜨다 *벌어지다;갈라져서 사이가 뜨다, 식물의 잎이나 가지 따위가 넓게 퍼져서 활짝 열리다

並[112]書[113]。如虯[114]字初發聲。

竝뼝書셩[115]ᄒᆞ·면如셩虯끃ᇹ字·쭝初총發·벓聲셩ᄒᆞ·니·라

ᄀᆞᆯ·바·쓰·면虯끃ᇹ字·쭝·처섬·펴·아·나ᄂᆞᆫ소·리·ᄀᆞ·ᄐᆞ니·라

ㄱ을 나란히 쓰면(ㄲ), 끓虯 글자 처엄 펴어나는 소리와 같으니라

ㅋ。牙音。如快[116]字初發聲。

ㅋ·ᄂᆞᆫ牙앙音음·이·니如셩快·쾡ᅙ字·쭝初총發·벓聲셩ᄒᆞ·니·라

ㅋ·ᄂᆞᆫ : 엄쏘·리·니快·쾡ᅙ字·쭝·처섬·펴·아·나ᄂᆞᆫ소·리·ᄀᆞ·ᄐᆞ니·라

ㆁ。牙音。如業[117]字初發聲。

ㆁ·ᄂᆞᆫ 牙앙音음·이·니如셩業·업字·쭝初총發·벓聲셩ᄒᆞ·니·라

ㆁ·ᄂᆞᆫ : 엄쏘·리·니業·업字·쭝·처섬 ·펴·아·나ᄂᆞᆫ소·리·ᄀᆞ·ᄐᆞ니·라

ㆁ는 엄소리니, 업業 글자 처음 펴어나는 소리와 같으니라

---

112)並 아우를 병; 一-총8획; [bìng]아우르다, 나란히 하다, 병竝과 同字
113)書 쓸 서; 曰-총10획; [shū]쓰다, 글씨를 쓰다, 기록하다, 글자, 문자, 글씨, 서법
114)虯 규룡 규; 虫-총8획; [qiú]규룡, 양쪽 뿔이 있는 새끼용, 뿔 없는 용
115)竝·뼝書셩·는ᄀᆞᆯ·ᄫᅡ·쓸·씨·라;並書병서는 나란히 쓰다는 뜻이다.
116)快 쾌할 쾌; 心-총7획; [kuài]쾌하다, 상쾌하다, 병세가 좋아지다, 기뻐하다, 즐거워하다.
117)業 업 업; 木-총13획; [yè]업, 일, 사업, 학문, 기예, 직업, 생계(生計), 생업(生業), 기초, 시작

ㄷ。舌[118]音。如斗[119]字初發聲。

ㄷ·ᄂᆞᆫ舌·쎦[120]音흠·이·니如셩斗 : 듛ᄫᅵ字·쭝初총發·벓聲셩ᄒᆞ·니·라

ㄷ·ᄂᆞᆫ·혀쏘·리·니斗 : 둘 字·쭝·처섬·펴·아·나ᄂᆞᆫ소·리·ᄀᆞ·ᄐᆞ·니

ㄷ는 혓소리니, 둫斗 글자 처음 펴어나는 소리와 같으니라

並書。如覃[121]字初發聲。

ᄀᆞᆲ뼝書셩ᄒᆞ·면如셩覃땀ㅂ字·쭝初총發·벓聲셩ᄒᆞ·니·라

ᄀᆞᆯ·바·쓰·면覃땀ㅂ字·쭝·처섬·펴·아·나ᄂᆞᆫ소·리·ᄀᆞ·ᄐᆞ니·라

ㄸ을 나란히 쓰면(ㄸ), 땀覃 글자 처음 펴어나는 소리와 같으니라

ㅌ。舌[122]音。如呑字初發聲。

ㅌ·ᄂᆞᆫ舌·쎦音흠·이·니如셩呑ᄐᆞᆫㄷ字·쭝初총發·벓聲셩 ᄒᆞ니·라

ㅌ·ᄂᆞᆫ·혀쏘·리·니呑ᄐᆞᆫㄷ字·쭝·처섬·펴·아·나ᄂᆞᆫ소·리·ᄀᆞ·ᄐᆞ니·라

ㅌ는 혓소리니, ᄐᆞᆫ呑 글자 처음 펴어나는 소리와 같으니라

ㄴ。舌音。如那[123]字初發聲。

ㄴ·ᄂᆞᆫ舌·쎦音흠·이·니如셩那낭ㆆ字·쭝初총發·벓聲셩ᄒᆞ·니·라

ㄴ·ᄂᆞᆫ·혀쏘·리·니那낭ㆆ字·쭝·처섬·펴·아·나ᄂᆞᆫ소·리·ᄀᆞ·ᄐᆞ니·라

ㄴ는 혓소리니, 낭那 글자 처음 펴어나는 소리와 같으니라

---

118)舌 혀 설; 舌-총6획; [shé]혀, 목관 악기에 끼워 소리를 내는 물건, 과녁의좌우의 귀
119)斗 말 두; 斗-총4획; [dǒu,dòu]말, 용량의 단위, 구기, 자루가 달린 술 따위를 푸는 기구, 별 이름
120)舌·쎦·은·혜·라;舌설은 혀라*설음舌音>혀쏘리>혓소리
121)覃 미칠 담; 襾-총12획; [tán,qín]미치다, 한정된 곳에 이르다, 벋다, 퍼지다
122)呑 삼킬 탄; 口-총7획; [tūn]삼키다, 싸다, 싸서 감추다, 경시하다, 안중에 두지 아니하다
123)那 어찌 나; 邑-총7획; [nà,nā,nǎ,nǎi]어찌, 어떻게, 어찌하랴, 어떻게 하느냐, 나라 이름

ㅂ。脣[124]音。如彆[125]字初發聲。

ㅂ·ᄂᆞᆫ脣쓘音흠·이·니如셩彆·볋字·쯩初총發·벓聲셩ᄒᆞ·니

ㅂ·ᄂᆞᆫ입시·울쏘·리·니彆·볋字·쯩·처섬·펴·아·나ᄂᆞᆫ소·리·ᄀᆞ·ᄐᆞ·니

ㅂ는 입시울소리니, 볋彆 글자 처음 펴어나는 소리와 같으니

並書。如步[126]字初發聲。

竝뼝書셩ᄒᆞ·면如셩步·뽕ㆆ字·쯩初총發·벓聲셩ᄒᆞ·니·라

ᄀᆞᆯ·바·쓰·면步·뽕ㆆ字·쯩·처섬·펴·아·나ᄂᆞᆫ소·리·ᄀᆞ·ᄐᆞ니·라

ㅂ을 나란히 쓰면(ㅃ), 뽕步 글자 처음 펴어나는 소리와
같으니라

ㅍ。脣音。如漂[127]字初發聲。

ㅍ·ᄂᆞᆫ脣쓘音흠·이·니如셩漂푱ㅸ字·쯩初총發·벓聲셩ᄒᆞ·니·라

ㅍ·ᄂᆞᆫ입시·울쏘·리·니漂푱ㅸ字·쯩·처섬·펴·아·나ᄂᆞᆫ소·리·ᄀᆞ·ᄐᆞ니·라

ㅍ는 입시울소리니 푱漂 글자 처음 펴어나는 소리와 같으니라

ㅁ。脣音。如彌[128]字初發聲。

ㅁ·ᄂᆞᆫ脣쓘音흠·이·니如셩彌밍字·쯩初총發·벓聲셩ᄒᆞ·니·라

ㅁ·ᄂᆞᆫ입시·울쏘·리·니彌밍ㅸ·쯩·처섬·펴·아·나ᄂᆞᆫ소·리·ᄀᆞ·ᄐᆞ니·라

ㅁ는 입시울소리니, 밍彌 글자 처음 펴어나는 소리와 같으니라

---

124)脣 입술 순; 肉-총11획; [chún]입술, 가, 언저리, 꼭 맞다
*순脣쓘·은입시·우리·라;입술이라 *순음脣音;입시울쏘리;입술소리
125)彆 활 뒤틀릴 별; 弓-총15획; [biè]활이 뒤틀리다, 활짱이 뒤틀리다
126)步 걸음 보; 止-총7획; [bù]걸음, 걷다, 걸리다, 보병, 처하다, 행위, 운수, 나루, 여섯 자
127)漂 떠돌 표; 水-총14획; [piāo,piǎo]떠돌다, 물에 떠돌다, 물결에 떠서 흐르다, 유랑하다, 움직이다, 흔들다, 나부끼다
128)彌 두루 미; 弓-총17획; [mí]두루, 널리, 오래다, 그치다

ㅈ。齒[129]音。如卽字初發聲。

ㅈ·ᄂᆞᆫ齒칭音음·이·니如셩卽·즉字·ᄍᆞᆼ初총發·벓聲셩ᄒᆞ ·니
ㅈ·ᄂᆞᆫ·니쏘·리·니卽즉 字·ᄍᆞᆼ·처섬·펴·아·나ᄂᆞᆫ소·리·ᄀᆞ·ᄐᆞ·니
ㅈ는 닛소리니, 즉卽 글자 처음 펴어나는 소리와 같으니

竝書。如慈[130]字初發聲。

竝뼝書셩ᄒᆞ·면如셩慈ᄍᆞᆼㆆ字·ᄍᆞᆼ총發·벓聲셩ᄒᆞ·니·라
ᄀᆞᆯ·ᄫᅡ·쓰·면慈ᄍᆞᆼㆆ字·ᄍᆞᆼ ·처섬·펴·아·나ᄂᆞᆫ소·리·ᄀᆞ·ᄐᆞ니·라
ㅈ을 나란히 쓰면(ㅉ), ᄍᆞᆼ慈 글자 처음 펴어나는 소리와 같으니라

ㅊ。齒音。如侵[131]字初發聲。

ㅊ·ᄂᆞᆫ齒칭音음·이·니如셩侵침ㅂ字·ᄍᆞᆼ初총發·벓聲셩ᄒᆞ·니·라
ㅊ·ᄂᆞᆫ·니쏘·리·니侵침ㅂ字·ᄍᆞᆼ·처섬·펴·아·나ᄂᆞᆫ소·리·ᄀᆞ·ᄐᆞ니·라
ㅊ는 닛소리니, 침侵 글자 처음 펴어나는 소리와 같으니라

ㅅ。齒音。如戌[132]字初發聲。

ㅅ·ᄂᆞᆫ 齒칭音음·이·니如셩戌슗字·ᄍᆞᆼ 初총發·벓聲셩ᄒᆞ ·니
ㅅ·ᄂᆞᆫ·니쏘·리·니戌슗字·ᄍᆞᆼ·처섬·펴·아·나ᄂᆞᆫ소·리·ᄀᆞ·ᄐᆞ·니
ㅅ는 닛소리니, 슗戌 글자 처음 펴어나는 소리와 같으니

---

129)齒 이 치; 齒-총15획; [chǐ]이, 음식을 씹는 기관, 어금니, 나이 *卽 곧 즉; 卩-총9획; [jí]곧, 가깝다, 나아가다

130)慈 사랑할 자; 心-총13획; [cí]사랑하다, 사랑, 어머니, 자식

131)侵 침노할 침; 人-총9획; [qīn]침노하다, 습격하다
132)戌 개 술; 戈-총6획; [xū,qù]개, 열한째 지지, 마름질하다, 정연하여 아름답다

並書。如邪[133]字初發聲。

竝뼝書셩ᄒᆞ·면如셩邪썅ᅙ字·쭝初총發·벓聲셩ᄒᆞ·니·라
ᄀᆞᆯ·바·쓰·면邪썅ᅙ字·쭝·처ᅀᅥᆷ·펴·아·나ᄂᆞᆫ소·리·ᄀᆞ·ᄐᆞ니·라
ㅅ을 나란히 쓰면(ㅆ) 썅邪 글자 처음 펴어나는 소리와 같으니라

ㆆ。喉[134]音。如挹[135]字初發聲。

ㆆ·ᄂᆞᆫ喉ᅘᅮᇢ[136]音ᅙᅳᆷ·이·니如셩戌슗字·쭝初총發·벓聲셩ᄒᆞ·니
ㆆ·ᄂᆞᆫ목소·리·니挹ᅙᅳᆸ字·쭝·처ᅀᅥᆷ·펴·아·나ᄂᆞᆫ소·리·ᄀᆞ·ᄐᆞ니·라
ㆆ는 목소리니, ᅙᅳᆸ挹 글자 처음 펴어나는 소리와 같으니라

ㅎ。喉音。如虛[137]字初發聲。

ㅎ·ᄂᆞᆫ喉ᅘᅮᇢ音ᅙᅳᆷ·이·니如셩虛헝ᅙ字·쭝初총發·벓聲셩ᄒᆞ·니
ㅎ·ᄂᆞᆫ·목소·리·니虛헝ᅙ字·쭝처ᅀᅥᆷ·펴·아·나ᄂᆞᆫ소·리·ᄀᆞ·ᄐᆞ·니
ㅎ는 목소리니, 헝虛 글자 처음 펴어나는 소리와 같으니

並書。如洪[138]字初發聲。

竝뼝書셩ᄒᆞ·면如셩洪ᅘᅩᇰㄱ字·쭝初총發·벓聲셩ᄒᆞ·니·라
ᄀᆞᆯ·바·쓰·면洪ᅘᅩᇰㄱ字·쭝·처ᅀᅥᆷ·펴·아·나ᄂᆞᆫ소·리·ᄀᆞ·ᄐᆞ니·라
ㅎ을 나란히 쓰면(ㆅ) ᅘᅩᇰ洪 글자 처음 펴어나는 소리와 같으니라

---

133)邪 간사할 사; 邑-총7획; [xié,yé]간사하다, 어긋나다, 기울다, 치우치다
134)喉 목구멍 후; 口-총12획; [hóu]목구멍, 목, 긴한 곳, 요소(要所)
135)挹 뜰 읍; 手-총10획; [yì] 뜨다, 물을 푸다, 당기다, 누르다
136)喉ᅘᅮᇢ·는모·기·라;喉후는 목이라
137)虛 빌 허; 虍-총12획; [xū]비다, 없다, 적다, 드물다, 모자라다, 준비가 없다, 욕심이 없다, 약하다, 비워두다, 틈
138)洪 큰물 홍; 水-총9획; [hóng]큰물, 크다

ㅇ。喉音。如欲[139]字初發聲。

ㅇ·눈喉흫音음·이·니如셩欲욕字·쭝初총發·벓聲셩ᄒᆞ·니·라

ㅇ·눈목소·리·니 欲욕字·쭝 ·처섬·펴·아·나눈소·리·ᄀᆞ·ᄐᆞ니·라

ㅇ는 목소리니, 욕欲 글자 처음 펴어나는 소리와 같으니라

ㄹ。半[140]舌音。如閭[141]字初發聲。

ㄹ·눈半·반舌·쎯音음·이·니如셩閭령ㆆ字·쭝初총發·벓聲셩ᄒᆞ·니·라

ㄹ·눈半·반·혀쏘·리니, 閭령ㆆ字·쭝·처섬·펴·아·나눈소·리·ᄀᆞ·ᄐᆞ 니·라

ㄹ는 혓소리니, 령閭 글자 처음 펴어나는 소리와 같으니라

ㅿ。半齒音。如穰[142]字初發聲。

ㅿ·눈半·반齒칭音음·이·니如셩穰샹ㄱ字·쭝初총發·벓聲셩ᄒᆞ ·니·라

ㅿ·눈半·니쏘·리·니穰샹ㄱ字·쭝·처섬·펴·아·나눈소·리·ᄀᆞ·ᄐᆞ니·라

ㅿ는 반닛소리니 샹穰 글자 처음 펴어나는 소리와 같으니라

ㆍ。如呑[143]字中[144]聲。

ㆍ·눈如셩呑ᄐᆞᆫ ㄷ字·쭝中듕[145]聲셩ᄒᆞ·니·라

ㆍ·눈呑ᄐᆞᆫ ㄷ字·쭝 가·온·딧소·리·ᄀᆞ·ᄐᆞ니·라

ㆍ는 ᄐᆞᆫ呑 글자 가운뎃소리와 같으니라

---

139)欲 하고자 할 욕; 欠-총11획; [yù]하고자 하다, 하려고 하다, -할 것 같다, 바라다, 기대하거나 원하다
140)半 반 반; 十-총5획; [bàn]반, 한창, 절정, 조각, 떨어진 한 부분
141)閭 이문 려{여}; 門-총15획; [lü]이문(里門), 마을의 문, 길에 세운 문, 문
142)穰 볏짚 양; 禾-총22획; [ráng]볏짚, 수숫대, 풀, 풍족하다, 풍년
143)呑 삼킬 탄; 口-총7획; [tūn]삼키다, 싸다, 싸서 감추다, 경시하다, 안중에 두지 아니하다
144)中 가운데 중; 丨-총4획; [zhōng,zhòng]가운데, 마음, 치우치지 아니하다
145)中듕은가온ᄃᆡ라;中중은 가운데이다

ㅡ。如卽字中聲。
ㅡ·는 如셩卽즉字·쭝中듕聲셩ᄒᆞ·니·라
ㅡ·는 卽즉字·쭝 가·온·ᄃᆡᆺ소·리·ᄀᆞ·ᄐᆞ니·라
ㅡ는 즉卽 글자 가운뎃소리와 같으니라

ㅣ。如侵字中聲하니라。
ㅣ·는 如셩侵침ㅂ字·쭝中듕聲셩ᄒᆞ·니·라
ㅣ·는 侵침ㅂ字·쭝 가·온·ᄃᆡᆺ소·리·ᄀᆞ·ᄐᆞ니·라
ㅣ는 침侵 글자 가운뎃소리와 같으니라

ㅗ。如洪字中聲。
ㅗ·는 如셩洪ᅘᅩᇰㄱ字·쭝中듕聲셩ᄒᆞ·니·라
ㅗ·는 洪ᅘᅩᇰㄱ字·쭝 가·온·ᄃᆡᆺ소·리·ᄀᆞ·ᄐᆞ니·라
ㅗ는 ᅘᅩᇰ-洪 글자 가운뎃소리와 같으니라

ㅏ。如覃字中聲。
ㅏ·는 如셩覃땀ㅂ字·쭝中듕聲셩ᄒᆞ·니·라
ㅏ·는 覃땀ㅂ字·쭝 가·온·ᄃᆡᆺ소·리·ᄀᆞ·ᄐᆞ니·라
ㅏ는 땀覃 글자 가운뎃소리와 같으니라

ㅜ。如君字中聲。
ㅜ·는 如셩君군ㄷ字·쭝中듕聲셩ᄒᆞ·니·라
ㅜ·는 君군ㄷ字·쭝 가·온·ᄃᆡᆺ소·리·ᄀᆞ·ᄐᆞ니·라
ㅜ는 군君 글자 가운뎃소리와 같으니라

ㅓ。如業字中聲。
ㅓ·는 如셩業업字·쭝中듕聲셩ᄒᆞ·니·라

ㅓ·ᄂᆞᆫ業업字·ᄍᆞᆼ 가·온·ᄃᆡᆺ소·리·ᄀᆞ·ᄐᆞ니·라
ㅓ는 업業 글자 가운뎃소리와 같으니라

ㅛ。如欲字中聲。
ㅛ·ᄂᆞᆫ如ᅀᅧᆼ欲욕字·ᄍᆞᆼ中듀ᇰ聲셩ᄒᆞ 니라
ㅛ·ᄂᆞᆫ欲욕字·ᄍᆞᆼ 가·온·ᄃᆡᆺ소·리·ᄀᆞ·ᄐᆞ니·라
ㅛ는 욕欲 글자 가운뎃소리와 같으니라

ㅑ。如穰字中聲。
ㅑ·ᄂᆞᆫ如ᅀᅧᆼ穰ᅀᅣᇰ字·ᄍᆞᆼ中듀ᇰ聲셩ᄒᆞ 니라
ㅑ·ᄂᆞᆫ穰ᅀᅣᇰ字·ᄍᆞᆼ 가·온·ᄃᆡᆺ소·리·ᄀᆞ·ᄐᆞ니·라
ㅑ는 ᅀᅣᇰ穰 글자 가운뎃소리와 같으니라

ㅠ。如戌字中聲。
ㅠ·ᄂᆞᆫ如ᅀᅧᆼ戌슗字·ᄍᆞᆼ中듀ᇰ聲셩ᄒᆞ 니라
ㅠ·ᄂᆞᆫ戌슗字·ᄍᆞᆼ 가·온·ᄃᆡᆺ소·리·ᄀᆞ·ᄐᆞ니·라
ㅠ는 슗戌 글자 가운뎃소리와 같으니라

ㅕ。如彆字中聲。
ㅕ·ᄂᆞᆫ如ᅀᅧᆼ彆볋字·ᄍᆞᆼ中듀ᇰ聲셩ᄒᆞ 니라
ㅕ·ᄂᆞᆫ彆볋字·ᄍᆞᆼ 가·온·ᄃᆡᆺ소·리·ᄀᆞ·ᄐᆞ니·라
ㅕ는 볋彆 글자 가운뎃소리와 같으니라

終聲。復[146]用初聲。
終즁聲셩은復ᄫᅮᇢ[147]用용初총聲셩·ᄒᆞ ·ᄂᆞ니·라
乃ː냉終즁ㄱ소·리·ᄂᆞᆫ 다·시·첫소·리·ᄅᆞᆯ ·ᄡᅳ·ᄂᆞ니·라
끝소리에는, 다시 첫소리를 쓰느니라

ㅇ連[148]書唇音之下。則[149]爲[150]唇輕[151]音。

ㅇ·ᄅᆞᆯ連련[152]書셩脣쓘音음之징下 : ᅘᅡᆼ[153]ᄒᆞ·면

則즉[154]爲윙[155]脣쓘輕켱[156]音음·ᄒᆞ ·ᄂᆞ니·라

ㅇ·ᄅᆞᆯ입시·울쏘·리아·래에니·ᅀᅥ·쓰·면입시·울가·ᄇᆡ야·ᄫᆞᆫ소·리ᄃᆞ외ᄂᆞ·니·라

ㅇ를 입시울소리 아래에 잇어 쓰면, 입술가벼운소리가 되느니라

初聲合[157]用則並書。終[158]聲同[159]。

初총聲셩·을合·햡[160]用·용·ᄒᆞᇙ디·면則·즉竝·뼝書셩ᄒᆞ·라終즁聲셩·도

同똥[161]ᄒᆞ ·니·라

·첫소·리ᄅᆞᆯ어·울·ᄡᅮᇙ·디·ᄀᆞᆯ·ᄫᅡ·쓰·라乃 : 냉終즁[162]ㄱ소·리·도 ᄒᆞᆫ가·지·라

첫소리를 어우러 쓰려면 나란히 쓰라, 나중의 소리도 한가지라

---

146)復 돌아올 복; 彳-총12획; [fù]돌아오다, 돌려보내다, 뒤집다

147)爲윙·ᄂᆞᆫᄃᆞ욀·씨·라;爲위는 되다는 뜻이다復·ᄬᅮᆯ·는다·시·ᄒᆞ논·ᄠᅳ디·라;復부는 다시하는 뜻이라

148)連 잇닿을 련{연}; 辵-총11획; [lián]잇닿다, 이어지다, 계속되다, 맺다, 연결하다, 길다, 모이다, 끌다, 늘어세우다, 동행

149)則 법칙 칙{곧 즉,본받을 측}; 刀-총9획; [zé]법칙, 곧, 법, 본받다, 모범으로 삼다

150)爲 할 위; 爪-총12획; [wéi,wèi]하다, 만들다, 베풀다, 간주하다, 인정하다, 되다, 성취하다, 이루다, 바뀌다, 다스리다, 정치를 하다, 병을 고치다, 해설하다, 배우다

151)輕 가벼울 경; 車-총14획; [qīng]가볍다, 무게가 적다, 모자라다, 신분이 낮다, 손쉽다, 재빠르다, 경솔하다, 가벼이 하다, 깔보다, 업신여기다, 가벼운 수레

152)連련·은니·슬·씨·라;連련은 잇는다는 뜻이다

153)下 : ᅘᅡᆼ·ᄂᆞᆫ아·래·라;下하는 아래이다

154)則·즉·은 : 아·ᄆᆞ리ᄒᆞ·면·ᄒᆞᄂᆞᆫ겨·체·ᄡᅳᄂᆞᆫ字·쭝ㅣ·라;則즉은 ~하면 ~하는 곁에 쓰는 글자이다

155)爲윙·ᄂᆞᆫᄃᆞ욀·씨·라;爲위는 되다는 뜻이다

156)輕켱·은가·ᄇᆡ야·ᄫᆞᆯ·씨·라;輕경은 가볍다는 뜻이다.

157)合 합할 합; 口-총6획; [hé,gě]합하다, 여럿이 모여 하나가 되다, 만나다, 맞다, 틀리거나 어긋남이 없다

158)終 끝날 종; 糸-총11획; [zhōng]끝나다, 다되다, 극에 이르다, 그치다, 완료되다, 미치다, 이루어지다, 차다, 죽다, 끝, 종말, 마침내, 종국에는 끝까지

159)同 한가지 동; 口-총6획; [tóng,tòng]한가지, 서로 같게 하다, 같게, 함께, 다같이

160)合·햡·ᄋᆞᆫ어·울씨·라;合은 어울리다는 뜻이다

161)同똥·ᄋᆞᆫᄒᆞᆫ가·지라·ᄒᆞ논·ᄣᅳ디·라;同 동은 한가지라는 뜻이다

162)乃냉終즁>내죵>나중의 옛말 *나중;얼마의 시간이 지난 뒤, 다른 일을 먼저 한 뒤의 차례=乃終

ㆍ ㅡ ㅗ ㅜ ㅛ ㅠ。附[163)]書初發聲之下。

ㆍ ㅡ ㅗ ㅜ ㅛ ㅠ·란附·뿡[164)]書셩初총聲셩之징下 : ᅘᅣᆼᄒᆞ고

ㆍ·와 ㅡ·와ㅗ·와 ㅜ·와 ㅛ·와 ㅠ·와 ·란·첫소·리아·래브·텨·쓰·고

ㆍ와 ㅡ와 ㅗ와 ㅜ와 ㅛ와 ㅠ와는 첫소리 아래에 붙여 쓰고

ㅣ ㅏ ㅓ ㅑ ㅕ。附書於右[165)]。

ㅣ ㅏ ㅓ ㅑ ㅕ란附·뿡書셩於헝右·울[166)]ᄒᆞ·라

ㅣ·와 ㅏ·와 ㅓ·와 ㅑ·와 ㅕ·와는·올ᄒᆞᆫ녀·긔브·텨·쓰·라

ㅣ와 ㅏ와 ㅓ와 ㅑ와 ㅕ와는, 오른쪽에 붙여 쓰라

凡[167)]字必[168)]合而成[169)]音。

凡뻠[170)]字·쯩ㅣ必·빓[171)]合·ᅘᅡᆸ而싱成셩[172)]音흠·ᄒᆞᄂᆞ·니

믈읫字·쯩ㅣ모·로·매어·우러·ᅀᅡ소·리 : 이ᄂᆞ : 니

무릇 글자는 모름지기 어우러야 소리가 일어나니

---

163)附 붙을 부; 阜-총8획; [fù]붙다, 기대다, 따르다, 가깝다, 모이다,붙이다, 접착시키다, 부치다, 보내다, 따르게 하다, 더하다, 형벌을 가하다, 합사(合祀)하다.

164)附·뿡·는브·틀·씨·라;附부는 붙다는 뜻이다.

165)右 오른쪽 우; 口-총5획; [yòu]오른쪽, 숭상하다, 오른쪽에 적은 글이나 내용

166)右·울·는·올ᄒᆞᆫ녀·기라;右는 오른쪽이라

167)凡 무릇 범; 几-총3획; [fán]무릇, 모두, 다, 합계

168)必 반드시 필; 心-총5획; [bì]반드시, 틀림없이, 꼭, 기필하다, 이루어내다, 오로지, 전일(專一)하다.

169)成 이룰 성; 戈-총7획; [chéng]이루다, 이루어지다, 정하여지다.

170)凡뻠·은믈읫·ᄒᆞ논·ᄠᅳ디·라;凡범은 무릇하다는 뜻이다.

171)必·빓·ᄋᆞᆫ모·로·매·ᄒᆞ논·ᄠᅳ디·라 *必은 모로매 하는 뜻이다 *모로매;모름지기의 옛말 *모름지기;사리를 따져 보건대 마땅히 또는 반드시

172)成셩·은 : 일·씨·라;成성은 일의 뜻이다 *일;무엇을 이루려고 어떤 장소에서 일정한 시간 동안 몸을 움직이거나 머리를 쓰는 활동 *일다;없던 현상이 생기다, 겉으로 부풀거나 위로 솟아 오르다 *이루다;어떤 대상이 일정한 상태나 결과를 생기게 하거나 일으키거나 만들다, 몇 가지 부분이나 요소들을 모아 일정한 성질이나 모양을 가진 존재가 되게 하다.

左[173]加[174]一[175]點[176]則去[177]聲。

左 : 장[178]加강[179]一 : 힗[180]點 : 뎜ᄒᆞᆫ ·면則즉去·컹[181]聲셩·이·오

: 왼녀긔ᄒᆞᆫ點 : 뎜·을더으·면·ᄆᆞᆺ노·ᄑᆞᆫ소·리·오

왼쪽에 한 점을 더하면 아주 높은 소리인 거성이오

二[182]則上[183]聲。

二·싱[184]則·즉上 : 썅聲셩·이·오

點 : 뎜·이 : 둘히·면上 : 썅聲셩[185]·이·오

점이 둘이면 상성이오

無[186]則平聲。

無뭉[187]則·즉平뼝聲셩·이·오

點 : 뎜·이 : 업스·면平뼝聲셩[188]·이·오

점이 없으면 평성이오

---

173)左 왼 좌; 工-총5획; [zuoˇ]왼, 왼쪽으로 하다, 그르다, 어긋나다
174)加 더할 가; 力-총5획; [jiā]더하다, 있다, 처하다, 입다, 몸에 붙이다
175)一 한 일; 一-총1획; [yī]하나, 한 번, 처음, 오로지, 모두, 동일하다
176)點 점 점; 黑-총17획; [diaˇn]점, 문자의 말소(抹消), 자구(字句)의 정정(訂正), 세다, 점검하다
177)去 갈 거; 厶-총5획; [qù]가다, 떠나다, 잃다, 잃어버리다, 배반하다
178)左 : 장·ᄂᆞᆫ : 왼·녀·기·라;左좌는 왼쪽이다
179)加강·ᄂᆞᆫ더을·씨·라;加가는 더으다는 뜻이다*더으다;더하다의 옛말*더하다;하다
180)一·힗·ᄋᆞᆫᄒᆞ나·히·라;一일은 하나이다
181)去·컹聲·은 : ᄆᆞᆺ노·ᄑᆞᆫ소·리·라;去聲거성은 아주 높은 소리이다
182)二 두 이; 二-총2획; [èr]둘, 두 번, 두 마음
183)上 위 상; 一-총3획; [shàng,shaˇng,shang]위, 하늘, 임금
184)二·싱·ᄂᆞᆫ : 둘히·라;二이는 둘이다
185)上 : **썅聲셩**·은·처ᅀᅥ·미ᄂᆞᆽ : 갑·고乃 : 냉終즁·이노·ᄑᆞᆫ소·리·라;上聲상성은 처음 음이 낮고 나중이 높은 소리라
186)無 없을 무; 火-총12획; [wú,mó]없다, 허무(虛無)의 도, 말라, 금지하는 말
187)無뭉·는 : 업슬·씨·라;無무는 없다는 뜻이다
188)平뼝聲셩·은·ᄆᆞᆺᄂᆞᆽ가·ᄫᆞᆫ소·리·라;平聲평은 아주 낮은 소리라

入[189]聲。加點同而促[190]急。

入·**십聲셩**[191]·은 加강點 : **뎜**·이 同똥而싱促·쵹[192]急·**급ᄒᆞ** ·니·라

入·십聲셩·은 點·뎜더·우·믄ᄒᆞᆫ가·지로·ᄲᆞᄅᆞ·니·라

입성은 점이 더하는 것은 같으나 빠르니라

漢·한音흠[193]齒 : 칭聲셩·은有 : 울齒 : 칭頭뚷正·졍齒 : 칭之징別·볋[194]ᄒᆞ·니

中듕國·귁소·리·옛·니쏘·리·ᄂᆞᆫ齒 : 칭頭뚷[195]·와正·졍齒 : 칭·왜ᄀᆞᆯ·ᄒᆡ요·미잇ᄂᆞ·니

한음(漢音)의 소리에 닛소리(齒音)는 치두(齒頭)와 정치(正齒)에 구별(區別)됨이 있나니

ᅎ ᅔ ᅏ ᄼ ᄽ字ᄍᆞ用·용於헝齒ᄍᆞ칭頭뚷ᄒᆞ ·고

ᅎ ᅔ ᅏ ᄼ ᄽ字·ᄍᆞᆼ·ᄂᆞᆫ齒 : 칭頭뚷ㅅ소·리·예·ᄡᅳ·고

ᅎ ᅔ ᅏ ᄼ ᄽ 글자는 치두(齒頭)의 소리에 쓰고[196]

---

189)入 들 입; 入-총2획; [rù]들다, 수입, 사성(四聲)의 하나, 입성(入聲)

190)促 재촉할 촉; 人-총9획; [cù]재촉하다, 다가오다, 이르다 ⋆急 급할 급; 心-총9획; [jí]급하다, 갑자기(亟), 빠르다

191)入·십聲셩·은ᄲᆞᆯ·리긋ᄃᆞᆮᄂᆞᆫ소·리·라;入聲입성은 빨리 끝나는 소리라

192)促·쵹急급·은ᄲᆡᄅᆞᆯ·씨·라;促急촉급은 빠르다는 뜻이다

193)漢 한수 한; 水-총14획; [hàn]한수(漢水), 섬서성(陝西省) 영강현(寧羌縣) 파총산(嶓冢山)에서 발원한 강, 은하수, 사나이 ⋆漢·한音흠·은中듕國·귁소·리·라;漢音한음은 중국의 소리이다

194)別 나눌 별; 刀-총7획; [bié]나누다, 헤어지다, 갈라짐 ⋆別·볋은ㄱ · ㄹ힐씨·라;別별은 가르다 뜻이다 ⋆가르다;쪼깨거나 나누어 따로따로 구별하다 ⋆나누다;하나를 둘 이상으로 가르다 ⋆구별區別;성질이나 종류에 따라 나타나는 차이. 또는 그것을 갈라놓음

195)頭 머리 두; 頁-총16획; [tóu,toů]머리, 머리털, 꼭대기, 맨 앞, 시초, 우두머리, 첫째, 상위, 지혜, 재능, 근처, 근방 ⋆頭뚷·는머·리·라;頭두는 머리이다

196) ·이소·리·ᄂᆞᆫ·우·리나·랏소·리예·셔열·ᄇᆞ·니·혓·그·티웃·닛머·리·예다·ᄔᆞ·니·라;이(齒)소리는 우리나랏 소리에서 엷으니 혀끝이 이(齒)머리에 닿느리라

ㅈ ㅊ ㅉ ㅅ ㅆ字·ᄍᆞᆼ·ᄂᆞᆫ用·용於ᅙᅥᆼ正·졍齒ᅌᅵᆼ·ᄒᆞ ᄂᆞ·니
ㅈ ㅊ ㅉ ㅅ ᄍᆞᆼ·ᄂᆞᆫ正·졍齒ᅌᅵᆼㅅ소·리·예·쓰ᄂᆞ·니
ᅐ ᅕ ᅑ ᄾ ᄿ 글자는 정치(正齒)의 소리에 쓰나니[197)]

牙앙舌·썷脣순喉ᅘᅮᆼ之징字·ᄍᆞᆼ·ᄂᆞᆫ通통用·용於ᅙᅥᆼ漢·한音ᅙᅳᆷ·ᄒᆞ·ᄂᆞ니·라
:엄·과·혀·와입시·울·와목소·리·옛字·ᄍᆞᆼ·ᄂᆞᆫ中듕國·귁소·리·예通통·히·쓰·ᄂᆞ니·라
어금닛소리와 혓소리와 입시울소리와 목소리 글자는 한음(漢音) 소리에 통해 쓰느니라

---

197)·이소·리·ᄂᆞᆫ·우·리나·랏소·리예·셔두터·ᄫᅳ·니·혓·그·티아·랫·닛므유·메다ᄔᆞ·니·라;이(齒)소리는 우리나랏 소리에서 두텁워니 혓 끝이 아랫잇몸에 닿느리라 *치두음(齒頭音)과 정치음(正齒音);중국어의 다른 두 잇소리를 표기하기 위해 ㅅ, ㅆ, ㅈ, ㅉ, ㅊ의 우획과 좌획의 길이를 다르게 한 글자를 말한다. ᄼ 치두음시옷, ᄽ 치두음쌍시옷, ᅎ 치두음지읒, ᅏ 치두음쌍지읒, ᅔ 치두음치읓, ᄾ정치음시옷, ᄿ 정치음쌍시옷, ᅐ 정치음지읒, ᅑ 정치음쌍지읒, ᅕ 정치음치읓 우리 나라의의 치음 ㅅ ㅆ ㅈ ㅉ ㅊ 발음은 대개 정치음에 약간 가깝지만, 명확한 분류를 위해 치두음 ᄼ ᄽ ᅎ ᅏ ᅔ 과 정치음 ᄾ ᄿ ᅐ ᅑ ᅕ 을 추가로 분류하였다. 치두음이란 혀끝을 윗니 뒤(치두)에 닿을 듯하면서 나는 소리라는 뜻이다. 시옷의 발성 모습이 혀뿌리 쪽으로 이동하여 나는 소리이므로 좌획을 길게 하고 우획을 짧게해서 ᄼ ᄽ ᅎ ᅏ ᅔ의 모양을 만든 것이다. 정치음은 혀끝이 아랫잇몸에 닿은 상태에서 나는 소리라는 뜻이며 시옷의 발성 모습이 혀끝 쪽으로 이동하여 나는 소리이므로 좌획을 짧게하고 우획을 길게해서 ᄾ ᄿ ᅐ ᅑ ᅕ의 모양을 만든 것이다.

제III장

훈민정음 해례본
정음 해례 풀이

Ⅲ. 훈민정음 해례본 정음해례 풀이

1. 훈민정음 정음해례

가. 글자를 만든 풀이

訓民正音解[198)]例[199)]

制字解
글자를 만든 풀이

天地[200)]之道[201)]。一[202)]陰[203)]陽[204)]五行[205)]而已。
천지의 도는 오로지 음양오행일 뿐이다.

---

198)解 풀 해; 角-총13획; [jiě,jiè,xiè]풀다, 가르다
199)例 법식 례{예}; 人-총8획; [lì]법식, 보기 ★해례(解例);보기를 들어서 풀이함
200)천지(天地);하늘과 땅, 우주 세상, 대단히 많음
201)道 길 도; 辵-총13획; [dào]길, 이치, 근원, 방법
202)一 한 일; 一-총1획; [yī]하나, 한 번, 처음, 오로지
203)陰 응달 음; 阜-총11획; [yīn]응달, 음(陰), 습기, 축축함 ★음陰;〔철〕역학(易學)에서, 태극이 나누인 두 기운 가운데의 하나 어둠·땅·없음 등 소극적인 것을 상징함,〔수〕음수(陰數)를 나타내는 말,〔한의〕체질이나 약의 성질, 병의 증상 따위가 정적이고 차고 소극적인 것,〔물〕'음극'의 준말,↔양(陽)
204)陽 볕 양; 阜-총12획; [yáng]볕, 양지, 양(陽), 밝다 ★양陽;「철「 역학(易學)에서, 태극(太極)이 나뉜 두 가지 성질, 또는 기운의 하나《천(天)·남(男)·주(晝)·동(動) 등의 능동적·남성적인 것을 상징하는 데 씀》,〔물〕양극(陽極)의 준말,〔수〕양수(陽數)를 나타내는 말,〔한의〕체질·약성(藥性)·증상의 활발하고 덥고 적극적인 속성↔음(陰)★음양(陰陽);우주만물을 만들어 내는 상반된 성질의 두 가지 기운으로서의 음과 양을 아울러 이르는 말
205)오행(五行);우주만물을 이루는 다섯 가지 원소 수(水), 목(木), 토(土), 화(火), 금(金)을 이른다.

坤[206]復[207]之間爲太極[208]。而動[209]靜[210]之後爲陰陽。

곤괘(坤卦 ䷁)와 복괘(復卦 ䷗) 사이에서 태극이 생겨나서, 태극이 움직이고 멈춘 다음에 음양이 생겨나는 것이다.

凡[211]有生[212]類[213]在天地之間者。捨[214]陰陽而何之。故人之聲音[215]。皆有陰陽之理。顧[216]人不察[217]耳[218]。

무릇 생명을 가진 무리들로 하늘과 땅의 사이에 있는 것들은, 음양을 버리고 어찌 존재할 수 있겠는가? 그런 까닭으로 사람의 소리는 모두 음양의 이치가 있는데, 돌아보건데 사람들이 살펴서 깨닫지 못한 것일 뿐이다.

---

206)坤 땅 곤; 土-총8획; [kūn]땅, 대지, 팔괘(八卦)의 하나, 육십사괘의 하나
207)復 돌아올 복; 彳-총12획; [fù]돌아오다, 돌려보내다, 뒤집다
*복復;복괘(復卦)의준말
208)태극(太極);〔철〕역학(易學)에서 말하는 우주 만물의 근원이 되는 본체 하늘과 땅이 아직 나뉘기 전의 세상 만물의 원시 상태
209)動 움직일 동; 力-총11획; [dòng]움직이다, 나다, 살다, 살아나다, 변하다
210)靜 고요할 정; 靑-총16획; [jìng]고요하다, 맑다, 단청(丹靑)이 정밀하다 *동정(動靜);움직임과 정지, 일이나 현상이 벌어지고 있는 낌새, 일상적인 모든 행위
211)凡 무릇 범; 几-총3획; [fán]무릇, 모두, 다, 합계 *무릇;대체로 헤아려 생각하건대 *대체(大體)로;요점만 말해서, 전제로 보아서
212)유생有生;생명이 있음
213)類 무리 류{유}; 頁-총19획; [lèi]무리, 일족(一族), 동류, 떼, 온갖 것, 모든 것, 견주다, 비슷하다 *유類;무리, 종류의 준말,〔철〕유개념(類槪念);〔논〕 어떤 개념의 외연(外延)이 다른 개념보다 크고 그것을 포괄할 경우, 그 넓은 개념을 이르는 말. 나무는 식물에 대해서 종(種)개념이고, 소나무나 감나무들에 대해서는 유개념이다↔종개념
214)捨 버릴 사; 手-총11획; [shě,shè]버리다, (佛)마음이 언제나 평온하고 집착(執着)이 없는 상태
215)성음聲音;목구멍에서 나는 소리 곧, 말소리, 음성
216)顧 돌아볼 고; 頁-총21획; [gù]돌아보다, 사방을 둘러보다, 응시하다, 마음에 새기다, 관찰하다, 반성하다, 생각하다, 마음에 두다, 찾다, 방문하다
217)察 살필 찰; 宀-총14획; [chá]살피다, 알다, 살펴서 알다, 조사하다, 생각하여 보다
218)耳 귀 이; 耳-총6획; [ěr]귀, 청각 기관, 오관(五官)의 하나, 귀같이 생긴 젤 손, 귀에 익다, 들다, 곡식이 비 맞아 싹 나다, 또는 그 싹, 뿐 *뿐;오직 그렇게 하거나 그러하다는 것을 나타내는 말, 그것만이고 더는 없음

今[219]正音之作。初非智[220]營[221]而力索[222]。但[223]因[224]其[225]聲音而極[226]其理[227]而已。

이제와서 정음을 만드는 것은, 처음부터 지혜를 짜내고 애써 찾아낸 것이 아니라, 다만 그 성음(聲音)으로 그 이치를 다한 것일 따름일 뿐이다.

理旣[228]不二。則[229]何得不與天地鬼[230]神[231]同其用[232]也。

이치가 이미 둘이 아니니, 곧 어찌 천지의 귀신[233]과 그 작용함이 같이 하지 않을 수 있겠는가?

---

219) 今 이제 금; 人-총4획; [jīn]이제, 이, 이에(사물을 가리키는 말), 혹은, 접두사로 지금의 뜻*이제;바로 이때 지나간 때와 단절된 느낌을 준다*지금只今;말하는 바로 이때 영

220) 智 슬기 지; 日-총12획; [zhì]슬기, 지혜, 슬기롭다, 지혜롭다, 꾀, 모략(謀略), 사물의 도리·시비·선악을 잘 판단하고 처리하는 능력. 지혜. 슬기

221) 營 경영할 영; 火-총17획; [yíng]경영하다, 짓다, 만들다, 다스리다, 경작하다, 경영, 두르다*경영經營;계획을 세워 일을 해 나감

222) 색索;{동아줄 삭};찾다, 동아줄, 노

223) 但 다만 단; 人-총7획; [dàn]다만, 무릇, 부질없이, 예외나 조건이 되는 말을 덧붙일 때 쓰는 접속 부사

224) 因 인할 인; 口-총6획; [yīn]인하다, 인(因), 원인을 이루는 근본, 유래, 연유, 까닭

225) 其 그 기; 八-총8획; [qí,jī]그(지시 대명사), 의(관형격 조사), 그(감탄, 강세 조사)

226) 極 다할 극; 木-총13획; [jí]다하다, 떨어지다, 남아있지 않다, 끝나다, 그만두다, 극, 한계, 전극(電極), 자극(磁極), 끝, 일의 결과, 용마루

227) 理 다스릴 리; 玉-총11획; [l╷]다스리다, 옥을 갈다, 바루다, 통하다, 재판하다, 처리하다, 손질하다, 구별하다, 다스려지다, 길, 사람이 순행(順行)하는 도리 *이理;만물의 이치·원리·질서,╷철╷동양 철학에서 우주의 본체

228) 旣 이미 기; 无-총11획; [jì]이미, 벌써, 원래, 처음부터, 그러는 동안에, 이윽고

229) 則 법칙 칙{곧 즉,본받을 측}; 刀-총9획; [zé]법칙, 곧, 법, 본받다, 모범으로 삼다

230) 鬼 귀신 귀; 鬼-총10획; [gu╷]귀신, 지혜롭다, 교활하다, 멀다, 먼 곳

231)神 귀신 신; 示-총10획; [shén]귀신, 불가사의한 것, 정신, 혼*귀신鬼神;=신神;종교의 대상으로 초인간적 초자연적 위력을 가지고 인간에게 화복을 내린다고 믿어지는 존재, [철]세계의 근원 원인이라고 생각하는 실체, 사람이 죽은 뒤에 남는다는 넋

232) 用 쓸 용; 用-총5획; [yòng]쓰다, 베풀다, 부리다, 등용하다, 행하다, 다스리다, 들어 주다, 작용, 능력, 용도

233) 신묘(神妙)한 조화(造化) 작용(作用) 우주(宇宙)의 천문(天文) 28수(宿)의 운행(運行) 원리(原理)

正音二十八字。各[234]象[235]其形[236]而制[237]之

정음 스물 여덟 글자도, 각각 그 모양[238]을 본떠서 그것을 만들었다.[239]

初聲凡十七字。

첫소리는 모두 열 일곱 글자이다.[240]

牙音ㄱ。象舌根閉[241]喉之形。

엄소리 ㄱ는 혓뿌리가 목구멍을 막는 모양을 본떴다.

舌音ㄴ。象舌附[242]上齶[243]之形。

혓소리 ㄴ는 혀(끝)가 윗 잇몸에 붙는 모양을 본떴다.

---

234) 各 각각 각; 口-총6획; [gè,gě]각각, 각기, 여러, 서로, 마찬가지로
235) 象 코끼리 상; 豕-총12획; [xiàng]코끼리, 상아(象牙), 모양, 그림, 본뜨다
236) 形 모양 형; 彡-총7획; [xíng]모양, 몸, 육체, 형세, 세력
237) 制 마를 제; 刀-총8획; [zhì]마르다, 자료를 필요한 규격대로 베거나 자르다, 만들다, 짓다, 누르다, 억제하다
238) 조화로운 천문(天文)의 운행 원리
239) 태극을 중심으로 하늘에서는 동서남북을 각각 대표하는 7개의 별들, 곧 28수(宿)가 끝없이 돌아가고, 사람도 그 태극을 중심으로 살아가고, 말소리도 이런 범위를 벗어나지 않으므로 자음(子音)인 첫 소리 17자(5행과 12달의 원리)와 모음인 가운뎃소리 11자(천지인(天地人) 3(才)와 8(卦)의 원리)를 합하여 모두 28자로 정음을 표기하는데 썼다. 세종대왕이 정음을 창작한 것은 중국 송대(宋代)의 소강절(邵康節)이 주역의 이치를 정리한 황극경세(皇極經世)의 이론을 적극 활용했는데 세상에 없는 것을 새로 만들려고 억지로 힘쓴 것이 아니라(非智營而力索), 자연한 이치 곧 하늘과 땅과 신묘한 조화작용인 귀신과 더불어 그 쓰임을 함께 하였다(與天地鬼神同其用也)는 글도 이에 근거한다.
240) 첫소리는 천문도인 낙서에서 기원한다 *낙서(洛書)는 하(夏)나라 우왕(禹王)이 낙수(洛水)에서 얻은 그림 *낙서의 상극도는 오행의 음양 짝이 모두 제 위치에 바로 있지 못하며, 홀수인 양수(1,3,7,9)는 사정위(四正位, 동서남북)에, 짝수인 음수(2,4,6,8)는 사유위(四維位, 동북, 북서, 남서, 남동)에 위치하고 있어 양의 세력이 주도권을 잡고 있다. 그리고 중앙에는 5만 있고 10이 없다. 즉 음수(짝수)의 우두머리요 모든 수의 왕인 10이 없는 사이에 양수(홀수)들이 혁명을 일으켜 주요 직책을 점령한 것이다.

낙서는 하도와 달리 서방(金, 4.9)과 남방(火, 2.7)의 위치가 서로 뒤바뀌어 있다. 이를 금화교역(金火交易) 이라 한다. 이러한 금화교역에 따라 낙서는 상극의 모습을 나타낸다. 水→火→金→木→土(수克화, 화克금, 금克토, 토克수). 그렇지만 마주보고 있는 것은 상생을 나타내며 합하면 10이 됩니다. 즉 상극과 투쟁의 역사이지만 10이라는 완성과 통일을 지향하며, 상극의 이면에는 상생이 있는 것이다

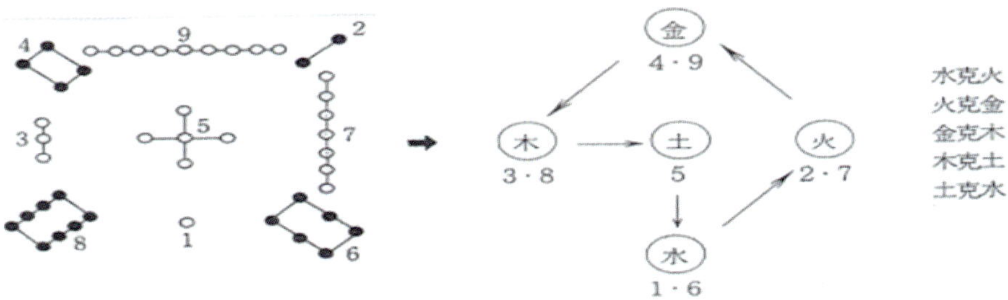

* 첫소리의 글자꼴은 발성기관의 모양을 본떠 만들었으되 나열 순서는 바로 <오행방위 낙서>라는 천문도에 근원 하였다.아음 ㄱ ㅋ ㆁ은 5행으로 목, 설음 ㄷ ㅌ ㄴ은 화, 순음 ㅂ ㅍ ㅁ은 토, 치음 ㅈ ㅊ ㅅ은 금, 후음ㆆ ㅎ ㅇ은 수라고 하였다.지지(地支)가 배속(配屬)된 5행 방위낙서에서 지지(地支)는 인(寅) 묘(卯) 진(辰)이 목(木), 사(巳) 오(午) 미(未)가 화(火), 신(申) 유(酉) 술(戌)은 금(金), 해(亥) 자(子) 축(丑)은 수(水)이다. 인(寅) 묘(卯) 진(辰) 중에서 인(寅)은 양목(陽木)이고 모(卯)는 음목(陰木)이니 양목(陽木)인 인(寅)에 거센소리인 ㅋ이 자리하고 음목(陰木)인 묘(卯)에 여린소리 ㄱ이 자리하고 남은 ㆁ은 진(辰)에 배당된다. 이러한 원리에 따라 양화(陽火)인 사(巳)의 자리에 거센소리인 ㅌ, 음화(陰火)인 오(午)의 자리에 여린소리 ㄷ, 남은 미(未)의 자리에 ㄴ이 배당된다. 마찬가지로 양금(陽金)인 신(申)의 자리에 거센소리 ㅊ이, 음금(陰金)인 유(酉)의 자리에 ㅈ이, 남은 술(戌)의 자리에 ㅅ이 배당된다. 후음(喉音)도 이와 마찬가지 원리로 양수(陽數)인 해(亥)의 자리에 ㅎ이, 음수(陰水)인 자(子)의 자리에 ㆆ이, 남은 축(丑)의 자리에 ㅇ이 배당된다. 이를 정리하면 다음의 <초성 5행방위낙서>의 화살표 방향인 5행 상생의 순서가 된다. 이로써 해례본에서 ㄱ ㅋ ㆁ, ㄷ ㅌ ㄴ, ㅂ ㅍ ㅁ,ㅈ ㅊ ㅅ, ㅎ ㆆ ㅇ의 순서로 배열시킨 이유를 설명할 수 있다. 여기서 ㅂ ㅍ ㅁ의 가획원리는 외견상으로 가획 체계가 달라 보이지만 다른 초성의 가획 원리와 동일하게 본다. 초성의 순서가 바로 <초성 5행방위낙서>에 그 연원을 찾을 수 있다. 중성은 <하도>를, 초성은 <낙서>를 훈민정음 창제의 바탕이론으로 삼았다. 즉 중성과 초성이 짝을 이루듯이 <하도>와 <낙서>가 짝을 이루었고 또 서로 짝을 이루고 있는 천간과 지지와의 관계가 다름 아닌 훈민정음창제의 근본 이론이 되었다. 세종이 문자 창제를 함에 있어서 <하도>와 <낙서>의 오행, 방위, 천간과 지지, 수(數)를 중요시하였다.

초성初聲	ㄱ	ㅋ	ㆁ	ㄷ	ㅌ	ㄴ
오행五行	목木	목木	토土	화火	화火	토土
방위方位	동東	동東	동남東南	남南	남南	서남西南
지지地支	묘卯	인寅	진辰	오午	사巳	미未
수數	8	3	5	2	7	10

초성初聲	ㅈ	ㅊ	ㅅ	ㆆ	ㅎ	ㅇ
오행五行	금金	금金	토土	수水	수水	토土
방위方位	서西	서西	서북西北	북北	북北	동북 東北
지지地支	유酉	신申	술戌	자子	해亥	축丑
수數	4	9	5	6	1	3

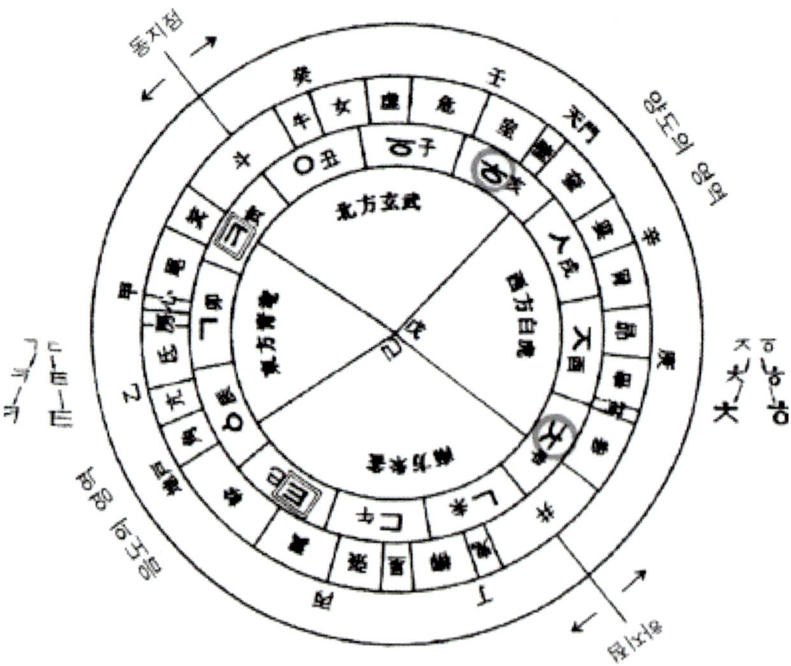

241)閉 닫을 폐; 門-총11획; [bì]닫다, 닫히다, 잠그다, 끊다, 단절하다, 덮다, 오므라들다
242) 附 붙을 부; 阜-총8획; [fù]붙다, 기대다, 의지하다, 따르다
243) 齶 잇몸 악; 齒-총24획; [è]잇몸, 치은

脣音ㅁ。象口形。

입시울소리 ㅁ는 입 모양을 본떴다.

齒音ㅅ。象齒形。

닛소리 ㅅ는 이빨 모양을 본떴다.

喉音ㅇ。象喉形。

목소리 ㅇ는 목구멍의 모양을 본떴다.

ㅋ比ㄱ。聲出稍[244]厲[245]。故加畫[246]。

ㅋ은 ㄱ에 비하여, 소리가 조금 빠르게 나기 때문에, 획을 더하였다.

ㄴ而ㄷ。ㄷ而ㅌ。ㅁ而ㅂ。ㅂ而ㅍ。ㅅ而ㅈ。ㅈ而ㅊ。ㅇ而ㆆ。ㆆ而ㅎ。其因聲加劃之義皆同。而唯ㆁ爲異。

ㄴ에서 ㄷ, ㄷ에서 ㅌ, ㅁ에서 ㅂ, ㅂ에서 ㅍ, ㅅ에서 ㅈ, ㅈ에서 ㅊ, ㅇ에서 ㆆ, ㆆ에서 ㅎ 그 소리(세기, 빠르기)를 바탕으로 획은 더한 뜻은 모두 같으나 오직 ㆁ이 된 것은 다르다

244)초稍;벼의 줄기의 끝, 점점, 작다, 적다
245)려厲{여};갈다 *세다(물·불·바람 따위의 기운이 강하거나 빠르다)
246)화畫;그림 획(畫), 글씨나 그림에서 붓 따위로 그은 줄·점의 총칭

半舌音ㄹ。半齒音ㅿ。亦象舌齒之形而異其體。無加劃之義焉。
반혓소리 ㄹ과 반닛소리 ㅿ은 역시 혀와 이의 모양을 본떠서 그 모양을 달리했지만 획을 더한 의미는 없다.[247)]

夫人之有聲本於五行。
무릇 사람이 소리를 내는 것은 오행에 근본이 있는 것이므로

故合四時而不悖[248)]。叶[249)]之五音[250)]而不戾[251)]。
사계절에 어울려 보아도 어그러짐이 없고, 오음에 맞춰 보아도 어그러지지 않는다.

喉[252)]邃而潤[253)]。水[254)]也。
목구멍은 깊숙하여, 물기에 젖어 있으니, 오행의 물(水)이다.

---

247) <자음 제자 원리>)

음	기본자	가획자	이체자
아음(牙音-엄소리)	ㄱ	ㅋ	ㆁ
설음(舌音-혓소리)	ㄴ	ㄷ ㅌ	ㄹ
순음(脣音-입시울소리)	ㅁ	ㅂ ㅍ	
치음(齒音-닛소리)	ㅅ	ㅈ ㅊ	ㅿ
후음(喉音-목소리)	ㅇ	ㆆ ㅎ	

248)패悖;어그러지다, 기준에서 벗어나다
249)협叶;화합하다, 맞다
250)오음五音;〔악〕궁(宮) 상(商) 각(角) 치(徵) 우(羽)의 다섯 음률. 오성(五聲)
251)려{여}戾;어그러지다, 맞지 아니하다, 벗어나다
252)喉 목구멍 후; 口-총12획; [hóu]목구멍, 목, 긴한 곳, 요소(要所) *목;척추동물의 머리와 몸통을 잇는 잘록한 부분, 목을 통해 나오는 소리, 통로 가운데 다른 곳으로는 빠져나갈 수 없는 중요하고 좁은 곳, 곡식의 이삭이 달린 부분 *목-구멍;입안에서 식도와 기도로 통하는 입속의 깊숙한 곳 *후;입을 동글게 오므려 내밀고 입김을 많이 내뿜는 소리 또는 그 모양 *邃 깊을 수; 辵-총18획; [suì]깊다, 깊숙하다
253)潤 젖을 윤; 水-총15획; [rùn]젖다, 적시다, 물기
254)水 물 수; 水-총4획; [shuǐ]물, 물의 범람, 홍수, 오행(五行)의 하나

聲虛[255]而通[256]。如水之虛明[257]而流通也。

소리가 허하고 통하니, 물의 허하고 밝아 잘 흘러 통하는 것과 같다.

於時[258]爲冬[259]。於音爲羽[260]。

사계절로는 겨울에 속하고, 오음으로는 우(羽) 음에 속한다.

牙[261]錯[262]而長[263]。木[264]也。

엄(牙)은 섞이어 자람이니, 오행의 나무(木)이다.

---

255)虛 빌 허; 虍-총12획; [xū]비다, 없다, 적다, 틈

256)通 통할 통; 辵-총11획; [tōng,tǒng]통하다, 꿰뚫다, 두루 미치다, 탈 없이 통하다, 환히 비치다, 통하게 하다

257)明 밝을 명; 日-총8획; [míng]밝다, 밝히다, 밝게, 환하게

258)時 때 시; 日-총10획; [shí]때, 때에, 때맞추다

259)冬 겨울 동; 冫-총5획; [dōng]겨울, 동면하다 *겨울;한 해의 네 철 가운데 넷째 절

260)羽 깃 우; 羽-총6획; [yǔ]깃, 날개, 새, 〔 악 〕 동양 음악에서, 오음(五音)의 하나로 마지막 음

261)牙앙·ㄴ · ㄴ : 어미라;엄이·라<訓民正音 諺解本> 解例本에서 牙는 어금니가 아닌 엄을 말한다. 어금니는 소리와 아무 관련 없고 나란히 나 있을 뿐 어긋나 있거나 길지도 않다. 發聲器官에서 엄은 목젖 周邊을 말한다. 엄에는 목젖과 함께 扁桃(tonsil; 器官 食道와 마주하고 있는 림프 組織의 모임이다. 扁桃腺(扁桃腺)이라고도 한다), 舌根(혀의 뿌리), 喉頭蓋(후두덮개는 舌根끝 部分과 喉頭入口에 자리한 器官이다. 飮食物을 삼킬 때 삼킨 飮食物이 喉頭로 들어가는 것을 막아주는 役割을 한다) 等이 있고 聲帶와 食道가 連結되어 있어 길고 어긋나 있다. 또 엄은 어미라는 뜻이 있는 것처럼 목구멍이 낳은 소리를 목젖이라는 젖으로 소리를 길러낸다. 엄소리는 목소리와 비슷하나 비어있지 않고 실하다고 하였다. 實하다는 것은 陰으로 充滿한 ㅇ에 양의 기운이 생긴 것을 말한다. 사람으로 보면 텅 빈 子宮에 水晶體가 着床한 것과 같다. 그것이 자라기 始作한 것과 같은 소리가 ㆁ이고 ㆁ이 다 자라나서 새 生命이 밖으로 빠져나온 것과 같은 모습이 ㄱ이다<사람이 하늘과 땅을 품는다 김성권>

262)錯 섞일 착; 金-총16획; [cuò]섞이다, 어지러워지다 *섞다(두가지 이상의 것을 한데 합치다)

263)長 길 장; 長-총8획; [cháng,zhǎng]길다, 길이, 오래도록, 늘이다 *길다(물체의 두 끝이 서로 멀다, 자라다의 옛말)

264)木 나무 목; 木-총4획; [mù]나무, 오행(五行)의 첫째, 나무를 재료로 하여 만든 기구, 방위로는 동쪽, 계절로는 봄, 색으로는 청(青)이 됨

於時爲春[265]。於音爲角[266]。
사계절로는 봄에 속하고, 오음으로는 각(角) 음에 속한다.

舌[267]銳[268]而動。火[269]也。
혀는 날카로아 잘 움직여서, 오행의 불(火)에 해당한다.

聲轉而颺[270]。如火之轉展[271]而揚揚[272]也。
소리가 구르고 날리는 것은, 불이 굴러 펴지며 이글거리어 활활 타오르는 것과 같다.

於時。爲夏[273]。於音爲徵[274]。
사계절로는 여름에 속하고, 오음으로는 치(徵) 음에 속한다.

---

265) 春 봄 춘; 日-총9획; [chūn]봄, 젊은 때, 남녀(男女)의 정(情), 주로 여자가 남자를 생각하는 정
266) 角 뿔 각; 角-총7획; [jiǎo,jué]뿔, 짐승의 뿔, 달팽이나 곤충의 촉각, 모, 귀, 구석
267) 舌 혀 설; 舌-총6획; [shé]혀, 목관 악기에 끼워 소리를 내는 물건 ⋆혀; 동물의 입 안 아래쪽에 있는 길고 둥근 살덩어리, 밥 따위를 퍼 담는 숟가락의 넓은 부분 ⋆혀바닥;혓바닥의 북한어
268) 銳 날카로울 예; 金-총15획; [ruì]날카롭다, 예민하다, 재빠르다, 창끝
269) 火 불 화; 火-총4획; [huǒ]불, 오행(五行)의 하나, 타다, 태우다
270) 颺 날릴 양; 風-총18획; [yáng,yàng]날리다, 날다, 새가 날아오르다, 일다, 일어나다
271) 展 펼 전; 尸-총10획; [zhǎn]펴다, 늘이다, 발달하다
272) 揚 오를 양; 手-총12획; [yáng]오르다, 위로 오르다, 날다, 하늘을 날다, 바람에 흩날리다
273)夏 여름 하; 夊-총10획; [xià]여름, 약초 이름, 안거(安居), 승려가 90일간을 좌선 수행하는 일 ⋆여름(열매의 방언)>여드름(주로 사춘기에 얼굴에 도톨도톨하게 나는 검붉고 작은 종기)>열매(식물이 수정한 후 씨방이 자라서 생기는 것)>하(크다)
274) 徵 부를 징; 彳-총15획; [zhēng,zh┌]부르다, 사람을 불러들이다, 구하다, 요구하다, 거두다, 거두어들이다

齒剛[275]而斷[276]。金[277]也。

이는 단단하여 끊으니, 오행의 쇠(金)에 해당한다.

聲屑[278]而滯[279]。如金之屑瑣[280]而鍛[281]成[282]也。

소리가 부스러지고 막힘은 쇠의 부스러기를 모아 불에 달구어 단단하게 이루는 것과 같다.

於時爲秋[283]。於音爲商[284]。

사계절로는 가을에 속하고, 오음으로는 상(商) 음에 속한다.

脣[285]方[286]而合[287]。土[288]也。

입술은 모나지만 합해지므로, 오행의 흙(土)에 해당한다.

---

275) 剛 굳셀 강; 刀-총10획; [gāng]굳세다, 굳다, 강철
276) 斷 끊을 단; 斤-총18획; [duàn]끊다, 절단하다, 쪼개다, 가르다, 근절시키다
277) 金 성 김{쇠 금}; 金-총8획; [jīn]성, 쇠, 금속 광물의 총칭, 돈, 황금, '五行'의 하나, 방위는 서.계절은 가을┌성음은 상(商)┌간지는 경신(庚辛), 황금색 ⋆쇠;광물에서 나는 온갖 쇠붙이를 통틀어 이르는 말
278) 屑 가루 설; 尸-총10획; [xiè]가루, 부스러기, 부수다, 가루가 되게 부수다
279) 滯 막힐 체; 水-총14획; [zhì]막히다, 빠지다, 남다, 골똘하다
280) 瑣 자질구레할 쇄; 玉-총14획; [suǒ]자질구레하다, 세분(細分)하다, 옥이 울리는 소리
281) 鍛 쇠 불릴 단; 金-총17획; [duàn]쇠를 불리다, 숫돌, 포(脯), 건어(乾魚)
282) 成 이룰 성; 戈-총7획; [chéng]이루다, 이루어지다, 정하여지다
283) 秋 가을 추; 禾-총9획; [qīu]가을, 결실, 성숙한 때, 결실한 때
284) 상商;헤아리다, 장사, 이익을 얻기 위해 물건을 팔고 사는 행위
285) 脣 입술 순; 肉-총11획; [chún]입술, 가, 언저리, 꼭 맞다 ⋆입시울;입술의 경남 방언,입술의 옛말 ⋆잎;식물의 영양기관의 하나 줄기의 끝이나 둘레에 붙어 호흡작용과 탄소 동화 작용을 한다
286) 方 모 방; 方-총4획; [fāng]모, 각(角), 사방(四方), 방위, 방향
287) 합合;합하다, 여럿이 모여 하나가 되다, 만나다, 맞다 ⋆土 흙 토; 土-총3획; [tǔ]흙, 땅, 오행(五行)의 하나
288) 흙;지구의 표면을 덮고 있는 바위가 부스러져 생긴 가루인 무기물과 동식물에서 생긴 유기물이 섞여 이루어진 물질

聲含而廣。如土之含蓄[289]萬物而廣大[290]也。

소리가 머금고 넓은 것은, 흙이 만물을 함축하여 광대함과 같다.

於時爲季夏[291)]。於音爲宮[292)]。

사계절로는 늦여름에 속하고, 오음으로는 궁(宮) 음에 속한다

然水乃生物之源。火乃[293)]成物之用。故五行之中。水火爲大。

그러나 물은 이에 생물의 근원이요, 불은 이에 생물을 이루는데 쓰인다. 그렇기 때문에 오행 가운데, 물과 불이 큰 것이 되다.

喉乃出聲之門。舌乃辨[294)]聲之管。故五音之中。喉舌爲主[295)]也。

목구멍은 곧 소리가 나가는 문이요, 혀는 곧 소리를 구별하는 고동(鼓動) 관(管)이므로, 오음(아牙 설舌 순脣 치齒 후喉) 가운데, 목소리와 혓소리가 주가 된다.

喉居後而牙次之。北東之位也。

목구멍은 뒤에 있고 엄(牙)은 그 다음에 있으니, 목소리는 북쪽 엄소리는 동쪽이다.

---

289) 함축含蓄;속에 지니어 드러나지 아니함

290) 광대廣大;넓고 큼

291) 季 끝 계; 子-총8획; [jì]끝, 막내, 말년 ⋆季夏;음력 6월, 늦여름

292) 宮 집 궁; 宀-총10획; [gōng]집, 담, 장원(墻垣), 두르다, 동양 음악에서 오음계 가운데첫째 음

293) 乃 이에 내; ノ-총2획; [nǎi]이에, 너, 접때 ⋆이에;이러하여서 곧 ⋆곧;앞말을 강조하는 뜻을 나타내는 보조사

294) 辨 분별할 변; 辛-총16획; [biàn]분별하다 ⋆管 피리 관; 竹-총14획; [guǎn]피리, 대나무로 만든 악기의 총칭, 대롱관 (管) ⋆대롱;가느스름한 통대의 토막, 물레의 가락에 끼우고 실을 감는 가는 통대의 토막, 가느스름한 관을 통틀어 이르는 말, 작은 물건이 깜찍하게 매달려 있는 모양

295) 主 주인 주; 丶-총5획; [zhǔ]주인, 임금, 공경대부 ⋆주主;주요하거나 기본이 되는 것을 이르는 말 ⋆주관主管;어떤 일을 책임지고 맡아 관리함

舌齒又次之。南西之位也。

혀와 니가 또 그 다음에 있으니, 혓소리는 남쪽 닛소리는 서쪽이다.

脣居末。土無定位而寄旺[296]四季[297]之義也。

입술은 맨 끝에 있으니, 흙은 정해진 자리가 없어 사계절에 붙어서 왕성하게 한다는 뜻이다.

是則初聲之中。自有陰陽五行方位之數[298]也。

이런 즉 첫소리의 가운데, 스스로 음양 오행 방위의 수가 있다.

---

296) 旺 성할 왕; 日－총8획; [wàng]성(盛)하다, 세력이나 기운이 왕성한 모양
297) 사계四季;봄·여름·가을·겨울의 네 계절, 사시(四時), 사철, 계춘(季春)·계하(季夏)·계추(季秋)·계동(季冬)의 총칭,음력으로 사시(四時)의 마지막 달인 3월·6월·9월·12월 *간토개념;1년을 4계절로 나누고 토를 4계절의 뒷부분에 각각 18일씩 배당시킨 것이다.<춘72:계춘18:하72:계하18:추72:계추18:동72:계동18>(오행의 비율 = 1 : 0.25 : 1 : 0.25 : 1 : 0.25 : 1 : 0.25)이 개념이 황제에 의해 선포된 공식 오행론이다. <백호통의>
298) 數 셀 수; 攴－총15획; [shù,shǔ,shuò]세다, 계산하다, 셈에 넣다, 세어서 말하다, 들어 말하다 *수數;셀 수 있는 사물의 크기를 나타내는 값 *셈;수를 세는 일, 사물을 분별하는 슬기 *셈에 들다;어떤 차례나 범위 안에 있다

초성(初)聲자리	후음(喉音)(목소리) ㅇㆆㅎ	아음(牙音)(엄소리) ㄱㅋㆁ	설음(舌音)(혓소리) ㄷㅌㄴㄹ	치음(齒音)(닛소리) ㅈㅊㅅㅿ	순음(脣音)(입시울소리) ㅂㅍㅁ
오행	수(水)	목(木)	화(火)	금(金)	토(土)
계절	동(冬)	춘(春)	하(夏)	추(秋)	계하(季夏)
오음	우(羽)	각(角)	치(徵)	상(商)	궁(宮)
방위	북(北)	동(東)	남(南)	서(西)	중앙(中央)

<오행과 훈민정음 초성의 성질>

	아음(牙音)	설음(舌音)	순음(脣音)	치음(齒音)		후음(喉音)	반설음(半舌音)	반치음(半齒音)
전청(全淸)	ㄱ	ㄷ	ㅂ	ㅈ	ㅅ	ㆆ		
차청(次淸)	ㅋ	ㅌ	ㅍ	ㅊ		ㅎ		
전탁(全濁)	ㄲ	ㄸ	ㅃ	ㅉ	ㅆ	ㆅ		
(不淸不濁)	ㆁ	ㄴ	ㅁ			ㅇ	ㄹ	ㅿ

又以聲音淸[299]濁[300]而言之。
또한 소리의 맑고 흐린 것으로 첫소리를 이르고자 한다.

ㄱ ㄷ ㅂ ㅈ ㅅ ㆆ。爲全淸[301]。
ㄱ ㄷ ㅂ ㅈ ㅅ ㆆ는 전청이 되고,

ㅋ ㅌ ㅍ ㅊ ㅎ。爲次淸[302]。
ㅋ ㅌ ㅍ ㅊ ㅎ는 차청이 되고,

ㄲ ㄸ ㅃ ㅉ ㅆ ㆅ。爲全濁[303]。
ㄲ ㄸ ㅃ ㅉ ㅆ ㆅ는 전탁이 되고,

ㆁ ㄴ ㅁ ㅇ ㄹ ㅿ。爲不淸不濁[304]。
ㆁ ㄴ ㅁ ㅇ ㄹ ㅿ는 불청불탁이 된다.

---

299) 淸 맑을 청; 水－총11획; [qīng]맑다, 빛이 선명하다, 사념(邪念)이 없다, 탐욕이 없다 ⋆맑다;잡스럽고 탁한 것이 섞이지 아니하여 환하고 깨끗하다, 소리 따위가 가볍고 또랑또랑하여 듣기에 상쾌하다, 정신이 초롱초롱하고 또렷하다
300) 濁 흐릴 탁; 水－총16획; [zhuó]흐리다, 흐리게 하다, 흐림, 더러움 ⋆흐리다;잡것이 섞여 깨끗하지 아니하다⋆탁濁하다;액체나 공기 따위에 다른 물질이 섞여 흐리다, 소리가 거칠고 굵다
301) 예사소리全淸;구강 내부의 기압 및 발음 기관의 긴장도가 낮아 약하게 파열되는 ㄱㄷㅂㅅㅈㆆ음 연음(軟音),평음
302) 거센소리次淸音;숨이 거세게 나오는 파열음, 국어의 ㅋㅌㅍㅊㅎ음 격음(激音), 기음(氣音), 대기음, 유기음有氣音
303) 된소리濁音;후두(喉頭)근육을 긴장하거나 성문(聲門)을 폐쇄하여 내는 ㄲㄸㅃㅉㅆㆅ음 경음硬音 농음濃音
304) 울림소리不淸不濁音발음할 때 목청이 떨려 울리는 소리 국어의 모든 모음이 이에 속하며 자음 가운데에는ㆁㄴㅁㅇㄹㅿ목청울림소리, 울림소리, 탁음(濁音), 흐린소리, 유성음(有聲音)

	아음(牙音)	설음(舌音)	순음(脣音)	치음(齒音)		후음(喉音)	반설음(半舌音)	반치음(半齒音)
전청(全淸)	ㄱ	ㄷ	ㅂ	ㅈ	ㅅ	ㆆ		
차청(次淸)	ㅋ	ㅌ	ㅍ	ㅊ		ㅎ		
전탁(全濁)	ㄲ	ㄸ	ㅃ	ㅉ	ㅆ	ㆅ		
(不淸不濁)	ㆁ	ㄴ	ㅁ			ㅇ	ㄹ	ㅿ

ㄴ ㅁ ㅇ。其聲最不厲[305)]。故次序雖在於後。
而象形制字則爲之始。
ㄴ ㅁ ㅇ은 그 소리가 가장 빠르지 않아, 그런 까닭으로 차례는 비록 뒤에 있지만, 모양을 본떠서 글자를 만드는 시초로 삼았다.

ㅅ ㅈ雖皆爲全清。而ㅅ比ㅈ。聲不厲。故亦爲制字之始[306)]。
ㅅ ㅈ은 비록 모두 전청이지만, ㅅ이 ㅈ에 비하여, 소리가 빠르지 않아, 또한 ㅅ을 글자 만드는 처음으로 삼았다.

唯牙之ㆁ。雖舌根閉喉聲氣出鼻。而其聲與ㅇ相似。
故韻書[307)]疑與喩多相混用。
다만 엄소리의 ㆁ은 비록 혀뿌리가 목구멍을 막아 소리의 기운이 코로 나오지만, 그 소리가 ㅇ과 더불어 서로 비슷하여, 때문에 운서에서도 엄소리의 불청불탁음인 ㆁ가 첫소리인 읭疑 글자와 목소리의 불청불탁음 ㅇ이 첫소리인 융喩 글자가 자주 서로 섞여 사용하나,

---

305) 厲 갈 려{여}; 厂-총15획; [lì]갈다, 화(禍), 괴롭다, 문지르다, 빠르다 *갈다;날카롭게 날을 세우거나 표면을 매끄럽게 하기 위하여 다른 물건에 대고 문지르다, 이미 있는 사물을 다른 것으로 바꾸다 *빨다;끝이 차차 가늘어져 뾰족하다, 옷 따위의 물건을 물에 넣고 주물러서 때를 없애다

306) 始 처음 시; ㄷ-총8획; [shǐ]처음, 비롯하다, 시작하다, 근본, 근원

307) 운韻 운 운; ㄷ-총19획; [yùn]운, 음운(音韻), 울림, 음성의 동화, 소리의 여음(餘音), 소리, 음향 *운(韻);각 시행의 동일한 위치에 규칙적으로 쓰인 음조(音調)가 비슷한 글자, 한자의 음절에서 성모(聲母(초성)을 제외한 부분 또는 그것을 종류에 따라 나눈 것 성조의 차이에 따라 평성 상성 거성 입성의 사성으로 나누고 이를 다시 그 유사성에 따라 분류한 것을 이른다 *한자음은 성모와 운모로 양분된다 良/l(성모)+i운두a운복n운미(운모) *운서(韻書);한자를 운(韻)에 따라 분류한 자서(字書) *절운(切韻);중국에서 현재 발견이 된 가장 오래된 운서는 1947년 발견된 수나라인 AD601년에 발간된 절운(切韻)인데 이는 육법언(陸法言,581-618 CE)에 의해 편찬이 되었다. 산스크리트 음성학에서 기원한 자음 이론으로 반절(反切)로 표기를 하였다. 중국 음운학과 음악의 시작은 실은 인도의 산스크리트의 도입과 더불어 시작을 한다. 따라서 기원을 거슬러 올라 가면, 훈민정음의 토대는 바로 범어의 음운학이 된다. 4성조(평성 상성 거성 입성)는 5세기 심약(沈約)에서 출발하여 11세기의 송나라 때 1007년에 광운(廣韻)에서 비로소 정착되었다. 운율韻律은 시문(詩文)의 음성적(音聲的) 형식 음의 장단강약 고저 또는 같은 음 비슷한 음을 규칙적으로 반복 배열하여 음악적인 느낌을 주는 일 외형률과 내재율이 있음

今亦取象於喉。而不爲牙音制字之始。盖喉屬[308)]水而牙屬木。ㆁ雖在牙而與ㅇ相似。猶[309)]木之萌芽[310)]生於水而柔軟。尙[311)]多水氣也。

지금은 또한 ㆁ를 목구멍에서 본떠 취하였으나, 엄소리의 글자를 만드는 처음으로 삼지 않은 것은 대개 목구멍은 오행의 물(水)에 속하고 어금니는 나무(木)에 속하여, ㆁ은 비록 어금니에 속해 있으면서 ㅇ과 더불어 서로 비슷하여, 마치 나무의 싹이 물에서 나지만, 부드러워서 오히려 물기운이 많음과 같기 때문이다.

ㄱ木之成質[312)]。

ㄱ는 나무가 바탕을 이룬 것이고,

ㅋ木之盛[313)]長。

ㅋ는 나무가 무성하게 자란 것이고,

---

308) 屬 엮을 속{이을 촉}; 尸－총21획; [shǔ,zhǔ]엮다, 잇다, 맡기다, 모으다, 돌보다, 족하다, 맺다, 무리, 마침, 붙다, 부착하다, 부탁하다

309) 猶 오히려 유; 犬－총12획; [yóu]오히려, 마치 －와 같다, 조차, 지금도 역시, 그 위에 더, 마땅히 -야 한다(應), 써(以)

310) 萌 싹 맹; 艸-총12획; [méng]싹, 움, 죽순, 싹트다 *芽 싹 아; 艸-총8획; [yá]싹, 싹트다, 조짐이 보이다 *맹아萌芽;식물에 새로 트는 싹

311) 尙 오히려 상; 小-총8획; [shàng]오히려, 바라다, 바라건대, 높다, 높이다, 숭상하다

312) 質 바탕 질; 貝-총15획; [zhì]바탕, 꾸미지 아니한 본연 그대로의 성질, 진실, 순진하다 *바탕;사물이나 현상의 근본을 이루는 기초, 타고난 성질이나 재질 또는 체질, 물체의 뼈대나 틀을 이루는 부분

313) 盛 담을 성; 皿-총12획; [shèng,chéng]담다, 채우다, 주발 *무성茂盛하다;풀이나 나무 따위가 자라서 우거져 있다

ㄲ木之老壯[314)] 。
ㄲ는 나무가 늙어 굳어지는 것이므로,

故至此乃皆取象於牙也。
이에 이르기까지 모두 엄(牙)에서 본뜬 것을 취한 것이다.

全淸幷書則爲全濁。以其全淸之聲凝[315)]則爲全濁也。
전청을 나란히 쓰면 전탁이 되는 것은 전청 소리가 느려지면 전탁이 되기 때문이다.

唯喉音次淸爲全濁者。盖以ㆆ聲深不爲之凝。ㅎ比ㆆ聲淺。故凝而爲全濁也。
오직 목소리의 차청인 ㅎ이 나란히 써서 전탁이 되는 것은 대개 ㆆ은 소리가 깊어서 ㅎ에 비해 빠르고, ㅎ은 ㆆ에 비해 소리가 얕으므로, 느려져 전탁이 되는 것이다.

---

314) 老 늙은이 로{노}; 老-총6획; [laǒ]늙은이, 늙다, 쇠하다 *늙다;사람이나 동물 식물 따위가 나이를 많이 먹다, 식물 따위가 지나치게 익은 상태가 되다, 한창 때를 지나 쇠퇴하다 *노쇠老衰하다;늙어서 쇠약하고 기운이 별로 없음 *노숙老熟하다;오련 경험으로 익숙하다 *장壯;씩씩하다, 장하다, 기상이 굳세다 굳세다;힘차고 튼튼하다 *굳다;무른 물질이 단단하게 되다
315) 凝 엉길 응; 冫-총16획; [níng]엉기다, 춥다, 엄하다, 심하다, 음조가 느리다(徐引聲謂之凝) *얼다;액체나 물기가 있는 물체가 찬 기운 때문에 고체 상태로 굳어지다 *얼음;얼어서 굳은 물질 *얽다;노끈이나 줄 따위로 이리저리 걸다 *응기다;점성이 있는 액체나 가루 따위가 한 덩어리가 되면서 굳어지다 *느리다;소리가 높지 아니하면서 늘어져 길다, 어떤 동작을 하는 데 걸리는 시간이 길다

ㅇ連書脣音之下。則爲脣輕音者。以輕音脣乍合而喉聲多也。

ㅇ을 입시울소리 아래에 이어 쓰면, 입시울가벼운소리가 되는 것은, 가벼운 소리로써 입술이 잠깐 닿았다가 입술을 떼기 때문에 목소리가 많기 때문이다.

中聲凡[316]十一字。

가운뎃소리[317]는 모두 열 한(11) 글자이다.

---

316) 凡 무릇 범; 几-총3획; [fán]무릇, 모두, 다, 합계

317) 가운데 소리는 천문도(天文圖)인 하도(河圖)에서 기원함 *하도(河圖)는 복희(伏羲)가 황하(黃河)에서 얻은 그림이다.
생수(1-5)는 안쪽에, 성수(6-10)는 바깥쪽에 배열되어 있습니다. 그리고 생수와 성수의 오행의 음양 짝이 서로 만나 각 고유의 원래 방위에 배치되어 있습니다(1.6 水 = 북, 2.7 火 = 남, 3.8 木 = 동, 4.9 金 = 서, 5.10 土 = 중앙). 이것은 천지가 음양의 짝을 이루어 태극운동을 하면서 존재하는 것을 나타냅니다. 양수는 1, 3, 7, 9로, 음수는 2, 4, 6, 8로 진화해 가는 모습을 그리면 태극 모양이 나옵니다.

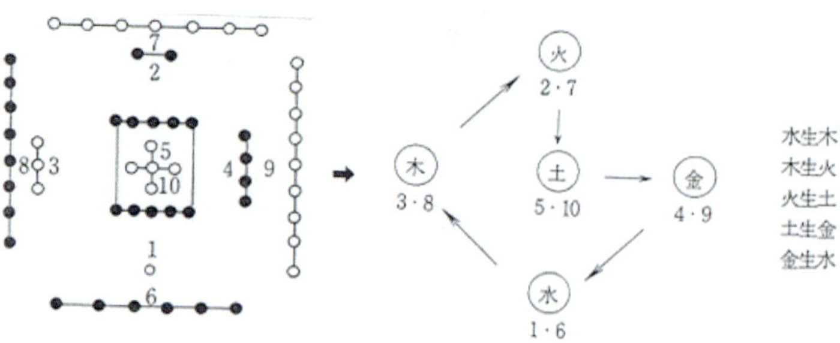

<하도의 상생도>

하도는 상생의 모습을 나타냅니다. 木→火→土→金→水→木(목生화,화生토, 토生금, 금生수, 수生목). 그렇지만 마주보고 있는 것은 상극을 나타냅니다 (水-火, 木-金). 즉 상생의 이면에는 상극이 작용합니다. 하도의 모든 숫자를 더하면 양수 25 + 음수 30 = 55가 됩니다. 음수가 양수의 합 보다 많습니다. 주도권을 잡고 있는 음수는 성질상 통일과 수렴을 위주로 합니다. 따라서 하도는 후천의 시대를 나타냅니다. 숫자 중 가장 응축이 잘 되어있는 수는 6이므로

하도(후천)의 상은 6數입니다. 그리고 말(용마)이 하도를 가지고 나온 것은 후천은 말(7午火:황극)이 연다는 의미를 상징적으로 나타냅니다. 모든 오행의 변화 마디마다 중앙에서 土가 매개를 하고 있습니다. 즉 현상계의 모든 변화는 이 중앙의 5와 10에서 에너지를 받아 창조운동을 영위하고 있는 것입니다. 특히 여름(火)에서 가을(金)로(선천에서 후천으로) 넘어갈 때 土(10)가 현실세계에 나타나 중간에서 중재를 하고 있습니다. 하도 중앙에 위치한 순수 중성 생명인 土를 더하면 15수가 됩니다(양 5토 + 음 10토 =15). 하도는 우주(자연)와 생명이 어떠한 원리로 창조되어 변화해 나가는 지(천지창조의 이상이 실현된 모습)를 나타냅니다. 우주가 통일하는 모습, 즉 자연수가 1태극水에서 분열을 시작하여 5황극의 도움을 받아 9까지 분열하였다가 10무극으로 대전환함을 표시합니다. 하도는 우주의 여름→가을을 중개하기 위해 10수(무극, 하느님)가 지상에 나타나 있는 모습을 나타냅니다.

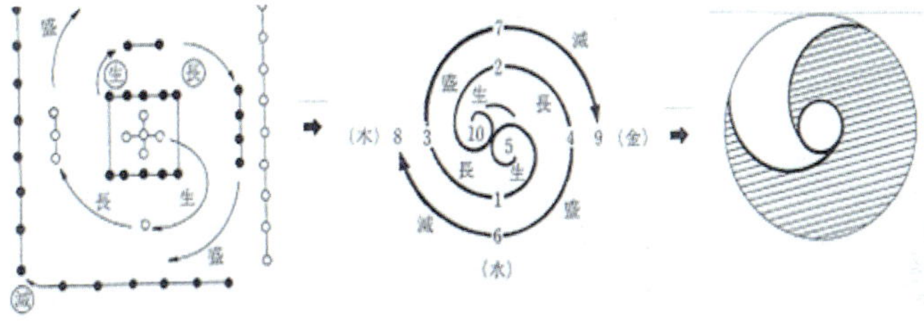

<하도의 태극형 변화>

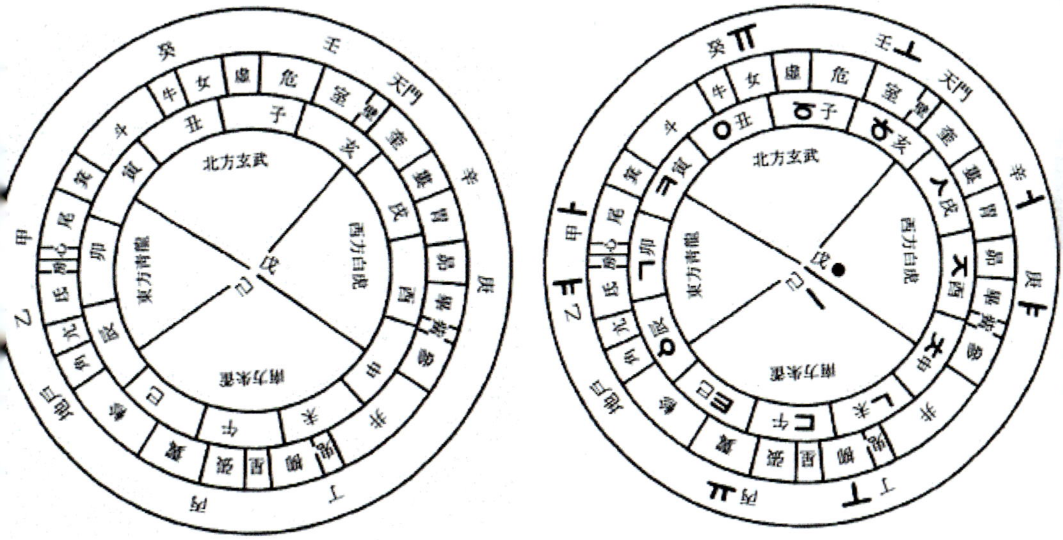

<정음 28자 천문도>

ㆍ舌縮[318]而聲深[319]。天開[320]於子[321]也。

ㆍ는 혀가 오그라들고 소리가 깊으니, 하늘이 자시(子時)에 열리는 것과 같음이다.

形之圓。象乎天也。

꼴이 둥근 것은 하늘을 본뜬 것이다.

ㅡ 舌小縮而聲不深不淺。地闢[322]於丑[323]也。

ㅡ 는 혀가 조금 오그라들고 소리가 깊지도 얕지도 않으니, 땅은 축시(丑時)에 열리는 것과 같다.

形之平。象乎地也。

꼴이 평평한 것은 땅을 본뜬 것이다.

ㅣ舌不縮而聲淺。人生於寅[324]也。

ㅣ는 혀가 오그라지지 않고 소리가 얕으니, 사람이 인시(寅時)에서 나는 것과 같다.

---

318) 縮 줄일 축; 糸-총17획; [suō,sù]줄이다, 오그라들다, 줄어들다, 수축하다, 거두다
319) 深 깊을 심; 水-총11획; [shēn]깊다, 깊게 하다, 깊이, 매우
320) 開 열 개; 門-총12획; [kāi]열다, 열리다, 통하다, 통달하다, 비롯하다, 꽃이 피다, 개간하다, 말하다, 사라지다, 소멸하다, 끓다, 비등(沸騰)하다
321) 子 아들 자; 子-총3획; [zㄗ,zi]아들, 맏아들, 자식, 어조사 *자子;아들 또는 자식, 민법에서, 적출자·서자·양자 등의 총칭, 공자(孔子)의 존칭, '자작(子爵)'의 준말, 십이지(十二支)의 첫째, '자방(子方)'의 준말, '자시(子時)'의 준말 *子時;십이시의 첫째 시 오후11시부터 오전 1시까지
322) 闢 열 벽; 門-총21획; [pì]열다, 열리다, 물리치다, 제거하다, 피하다, 멀리하다*淺 얕을 천; 水-총11획; [qiǎn,jiān]얕다, 물이 얕다, 너비가 좁다, 소견, 지식이 깊지 않다, 오래지 않다, 성기다, 물을 끼얹다(濺)
323) 丑 소 축; 一-총4획; [chǒu]소, 12지의 둘째, 수갑(手匣)*축丑;지지(地支) 의 둘째, '축방(丑方)'의 준말, '축시(丑時)'의 준말 *丑時;십이시의 둘째 시 오전 1-3시
324) 寅 셋째 지지 인; 宀-총11획; [yín]셋째 지지, 삼가다, 크다, 동료, 동관(同官) *인寅;십이지(十二支)의 셋째 범을 상징함, '인방(寅方)'의 준말, '인시(寅時)'의 준말*인시寅時;십이시의 셋째 시 오전 3시부터 5시까지

形之立[325]。象乎人也。

꼴이 서 있는 것은 사람이 서 있는 것을 본뜬 것이다.

此下八聲[326]。一闔[327]一闢[328]。

이 밑의 여덟 소리는 하나는 합(闔) 입술이 오므려지며, 혀가 오그라지는 모음[329]이고 하나는 벽(闢) 혀가 펴지는 모음[330]이다.

---

325) 立 설 립{입}; 立-총5획; [lì]서다, 확고히 서다, 정해지다, 이루어지다, 나타나다, 전해지다, 존재하다, 세우다, 곧

326) 八聲; ㅗ(闔) ㅏ(闢) ㅜ(闔) ㅓ(闢) ㅛ(闔) ㅑ(闢) ㅠ(闔) ㅕ(闢)

327) 闔 문짝 합; 門-총18획; [hé]문짝, 문을 닫다, 간직하다

328) 벽闢;열다, 열리다

329) 원순圓脣 모음;발음할 때 입술을 둥글게 하여 소리 내는 모음. 국어의 단모음 10개 중에서 입술을 둥글게 오므려 내는 모음을 원순 모음이라고 한다. 원순 모음은 ㅟ ㅚ ㅜ ㅗ가 있다. 이중 모음 중에서 원순모음은 원순 이중 모음이라고 하는데 ㅘ ㅙ ㅝ ㅞ 등이다.

330) 非원순모음(평순平脣 모음);발음할 때 입술을 둥글게 오므리지 않고 내는 모음. ㅣ ㅡ ㅓ ㅏ ㅐ ㅔ 따위가 이에 해당한다★단모음: 발음하는 도중 입술이나 혀가 고정되어 움직이지 않는 모음 (10개)

구 분	전설(前舌) 모음		중설(中舌) 모음		후설(後舌) 모음	
구 분	평순(平脣)	원순(圓脣)	평순(平脣)	원순(圓脣)	평순(平脣)	원순(圓脣)
고(高) 모음	ㅣ	ㅟ	ㅡ			ㅜ
중(中) 모음	ㅔ	ㅚ	ㅓ			ㅗ
저(低) 모음	ㅐ		ㅏ			

ㅗ與ㆍ同而口蹙[331]。其形則ㆍ與ㅡ合而成。取[332]天地初交[333]之義也。

ㅗ는 ㆍ와 같으나 입술이 오므려지며, 그 꼴은 ㆍ와 ㅡ가 합하여 이루어진 것이니, 하늘과 땅이 처음 사귀는 뜻을 취하였다.

ㅏ與ㆍ同而口張[334]。其形則ㅣ與ㆍ合而成。取天地之用[335]發[336]於事物[337]待[338]人而成也。

ㅏ는 ㆍ와 같으나 입이 펴지며, 그 꼴은 ㅣ와 ㆍ가 합하여 이루어진 것이니, 하늘과 땅의 작용이 사물에서 피어나되 사람을 기다려 이루어짐을 취하였다.

ㅜ與ㅡ同而口蹙。其形則ㅡ與ㆍ合而成。亦取天地初交之 義也。

ㅜ는 ㅡ와 같으나 입이 오므려지며, 그 꼴은 ㅡ와 ㆍ가 합하여 이루어진 것이니, 역시 하늘과 땅이 처음 사귀는 뜻을 취하였다.

---

331) 蹙 대지를 축; 足-총18획; [cù]대지르다, 가까이 대들다, 오그라들다, 오므리다, 움츠리다 *오므리다;물건의 가장자리 끝을 한곳으로 모으다, 물체의 가죽을 안으로 오목하게 패여 들어가게 하다
332) 取 취할 취; 又-총8획; [qǔ]취하다, 골라 뽑다, 돕다, 의지하다
333) 交 사귈 교; 亠-총6획; [jiāo]사귀다, 주고받고 하다, 서로 *사귀다;서로 엇갈리어 지나가다
334) 張 베풀 장; 弓-총11획; [zhāng]베풀다, 매다, 넓히다, 크게 하다 *베+풀다(감기거나 얽히거나 합쳐진 것 따위를 그렇지 아니한 상태로 되게 하다) *펴다(구김이나 주름 따위를 없애어 반반하게 하다)
335) 用 쓸 용; 用-총5획; [yòng]쓰다, 베풀다, 다스리다
336) 發 쏠 발; 癶-총12획; [fā]쏘다, 가다, 떠나다, 보내다
337) 事 일 사; 亅-총8획; [shì]일, 일삼다, 전념하다, 정치 *物 만물 물; 牛-총8획; [wù]만물, 일, 무리, 종류 *사물事物;일과 물건, 물질 세계에 있는 모든 구체적이며 개별적인 존재의 총칭
338) 待 기다릴 대; 彳-총9획; [dài,dāi]기다리다, 갖추다, 대비하다, 막다, 방비하다

ㅓ與ㅡ同而口張。其形則ㆍ與ㅣ合而成。亦取天地之用發於事物待人而成也。

ㅓ는 ㅡ와 같으나 입술 펴지며, 그 꼴은 ㆍ와 ㅣ가 합하여 이루어진 것이니, 역시 하늘과 땅의 작용은 사물에서 피어나되 사람을 기다려 이루어짐을 취하였다.

ㅛ與ㅗ同而起[339]於ㅣ。

ㅛ와 ㅗ는 같으나 ㅣ에서 일어난다.[340]

ㅑ與ㅏ同而起於ㅣ。

ㅑ와 ㅏ는 같으나 ㅣ에서 일어난다.[341]

ㅠ與ㅜ同而起於ㅣ。

ㅠ와 ㅜ는 같으나 ㅣ에서 일어나고,[342]

ㅕ與ㅓ同而起於ㅣ。

ㅕ와 ㅓ는 같으나 ㅣ에서 일어난다.[343]

ㅗㅏ ㅜ ㅓ始於天地。爲初出也。

ㅗㅏ ㅜ ㅓ는 하늘과 땅에서 비롯되어, 처음으로 생긴 것이다.

---

339) 起 일어날 기; 走-총10획; [qǐ]일어나다, 날아오르다, 내닫다, 가다, 기동하다, 분기(奮起)하다

340) ㅛ; ㅣ발음과 ㅗ발음을 연이어하는 발음

341) ㅑ; ㅣ발음과 ㅏ발음을 연이어하는 발음

342) ㅠ; ㅣ발음과 ㅜ발음을 연이어하는 발음

343) ㅕ; ㅣ발음과 ㅓ발음을 연이어하는 발음

ㅛ ㅑ ㅠ ㅕ起於ㅣ而兼[344]乎人。爲再[345]出也。
ㅛ ㅑ ㅠ ㅕ는 ㅣ에서 일어나 사람을 겸하여, 두 번째로 생긴 것이다.

ㅗ ㅏ ㅜ ㅓ之一其圓[346]者。取其初生之義也。
ㅗ ㅏ ㅜ ㅓ가 둥근 것을 하나로 함은, 처음에 생긴 뜻을 취함이다.

ㅛ ㅑ ㅠ ㅕ之二其圓者。取其再生之義也。
ㅛ ㅑ ㅠ ㅕ가 둥근 것을 둘로 함은 두 번째로 생긴 뜻을 취함이다.

ㅗ ㅏ ㅛ ㅑ 之圓居[347]上與外者。以其出於天而爲陽[348]也。
ㅗ ㅏ ㅛ ㅑ의 둥근 것이 위나 밖에 있는 것은 그것이 하늘에서 생겨나 양이 되기 때문이다.

ㅜ ㅓ ㅠ ㅕ之圓居下與內者。以其出於地而爲陰[349]也。
ㅜ ㅓ ㅠ ㅕ의 둥근 것이 아래나 안에 있는 것은 그것이 땅에서 생겨나 음이 되기 때문이다.[350]

---

344) 兼 겸할 겸; 八-총10획; [jiān]겸하다, 아울러, 쌓다
345) 再 두 재; 冂-총6획; [zài]두, 둘, 재차, 거듭, 다시 한 번, 두 번 하다, 거듭하다
346) 圓 둥글 원; 口-총13획; [yuán]둥글다(圜), 원, 동그라미, 둘레, 언저리, 〔수〕 한 평면 상의 일정한 점에서 같은 거리에 있는 점의 자취 또는 그것으로 둘러싸인 평면
347) 居 있을 거; 尸-총8획; [jū]있다, 살다, 거주하다, 앉다, 차지하다
348) 陽 볕 양; 阜-총12획; [yáng]볕, 양지, 양(陽), 밝다 *양陽; 〔철〕 역학(易學)에서, 태극(太極)이 나뉜 두 가지 성질, 또는 기운의 하나《천(天)·남(男)·주(晝)·동(動) 등의 능동적·남성적인 것을 상징하는 데 씀》
349) 陰 응달 음; 阜-총11획; [yīn]응달, 음(陰), 습기, 축축함 *음陰; 〔철〕 역학(易學)에서, 태극이 나누인 두 기운 가운데의 하나《어둠·땅·없음 등 소극적인 것을 상징함》

• 之貫[351]於八聲者。猶[352]陽之統[353]陰而周[354]流[355]萬物[356]也。

• 가 여덟 소리에 꿰어 있는 것은 마치 양이 음을 거느려서 온갖 사물에 두루 흐름과 같다.

ㅛ ㅑ ㅠ ㅕ之皆兼乎人者。以人爲萬物之靈[357]而能參[358]兩儀[359]也。

ㅛ ㅑ ㅠ ㅕ가 모두 사람을 겸하고 있는 것은 사람은 만물의 영장(靈長)으로 능히 음양에 참여할 수 있기 때문이다.

---

350) 한국어의 모든 모음은 天, 地, 人의 調合으로 생겨난다. 기준점을 ㅣ 모음과ㅡ모음으로 둔다. 점을 모음의 왼쪽이나 아래쪽에 찍으면 음성모음, 모음의 오른쪽이나 위쪽에 찍으면 양성모음이 된다. 동아시아 철학사상에선 전통적으로 왼쪽과 아래쪽을 음, 오른쪽과 위쪽을 양이라고 생각했기 때문이다 *양성모음(陽性母音);어감(語感)이 밝고 산뜻한 모음 ㅏ ㅗ ㅑ ㅛ ㅐ ㅒ ㅘ ㅚ ㅙ *음성모음(陰性母音);어감(語感)이 어둡고 큰 모음 ㅓ ㅜ ㅕ ㅠ ㅔ ㅖ ㅝ ㅟ ㅞ ㅡ ㅢ *중성모음(中性母音):모음조화가 있는 언어에서 어떤 모음과도 잘 어울리는 모음 ㅣ

351) 貫 꿸 관; 貝-총11획; [guàn]꿰다, 꿰뚫다, 착용하다, 통과하다, 적중하다, 이어지다, 경유하다, 거느리다, 돈꿰미, 엽전을 꿰던 꿰미, 지위, 관직 *꿰다;실이나 끈을 구멍이나 틈의 한쪽에 넣어 다른 쪽으로 나가게 하다,어떤 물체를 꼬챙이 따위에 맞뚫리게 찔러서 꽂다,어떤 일의 내용이나 사정을 자세하게 알고 있다

352) 猶 오히려 유; 犬-총12획; [yóu]오히려, 마치 -와 같다, 조차, 지금도 역시, 그 위에 더, 마땅히 -야 한다(應), 써(以)

353) 統 큰 줄기 통; 糸-총12획; [tǒng]큰 줄기, 본 가닥의 실, 혈통, 핏줄, 실마리 *거느리다;부하나 군대 따위를 통솔하여 이끌다, 누구를 데리고 함께 행동하다

354) 周 두루 주; 口-총8획; [zhōu]두루, 골고루, 고루 미치다, 마음씨나 주의가 두루 미치다, 둘레, 주위

355) 流 흐를 류{유}; 水-총9획; [liú]흐르다, 물이 낮은 데로 흐르다, 떠내려가다, 시간이 지나가다, 흘러내리다, 흘리다, 물이나 눈물이 흐름, 흐름, 흘러가는 물, 냇물이 흐르는 방향

356) 만:물萬物;세상에 있는 모든 물건

357) 靈 신령 령{영}; 雨-총24획; [líng]신령, 팔방.하늘.구름의 신, 신령하다, 영혼, 죽은 사람의 혼백, 죽은 이를 높이어 이르는 말, 목숨, 명수(命數)*영장靈長; 영묘한 힘을 가진 우두머리 곧 인간

358) 參 간여할 참; 厶-총11획; [cān,cēn,shēn]간여하다, 셋(三), 섞이다, 뒤섞다

359) 兩 두 량{양}; 入-총8획; [liǎng]두, 둘, 짝, 짝을 하다, 아울러*儀 거동 의; 人-총15획; [yí]거동, 예의, 풍속*양의兩儀;양(陽)과 음(陰). 또는 하늘과 땅

取象於天地人而三才[360]之道[361]備[362]矣。

하늘과 땅과 사람에서 모양을 취하여서 삼재(三才)의 도를 갖추었다.

然三才爲萬物之先。而天又爲三才之始。

그러나 삼재가 만물의 먼저가 되고, 하늘은 삼재의 시작이 되는 것은,

猶・ㅡ ㅣ三字爲八聲之首[363]。而・又爲三字之冠[364]也。

마치 ・ ㅡ ㅣ의 세 글자가 여덟 소리의 머리가 되며, 또 ・가 세 글자의 갓이 되는 것과 같다.

ㅗ初生於天。天一生水之位也。

ㅗ는 하늘에서 처음으로 나니, 천수(天數) 1은 물(水)을 낳는 자리이다.

---

360) 才 재주 재; 手-총3획; [cái]재주, 재능이 있는 사람, 기본, 근본 *三才;우주의 3가지 근원을 뜻하는 말. 삼재(三材) ·삼극(三極)이라고도 하며, 천(天) ·지(地) ·인(人)을 가리킨다.《역(易)》의 <계사전(繫辭傳)>에 괘(卦)에 6개의 효(爻)가 있는 이유를 설명하여 "천도(天道)가 있고, 지도(地道)가 있고, 인도(人道)가 있으며, 삼재(三才)를 겸하여 이를 둘로 한다. 그래서 6"이라 하였다.
361) 道 길 도; 辵-총13획; [dào]길, 이치, 근원, 기능, 방법, 사상, 인의(仁義), 덕행(德行), 기예, 정령(政令), , 행정(行程), 바둑.장기에서 行馬의 길, 통하다
362) 備 갖출 비; 人-총12획; [bèi]갖추다, 갖추어지다, 준비
363) 首 머리 수; 首-총9획; [shǒu]머리, 시초(始初), 먼저, 앞
364) 冠 갓 관; 冖-총9획; [guān,guàn]갓, 관, 볏, 성(姓)*팔성八聲;ㅗ ㅏ ㅜ ㅓ ㅛ ㅑ ㅠ ㅕ*관冠;갓, 관, 볏, 성(姓)*갓;예전에 어른이 된 남자가 머리에 쓰던 의관의 하나, 이제 막, 가의 경남 방언, 두름의 경남 방언

ㅏ次之。天三生木[365]之位[366]也。
ㅏ는 그 다음이니, 천수(天數) 3은 나무(木)를 낳는 자리이다.

ㅜ初生於地。地二生火[367]之位也。
ㅜ는 땅에서 처음으로 나니, 지수(地數) 2는 불(火)을 낳는 자리이다.

ㅓ次之。地四生金之位也。
ㅓ는 그 다음이니, 지수(地數) 4는 쇠(金)를 낳는 자리이다.

ㅛ再生於天。天七成火之數也。
ㅛ는 하늘에서 두 번째로 나니, 천수(天數) 7은 불(火)을 이루는 수(數)이다.

ㅑ次之。天九成金之數也。
ㅑ는 그 다음이니, 천수(天數) 9는 쇠(金)를 이루는 수(數)이다.

ㅠ再生於地。地六成水之數也。
ㅠ는 땅에서 두 번째로 나니, 지수(地數) 6은 물(水)을 이루는 수(數)이다.

---

365) 天一生水;원자번호 1번 수소, 물
366) 位 자리 위; 人-총7획; [wèi]자리, 자리하다, 품위
367) 地二生火;원자번호 2번 헬륨, 불

ㅕ 次之。地八成木之數也。

ㅕ는 그 다음이니, 지수(地數) 8은 나무(木)를 이루는 수(數)이다.[368]

水火未離[369]乎氣[370]。陰陽交[371]合[372]之初。故闔。

물(水)과 불(火)은 아직 태극의 기에서 떠나지 못하여, 음과 양이 서로 어우르는 시초이므로, 오므라진다.

---

368)

오행(五行)	정위(定位)		생수(生數)	정위(定位)		성수(成數)
수(水)	ㅗ	天	一	ㅠ	地	六
화(火)	ㅜ	地	二	ㅛ	天	七
목(木)	ㅏ	天	三	ㅕ	地	八
금(金)	ㅓ	地	四	ㅑ	天	九
토(土)	·	天	五	ㅡ	地	十

		7 丙 2 丁		
8 3 乙 甲		5 己 **5 戊** 5 己		49 辛 庚
		1 壬 6 癸		

갑(甲)	을(乙)	병(丙)	정(丁)	무(戊)	기(己)	경(庚)	신(辛)	임(壬)	계(癸)
1	2	3	4	5	6	7	8	9	10

생수 1 2 3 4 5는 하도(河圖)에서 안에 위치하여 근본이 되어 생명을 낳는다고 생수(生數)라고 한다. 성수 6 7 8 9 10은 하도(河圖) 밖에 위치하여 형상을 갖추었다고 성수(成數)라고 한다. 성수(成數)는 생수(生數)의 중궁(中宮) 5를 얻어 아래와 같이 성수(成數)를 이루게 됩니다.1+ 5=6/2+5=7/3+5=8/4+5=9/5+5=10 즉 생수(生數)는 성수(成數)를 낳는 체(體)가 되고 성수(成數)는 생수(生數)의 용(用)이 되는 관계이다. 생수(生數)와 성수(成數)를 모두 더하면 55의 선천수(先天數)가 됩니다.

369) 離 떼놓을 리{이}; 隹-총19획; [lí]떼놓다, 가르다, 끊다

370) 氣 기운 기; 气-총10획; [qì]기운, 공기, 대기, 숨, 숨 쉴 때 나오는 기운

371) 交 사귈 교; 亠-총6획; [jiāo]사귀다, 주고받고 하다, 서로

372) 合 합할 합; 口-총6획; [hé,gě]합하다

木金陰陽之定[373]質[374]。故闢。

나무(木)와 쇠(金)는 음양이 고정된 바탕이니, 펴진다.

• 天五生土之位也。一地十成土之數也。

• 는 천수(天數) 5로, 흙(土)을 낳는 자리이다. ㅡ는 지수(地數) 10으로 흙을 이루게 하는 수이다.[375]

ㅣ獨[376]無位數者。盖以人則無極之眞[377]。二五[378]之精[379]。妙[380]合而凝[381]。固[382]未可以定位[383]成數[384]論也。

ㅣ에만 홀로 자리 수가 없음은 대개 사람은 무극의 참으로, 음양오행의 정기가 묘하게 합하여 엉긴 것으로, 본래 정위(定位)나 성수(成數)가 논해질 수 없다.

---

373)定 정할 정; ┌-총8획; [dìng]정하다, 정해지다

374) 質 바탕 질; ┌-총15획; [zhì]바탕, 꾸미지 아니한 본연 그대로의 성질

375)

		혀의 모양	음 감	개구도	상형 대상	성리학적 원리
기본자	•	縮	深	不蹙不張	天→圓	天開於子
	ㅡ	小縮	不深不淺	不蹙不張	地→平	地闢於丑
	ㅣ	不縮	淺		人→立	人生於寅
초출자	ㅗ	(縮)	(深)	蹙	天地	天地初交
	ㅏ	(縮)	(深)	張	人天	天地之用發於事物待人
	ㅜ	(小縮)	(不深不淺)	蹙	地天	天地初交
	ㅓ	(小縮)	(不深不淺)	張	天人	天地之用發於事物待人

376)獨 홀로 독; 犬-총16획; [dú]홀로

377) 眞 참 진; 目-총10획; [zhēn]참, 변하지 아니하다, 생긴 그대로

378) 이오二五;음양오행(陰陽五行)

379) 精 쓿은 쌀 정; 米-총14획; [jīng]쓿은 쌀, 자세하다, 면밀하다 *정기(精氣):만물을 생성하는 원기

380) 妙 묘할 묘; 女-총7획; [miào]묘하다, 젊다 *묘하다;말할 수 없이 빼어나고 훌륭함 또는 매우 교묘함

381) 凝 엉길 응; 冫-총16획; [níng]엉기다, 춥다, 엄하다, 심하다

382) 固 굳을 고; 口-총8획; [gù]굳다, 단단하다, 오로지, 한결같이

383) 정위(定位);몸의 위치나 자세를 정함. 또는 그 위치나 자세

384) 성수(成數);일정한 수효를 이룸

是則中聲之中。亦自有陰陽五行方位之數也。
이는 곧 가운뎃소리의 가운데, 또한 스스로 음양, 오행, 방위의 자리 수가 있기 때문이다.

以初聲對[385]中聲而言之。
첫소리에 대하여 가운뎃소리로써 말하면,

陰陽。天道也。剛[386]柔[387]。地道也。
음양은, 하늘의 이치요, 강유(剛柔)는 땅의 이치라.

中聲者。一深一淺一闔一闢。
가운뎃소리는 한편으로 깊으면 다른 한편은 얕고 또 한편이 오므러지면이면 다른 한편은 펴짐이니,[388]

---

385) 對 대답할 대; 寸-총14획; [duì]대답하다, 대하다, 대(對), 짝, 상대

386) 剛 굳셀 강; 刀-총10획; [gāng]굳세다, 굳다, 강철
387) 柔 부드러울 유; 木-총9획; [róu]부드럽다, 약하다, 여리다, 무르다, 좇다, 복종하다 *소옹(邵雍)의 <황극경세성음창화도(皇極經世聲音唱和圖)>에 많은 성음론이 들어 있어서 성리대전을 읽는 학자들은 자연스럽게 성리학과 운학이론을 함께 얻을 수 있었다. 이런 이유로 운학의 학문적 배경과 성리학적 사상은 자연스럽게 한글 창제의 밑바탕이 되었다. 소옹(邵雍)의 황극경세성음창화도(皇極經世聲音唱和圖)의 술어를 훈민정음과 결부시켜 설명했다. 소옹은 모음을 천성(天聲), 자음을 자음(地音)이라고 했는데, 음양은 모음과 관계되는 술어이기 때문에 천(天)에 강유는 자음과 관계가 있어 지(地)에 결부시켰다.
388) 모음이 상호 대립적으로 존재한다는 사실을 말하고 있다

	舌縮聲深	舌小縮聲不深不淺	舌不縮聲淺
口蹙	ㅗ	ㅜ	
	·	ㅡ	ㅣ
口張	ㅏ	ㅓ	

是則陰陽分而五行之氣具[389]焉。天之用也。

이는 곧 음양으로 나뉘나 오행의 기운이 갖추고 있는 것이니, 하늘의 작용이다. [390]

初聲者。或[391]虛[392]或實[393]或颺[394] 或滯[395]或重[396]若[397]輕[398]。

첫소리는, 혹은 비어있고 혹은 알맹이가 있고 혹은 날리고 혹은 엉기고 혹은 무겁고 만약 가벼움은,

是則剛柔著而五行之質成焉。地之功[399]也。

이는 곧 강유(剛柔)가 나타나 오행의 바탕이 이루어진 것이니, 땅의 공(功)이다.[400]

---

389) 具 갖출 구; 八-총8획; [jù]갖추다, 온전하다, 설비

390) 모음의 모든 성질을 한데 모아 설명한 것이다. 예컨대 ㆍ는 심(深) ㅣ는 천(淺) ㅗ는 벽(闔) ㅏ는 벽(闢)이다. 중성의 모든 성질을 천(天)의 용(用)으로 설명한 것이다.

391) 或 혹 혹; 戈-총8획; [huò]혹, 혹은, 있다, 늘, 언제나

392) 虛 빌 허; 虍-총12획; [xū]비다, 없다, 적다, 드물다, 모자라다, 준비가 없다, 욕심이 없다, 약하다, 비워두다, 틈

393) 實 열매 실; 宀-총14획; [shí]열매, 차다, 가득 차다, 익다, 곡식이 익다

394) 颺 날릴 양; 風-총18획; [yáng,yàng]날리다, 일다, 일어나다

395) 滯 막힐 체; 水-총14획; [zhì]막히다, 빠지다, 남다

396) 重 무거울 중; 里-총9획; [zhòng,chóng]무겁다, 무겁게 하다, 무게

397) 若 같을 약; 艸-총9획; [ruò,rě]같다, 너, 만일

398) 輕 가벼울 경; 車-총14획; [qīng]가볍다, 재빠르다

399) 功 공 공; 力-총5획; [gōng]공, 공로, 공치사하다, 공을 자랑하다, 일, 직무

400) 자음의 모든 성질을 한데 모아 설명한 것이다. 예컨대 허(虛)는 후음(喉音), 실(實)은 아음(牙音), 양(颺)은 설음(舌音), 체(滯)는 치음(齒音), 혹중혹경(或重或輕)은 순중음(脣重音)과 순경음(脣輕音)이다. 그리고 여기서도 초성(初聲)과 땅이 결부된 것으로 보고 초성(初聲)의 모든 성질을 지(地)의 공(功)으로 설명한 것이다

中聲以深淺闔闢唱之於前。初聲以五音淸濁和之於後。而爲初亦爲終。

가운뎃소리가 깊음 얕음 오므림 펴짐으로 앞에서 첫소리를 부르면, 첫소리는 오음의 청음 탁음으로 뒤에서 가운뎃소리에 서로 어우러지는데, 첫소리가 되기도 하고 또한 끝소리가 되기도 한다.[401)]

亦可見萬物初生於地。復[402)]歸[403)]於地也。

역시 만물이 땅에서 처음 나서, 다시 땅으로 돌아가는 것을 볼 수 있다.

以初中終合成之字言之。

첫소리 가운뎃소리 끝 소리가 어울려 이루는 글자에 대해 말하자면,

亦有動靜互[404)]根[405)]陰陽交[406)]變[407)]之義焉。

---

401) 예사소리 전청(全淸);구강 내부의 기압 및 발음 기관의 긴장도가 낮아 약하게 파열되는 ㄱ ㄷ ㅂ ㅅ ㅈ ㆆ음 연음(軟音), 평음 *거센소리 차청음(次淸音);숨이 거세게 나오는 파열음, 국어의 ㅋ ㅌ ㅍ ㅊ ㅎ음 격음(激音), 기음(氣音), 대기음, 유기음(有氣音) *된소리 탁음(濁音);후두(喉頭)근육을 긴장하거나 성문(聲門)을 폐쇄하여 내는 ㄲ ㄸ ㅃ ㅉ ㅆ ㆅ음 경음(硬音) 농음(濃音) *울림소리 불청불탁(不淸不濁音)발음할 때 목청이 떨려 울리는 소리 국어의 모든 모음이 이에 속하며 자음 가운데에는 ㆁ ㄴ ㅁ ㅇ ㄹ ㅿ목청울림소리, 울림소리, 탁음(濁音), 흐린소리, 유성음(有聲音)

	아음(牙音)	설음(舌音)	순음(脣音)	치음(┌音)		후음(喉音)	반설음(半舌音)	반치음(半┌音)
전청(全┌)	ㄱ	ㄷ	ㅂ	ㅈ	ㅅ	ㆆ		
차청(次┌)	ㅋ	ㅌ	ㅍ	ㅊ		ㅎ		
전탁(全濁)	ㄲ	ㄸ	ㅃ	ㅉ	ㅆ	ㆅ		
불청불탁(不┌不濁)	ㆁ	ㄴ	ㅁ			ㅇ	ㄹ	ㅿ

402) 復 돌아올 복; 彳-총12획; [fù]돌아오다, 뒤집다
403) 歸 돌아갈 귀; 止-총18획; [guī]돌아가다, 돌아오다
404) 互 서로 호; 二-총4획; [hù]서로, 함께, 갈마들다
405) 根 뿌리 근; 木-총10획; [gēn]뿌리, 뿌리박다

또한 움직임과 고요함이 서로 뿌리가 되고 음과 양이 서로 변하는 뜻이 있음이다.

動者。天也。靜者。地也。兼乎動靜者。人也。
움직이는 것은, 하늘이다. 고요한 것은, 땅이다. 움직임과 고요함을 겸한 것은 사람이다.[408]

盖五行在天則神之運[409]也。在地則質之成[410]也。
대개 오행은 하늘에 있어서는 즉 신의 운행이요, 땅에 있어서는 즉 질(質)을 이룸이다.

在人則仁[411]禮[412]信[413]義[414]智[415]神之運也。肝[416]心[417]脾[418]肺[419]腎[420]質之成也。
사람에게 있어서는 곧 인 예 신 의 지는 신의 운행이요, 간장 심장 비장 폐장 신장은 질(質)의 이룸이다.

406) 交 사귈 교; 亠-총6획; [jiāo]사귀다, 주고받고 하다, 서로
407) 變 변할 변; 言-총23획; [biàn]변하다, 변해가다, 움직이다, 고치다, 바꾸다, 움직이게 하다, 이동시키다
408) 초성자初聲字, 중성자中聲字, 종성자終聲字를 합해져 하나의 문자단위, 즉 음절문자처럼 쓰이는 것을 천지인天地人 삼재三才와 음양설陰陽說을 가지고 설명한 것이다.
409) 運 돌 운; 辵-총13획; [yùn]돌다, 돌리다, 회전하다, 길, 천체의 궤도 *운행運行; 정해진 길을 따라 차량 따위를 운전하여 다님, 〔천〕천체가 궤도를 따라 운동하는 일
410) 成 이룰 성; 戈-총7획; [chéng]이루다, 이루어지다, 정하여지다
411) 仁 어질 인; 人-총4획; [rén]어질다, 자애, 만물을 낳다
412) 禮 예도 례{예}; 示-총18획; [lǐ]예도, 예절, 경의를 표하다, 폐백
413) 信 믿을 신; 人-총9획; [xìn]믿다, 진실, 분명히 하다
414) 義 옳을 의; 羊-총13획; [yì]옳다, 바르다, 평평하다
415) 智 슬기 지; 日-총12획; [zhì]슬기, 지혜, 슬기롭다, 지혜롭다, 꾀, 모략(謀略)
416) 肝 간 간; 肉-총7획; [gān]간, 간장, 정성, 충정
417) 心 마음 심; 心-총4획; [xīn]마음, 심장, 가슴
418) 脾 지라 비; 肉-총12획; [pí]지라, 오장의 하나, 소의 양, 소의 밥통, 그치다
419) 肺 허파 폐; 肉-총8획; [fèi]허파,
420) 腎 콩팥 신; 肉-총12획; [shèn]콩팥, 오장의 하나

初聲有發動之義。天之事也。
첫소리는 피어나고 움직이는 뜻이 있으니, 이는 하늘이 하는 일이다.

終聲有止定之義。地之事也。
끝소리에는 그쳐서 정하는 뜻이 있으니, 이는 땅이 하는 일이다.

中聲承初之生。接終之成。人之事也。
가운뎃소리는 첫소리의 나는 것을 이어, 끝소리의 이룸에 접하니, 사람이 하는 일이다.

盖字韻[421]之要。在於中聲。初終合而成音。
대개 자운(字韻)의 중요함은 가운뎃소리에 있는데, 첫소리와 끝소리를 합하여 소리를 이룬다.

亦猶天地生成[422]萬物。而其財[423]成[424]輔[425]相[426]則[427]必賴乎人也。
이는 또한 하늘과 땅이 만물을 생성하되, 모아서 이루고 도와서 리게 하는 것은 반드시 사람에 힘입음과 같다.

---

421) 자운字韻;글자의 운(韻) *음절音節;하나의 종합된 음의 느낌을 주는 단어의 구성 요소로서의 음의 단위
422) 생성生成;사물이 생겨남. 생겨 이루어지게 함
423) 財 재물 재; 貝-총10획; [cái]재물, 녹(祿), 마르다, 처리하다 *재다;물건을 차곡차곡 포개어 쌓아두다, 잘난 척하며 으스대거나 뽐내다
424)성成;이루다*성;노엽거나 언짢게 여겨 일어나는 불쾌한 감정 *성盛하다;기운이나 세력이 한창 왕성하다 *이루다;어떤 대상이 일정한 상태나 결과를 생기게 하거나 일으키거나 만들다, 몇가지 부분이나 요소들을 모아 일정한 성질이나 모양을 가진 존재가 되게 하다
425)보輔;덧방나무, 수레 덧방나무, 바퀴살의 힘을 돕는 나무, 돕다, 벗, 친구 *보태다;모자라는 것을 더하여 채우다
426) 상相;서로, 보다, 자세히 보다, 바탕
427) 뢰賴;힘입다*힘입다;어떤 힘의 도움을 받다, 어떤 것의 영향을 받다

終聲之復°用初聲者。以其動而陽者乾[428]也。靜而陰者亦乾也。
끝소리에 첫소리를 다시 쓰는 것은 그것이 움직여 양이 된 것도 건(乾)이요, 고요하여 음이 된 것도 또한 건(乾)이요,

乾實分陰陽而無不君宰[429]也。
건(乾)은 실(實)하여 음양으로 나뉘어 주재(主宰)하여 다스리지 않음이 없기 때문이다.

一元[430]之氣。周流不窮。 四時之運。循[431]環[432]無端[433]。
태초의 기운이 두루 흘러 다하지 않으매, 사계절 운행이 순환하여 끝이 없다.

---

428) 乾 하늘 건; 乙-총11획; [gān,qián]하늘, 괘 이름, 임금 *건괘(乾卦);팔괘의 하나 상형(象形)은 ☰으로 하늘을 상징함, 육십사괘의 하나. ☰ 둘을 포갠 것으로, 하늘이 거듭됨을 상징함 *하늘;지평선이나 수평선 위로 보이는 무한대의 넓은 공간 *마르다;물기가 다 날아가서 없어지다*말다;넓적한 물건을 돌돌 감아 원통형으로 겹치게 하다 *건(乾)은 천(天), 곤(坤)은 지(地)라 하는데, 천지, 하늘과 땅이라는 것은 껍질, 형체입니다. 그리고 천지 속에 들어 있는 정신, 성정(性情)이 건곤이다. 건곤은 형이상학적인 것이고 천지는 형이하학적인 것입니다. 그래서 건곤은 우리 눈에 안 보이죠. 천의 정신, 천의 성정(性情)을 건이라 하고, 그것이 형체로 드러난 것을 천이라 한다.
429) 宰 재상 재; 宀-총10획; [zǎi]벼슬아치, 재상, 주관하다, 맡아 다스리다 *주재(主宰);중심이 되어 맡아 처리함 *건과 천의 주재자를 얘기할 때는 제(帝)라고 한다. 이 천지를 주재하는 조화의 묘용(妙用)을 신(神)이라 한다. 그 운행의 질서를 도(道), 또는 리(理)라고 한다. 이형체以形體로 위지천謂之天이요, 이성정以性情으로 위지건謂之乾이요, 이주재以主宰로 위지제謂之帝요, 이묘용以妙用으로 위지신謂之神이라. 건은 쉬지 않고 끊임없이 작용하는 우주의 정신이다. 건의 정신은 원형이정으로 드러난다 *초성자(初聲字)가 그대로 종성자(終聲字)로 사용되는 것을 역리(易理)로 설명한 것이다.
430) 宰 재상 재; 宀-총10획; [zǎi]벼슬아치, 재상, 주관하다, 맡아 다스리다 *주재(主宰);중심이 되어 맡아 처리함 *건과 천의 주재자를 얘기할 때는 제(帝)라고 한다. 이 천지를 주재하는 조화의 묘용(妙用)을 신(神)이라 한다. 그 운행의 질서를 도(道), 또는 리(理)라고 한다. 이형체以形體로 위지천謂之天이요, 이성정以性情으로 위지건謂之乾이요, 이주재以主宰로 위지제謂之帝요, 이묘용以妙用으로 위지신謂之神이라. 건은 쉬지 않고 끊임없이 작용하는 우주의 정신이다. 건의 정신은 원형이정으로 드러난다 *초성자(初聲字)가 그대로 종성자(終聲字)로 사용되는 것을 역리(易理)로 설명한 것이다.
431) 循 좇을 순; 彳-총12획; [xún]좇다, 돌다, 빙빙 돌다, 말하다
432) 環 고리 환; 玉-총17획; [huán]환옥(環玉), 고리, 돌다 *순환循環;주기적으로 되풀이하여 돎. 또는 그런 과정
433) 端 바를 단; 立-총14획; [duān]바르다, 곧다, 옳다, 바로잡다, 진실

故貞而復°元。冬而復春。

그런 까닭으로 정(貞)에서 다시 원(元)이 되고, 겨울이 다시 봄이 되니,[434]

434) 원행이정(元亨利貞);성리대전 이기편(理氣篇)에 주자의 말인 "以一歲言之 有春夏秋冬 以乾言之 有元亨利貞"이라는 것이 있고, 또 "貞復生元 無窮如此라는 것이 있는데, 원행이정(元亨利貞) 춘하추동(春夏秋冬)으로 보고 설명을 전개한 것이다 *원자(元者)는 만물지시(萬物之始)요 행자(亨者)는 만물지장(萬物之長)이요 이자(利者)는 만물지수(萬物之遂)요 정자(貞者)는 만물지성(萬物之成)이라 원(元)이라는 것은 만물이 시작하는 것이요, 행(亨)은 만물이 자라는 것이요, 이(利)는 만물이 거의 완성되는 것이요 정(貞)은 만물이 완성된 자리이다. 만물이 싹 트고 시작하는 것을 원(元)이라 하고, 싹이 터서 줄기와 가지가 뻗고, 잎이 나고 꽃이 피면서 무성하게 자라는 것을 행(亨), 가을이 되어 만물이 열매를 맺는 것을 이(利), 겨울이 되어 만물의 생명이 통일되고, 만물의 씨앗 속에 핵심 정신이 갈무리 되는 것을 정(貞)이라 한다. 64괘 중에서 건괘와 곤괘만이 원형이정의 네 가지 덕성을 모두 가지고 있다. 이것을 건(乾)의 사덕(四德)이라 한다. 건(乾)이라는 것은 원형이정으로 작용하며 만물의 종시(終始)가 된다. 만물은 원(元)에서 시작해서 정(貞)에서 끝나는데, 乾의 원행이정(元亨利貞)은 만물창조의 근원이 되고, 곤(坤)의 원행이정(元亨利貞)은 만물을 생성시키므로, 건은 만물의 아버지가 되고 곤은 만물의 어머니가 됩니다. 그래서 건곤 자체가 만물의 부모가 됩니다. 원은 봄의 덕성을 얘기하고, 형은 여름의 덕성을 얘기하고, 리는 가을의 덕성을 얘기하고, 정은 겨울의 덕성을 말한다 *천지의 덕성은 원행이정(元亨利貞), 이것이 현실적으로 드러난 것이 생장염장(生長斂藏) 인간의 덕성으로는 인의예지(仁義禮智)이다. *주자가 원형이정(元亨利貞)은 천도지상(天道之常)이요 천도의 떳떳함이요, 인의예지(仁義禮智)는 인성지강(人性之綱)이다 사람 성품의 강령이 되는 것이다. 인(仁)의 싹은 측은지심(惻隱之心)으로 드러나고, 의(義)의 싹은 수오지심(羞惡之心)으로 드러나고, 예禮의 싹은 사양지심(辭讓之心)으로, 지(智)의 싹은 시비지심(是非之心)으로 드러난다. 측은지심(惻隱之心)은 인지단야(仁之端也)요, 수오지심(羞惡之心)은 의지단야(義之端也)요, 사양지심(辭讓之心)은 예지단야(禮之端也)요, 시비지심(是非之心)은 지지단야(智之端也)라

사덕(四德)	원(元)	행(亨)		이(利)	정(貞)
사시(四時)	춘(春)	하(夏)		추(秋)	동(冬)
오행(五行)	목(木)	화(火)	토(土)	금(金)	수(水)
사방(四方)	동(東)	남(南)	중앙(中央)	서(西)	북(北)
오상(五常)	인(仁)	예(禮)	신(信)	의(義)	지(智)

初聲之復°爲終。終聲之復°爲初。亦此義也。

첫소리가 다시 끝소리가 되고, 끝소리가 다시 첫소리가 됨도, 역시 이와 같은 뜻이다.

吁[435]。正音作[436]而天地萬物之理咸備。其神[437]矣哉。

아! 정음이 만들어져 천지 만물의 이치를 모두 갖추니, 그 신이로움이여!

是殆[438]天啓[439]聖心而假手[440]焉者乎。訣[441]曰

이는 아마도 하늘이 성군(聖君) 세종대왕의 마음을 여시고, 그 솜씨를 빌려주신 것이 아니겠는가? 칠언절구로 간추려서 말하면

435) 吁 탄식할 우; 口-총6획; [xū,yū,yù]탄식하다, 내불다, 숨을 내쉬다, 아!
436) 作 지을 작; 人-총7획; [zuó,zuō,zuò]짓다, 일어나다, 일으키다 *짓다;재료를 들여 밥 옷 집 따위를 만들다 *짜다;사개를 맞추어 가구나 상자 따위를 만들다, 실이나 끈 따위를 씨와 날로 걸어서 천 따위를 만들다
437) 神 귀신 신; 示-총10획; [shén]귀신, 불가사의한 것, 정신, 혼 *신神;종교의 대상으로 우주를 주재하는 초인간적·초자연적인 존재
438) 殆 위태할 태; 歹-총9획; [dài]위태하다, 위태로워하다, 해치다, 가까이하다, 가깝다, 거의, 처음
439) 啓 열 계; 口-총11획; [qǐ]열다, 가르치다, 인도하다
440) 手 손 수; 手-총4획; [shǒu]손, 사람, 힘, 도움이 될 힘이나 행위 *솜씨;손을 놀려 무엇을 만들거나 어떤 일을 하는 재주
441) 訣 이별할 결; 言-총11획; [jué]이별하다, 작별하다, 송별사(送別辭), 사별하다, 애도사(哀悼辭), 끊다, 결단하다

나. 글자를 만든 풀이 칠언절구 간추림

天地之化[442]本一氣
천지의 조화(造化)는 본래 하나의 기운이니

陰陽五行相始終
음양과 오행은 서로 시작과 끝이 되어 끝없이 순환하네

物於兩間看形聲
하늘과 땅 사이 만물은 모양과 소리를 볼 수 있다

元本無二理數通
이치가 원래 둘이 아니니 우주 스물 여덟(28) 수의 운행 원리와 통하네

正音制字尙其象
정음의 글자도 조화로운 천문의 운행 원리에 맞추어 각각의 모양을 본떠서 만들었네

因聲之厲[443]每加畫
소리의 세기로 말미암아 획을 더하였네

音出牙舌脣齒喉
음은 아牙 설舌 순脣 치齒 후喉에서 나고

442) 化;만물을 창조하고 기르는 대자연의 이치. 또는 그런 이치에 따라 만들어진 우주 만물
443) 려厲;갈다,빠르다

是爲初聲字十七
이것이 첫소리 열 일곱 글자가 되네

牙取舌根閉喉形
엄소리 혓뿌리가 목구멍을 닫는 형상을 취하나

唯業似欲取義別
오직ㆁ業은 ㅇ欲과 비슷하여 뜻의 다름을 취하였네

舌迺[444]象舌附上齶[445]
혓소리는 이에 혀가 웃 잇몸에 닿는 모양이고

脣則實是取口形
입시울소리는 그야말로 입의 모양 취했네

齒喉直取齒喉象
닛소리와 목소리는 바로 이와 목구멍의 모양을 취했네

知斯五義聲自明
이 다섯 뜻을 알면 소리 절로 알겠네

又有半舌半齒音
또 반혓소리(ㄹ)와 반닛소리(ㅿ)가 있으니

取象同而體則異
모양의 같음을 취함이나 그 몸체는 곧 다르네

---

444) 迺 이에 내; 辵-총10획; [nǎi]이에, 곧, 너, 이인칭 대명사, 비로소, 처음으로
445) 齶 잇몸 악; 齒-총24획; [è]잇몸, 치은

那彌戌欲聲不厲
ㄴ那 ㅁ彌 ㅅ戌 ㅇ欲은 소리가 빠르지 않으므로

次序雖後象形始
차례로는 뒤에 있으나 본뜬 것은 먼저이네

配諸[446]四時與冲氣
사계절은 충만한 기운과 함께 그것을 짝을 지어도

五行五音無不恊[447]
오행과 오음에 어울려 보아도 맞지 않음이 없네

維[448]喉爲水冬與羽
목구멍은 오행으로 물이 되고 사시로는 겨울이 되며
오음으로는 우(羽)가 된다

牙迺春木其音角
엄(牙)은 이에 봄과 목(木)이며 그 소리는 각(角)이요

徵音夏火是舌聲
치(徵) 소리는 여름과 불(火)이요 이는 혓소리요

齒則商秋又是金
닛소리는 상(商)과 가을이며 또 금(金)이요

---

446) 저諸;之於~에 그것을
447) 恊 맞을 협; 心-총9획; [xié]맞다, 화합하다, 적합하다, 합하다, 좇다, 따르다, 協과 同字
448) 維 바 유; 糸-총14획; [wéi]바, 밧줄, 매다, 받치다

脣於位數本無定
입시울소리는 본래 정해진 자리와 수가 없으니

土而季夏爲宮音
토(土)이며 늦여름이며 궁음(宮音)이네

聲音又自有淸濁
소리에는 또 스스로 맑고 탁(濁)한 음이 있으니

要於初發細推尋
첫소리 피어남을 자세히 살펴야 하네

全淸聲是君斗彆
전청 소리는 ㄱ君 ㄷ斗 ㅂ彆이며

卽戌挹亦全淸聲
ㅈ卽 ㅅ戌 ㆆ挹 또한 전청 소리이네

若迺快呑漂侵虛
ㅋ快 ㅌ呑 ㅍ漂 ㅊ侵 ㅎ虛같은 것은

五音各一爲次淸
오음이 모두 다 차청이네

全濁之聲虯覃步
전탁의 소리는 ㄲ虯 ㄸ覃 ㅃ步이며

又有慈邪亦有洪
또 ㅉ慈 ㅆ邪이 있으며 ㆅ洪도 있네

全淸並書爲全濁
전청을 나란히 쓰면 전탁이 되지만

唯洪自虛是不同
오직 ㆅ洪은 차청인 ㅎ虛에서 된 것만이 같지 않네

業那彌欲及閭穰
ㆁ業 ㄴ那 ㅁ彌 ㅇ欲과 ㄹ閭 ㅿ穰은

其聲不淸又不濁
그 소리가 맑지도 흐리지도 않네

欲之連書爲脣輕
ㅇ은 이어 쓰면 입시울가벼운소리가 되니

喉聲多而脣乍合
목소리가 많으며 입술은 잠깐 붙었다 떨어지네

中聲十一亦取象
가운뎃소리 열 한 글자 역시 형상을 취하니

精義未可容易[449]觀
정교(精巧)한 뜻을 다 관찰하기에 쉽지 않네

呑擬[450]於天聲最深
ㆍ는 하늘을 본떠 소리가 가장 깊으니

449) 용이容易;어렵지 않고 매우 쉽다
450) 擬 헤아릴 의; 手-총17획; [nǐ]헤아리다, 비기다, 비교하다, 본뜨다, 흉내 내다, 모방하다

所以圓形如彈丸
이른바 둥근 모양으로 탄환과 같네

卽聲不深又不淺
ㅡ는 깊지도 않고 얕지도 않으니

其形之平象乎地
그 모양이 평평함은 땅을 본뜻 것이네

侵象人立厥[451]聲淺
ㅣ는 사람이 서있는 모양을 본떴으며 소리가 얕으니

三才之道斯爲備
삼재의 도가 이에 다 갖추어졌네

洪出於天尙爲闔
ㅗ는 하늘에 나서 오므라지니

象取天圓合地平
둥근 하늘과 땅의 평평함을 합한 형상을 취하였네

覃亦出天爲已闢
ㅏ 역시 하늘에서 나서 펴지니

發於事物就人成
사물에서 피어나되 사람이 이룸을 취하였네

451) 厥 그 궐; 厂-총12획; [jué]그, 그것, 파다, 다하다, 다되다

用初生義一其圓
처음 나는 뜻을 써서 그 둥근 꼴이 하나요

出天爲陽在上外
하늘에서 나와 양이 되어 위와 밖(오른쪽)에 있네

欲穰兼人爲再出
ㅛ ㅑ는 사람을 겸하여 두 번째 나니

二圓爲形見其義
둥근 꼴을 둘로 하여 그 뜻을 나타냈네

君業戌出於地
ㅜ君 ㅓ業 ㅠ戌 ㅕ彆은 땅에서 나니

據例自知何湏[452]評
본보기에 근거하면 스스로 알 수 있으니 무엇을 이르리요

呑之爲字貫八聲
ㆍ는 여덟 소리(ㅗ ㅏ ㅜ ㅓ ㅛ ㅑ ㅠ ㅕ)에 꿰었으니

維[453]天之用徧流行
하늘의 작용이 두루 흐름이라

四聲兼人亦有由
네 소리 ㅛ ㅑ ㅠ ㅕ가 사람을 겸한 것도 역시 까닭이 있으니

---

452) 회湏 ; 沫의古字, 땅이름 매, 낯을 씻을 회, 어스레하다, 별이름 회
453) 維 바 유; 糸-총14획; [wéi]바, 밧줄, 매다, 받치다

人參天地爲最靈
사람이 하늘과 땅에 참여하여 가장 신령한 존재가 되기 때문일세

且就三聲究至理
또 세(3) 소리 · ㅡ ㅣ를 취하여 지극한 이치를 연구하면

自有剛柔與陰陽
저절로 강함 부드러움과 음양이 있네

中是天用陰陽分
가운뎃소리는 하늘의 작용이라 음양으로 나뉘고

初迺地功剛柔彰
첫소리는 이에 땅의 공로라 강함과 부드러움으로 드러나네

中聲唱之初聲和
가운뎃소리가 부르메 첫소리가 화(和)하니

天先乎地理自然
하늘이 땅보다 앞섬이 자연의 이치일세

和者爲初亦爲終
화(和)하는 것이 첫소리가 되고 끝소리도 되니

物生復歸皆於坤
만물이 나서 결국은 자연인 땅으로 되돌아가는 이치 같음이라

陰變爲陽陽變陰
음이 변해 양이 되고 양이 변해 음이 되니

一動一靜互爲根
한번 움직이고 한번 고요함이 서로 뿌리가 되고

初聲復有發生義
첫소리는 다시 피어나는 뜻을 지니고 있으니

爲陽之動主於天
양이 되어 움직이니 하늘에 주가 되고

終聲比地陰之靜
끝소리는 땅에 비유하여 음의 고요함이니

字音於此止定焉
글자의 소리 여기서 그쳐 정해지도다

韻成要在中聲用
자운(字韻)의 긴요(緊要)함이 가운뎃소리의 작용에 있으니

人能輔相天地宜
하늘과 땅이 만물을 생성하나 모아서 이루고 돕는 것은 사람이네

陽之爲用通於陰
양의 쓰임이 음에 통하니

至而伸則反而歸
극에 도달하면 다시 돌아오네

初終雖云分兩儀
첫소리와 끝소리가 두 가지의 거동(擧動)으로 나누어지나

終用初聲義可知
끝소리에 첫소리를 쓰는 뜻 알겠네

正音之字只廿[454]八
정음 글자 스물 여덟 글자 뿐이지만

探賾[455]錯[456]綜[457]窮深[458]幾[459]
여러 가지 섞여 어지러움 찾아내어 깊은 조짐(兆朕) 다하였네

指遠言近牖[460]民易
정음 만든 뜻 이렇듯 깊으나 쓰기에는 편하여 백성들이 깨우치기 쉬우니

天授何曾智巧爲
하늘의 섭리를 따랐을 뿐 어찌 꾀와 재주로 하였으리요

---

454) 廿 스물 입; 一-총4획; [niàn,rù]스물
455) 睛 눈동자 정; 目-총13획; [jīng]눈동자, 싫어하는 눈빛
456) 錯 섞일 착; 金-총16획; [cuò]섞이다, 어지러워지다, 등지다
457) 綜 잉아 종; 糸-총14획; [zōng,zèng]잉아, 모으다*착종錯綜;여러가지 섞여 헝클어짐
458) 探 찾을 탐; 手-총11획; [tàn]찾다
459) 幾 기미 기; 幺-총12획; [jǐ,jī]기미, 낌새, 조짐, 거의, 위태하다, 위태롭다
460) 牖 창 유; 片-총15획; [yǒu]창, 바라지, 남쪽으로 난 창, 인도하다

다. 첫소리 풀이

初聲解
첫소리 풀이

正音初聲。卽[461]韻書[462]之字母[463]也。
정음의 첫소리는 곧 운서의 자모이다.

聲音[464]由[465]此而生。故曰母[466]。
소리가 이로 말미암아 나므로 어미이다.

如牙音君字初聲是ㄱ。ㄱ與ᅟᅮᆫ而爲군。
엄소리는 군君 **글자의 첫소리인 ㄱ인데, ㄱ이 ᅟᅮᆫ과 어울려 군이 된다.**

快字初聲是ㅋ。ㅋ與ᅟᅫ而爲쾡。
쾡快 **글자의 첫소리는 ㅋ이니, ㅋ이 ᅟᅫ 와 어울려 쾡가 된다.**

虯字初聲是ㄲ。ㄲ與ᅟᅲ而爲끃。
끃虯 **글자의 첫소리는 ㄲ인데, ㄲ이 ᅟᅲ와 어울려** 끃**가 된다.**

---

461) 卽 곧 즉; 卩-총9획; [jí]곧, 가깝다, 나아가다 *즉卽;다른 것이 아니라 곧 또는 다시 말하여의 뜻의 접속 부사
462) 운서韻書;한자를 운(韻)에 따라 분류한 자서(字書)
463) 자모字母;음절의 기본이 되는 글자
464) 성음聲音;목소리*목소리;목구멍에서 나는 소리
465) 由 말미암을 유; 田-총5획; [yóu]말미암다
466) 母 어미 모; 毋-총5획; [mǔ]어미, 할미, 암컷

業字初聲是ᅌ。ᅌ與 ᅟᅥᆸ 而爲업之類467)。

업業 글자·의 첫소리는 ᅌ인데, ᅌ이 ᅟᅥᆸ과· 어울려 업이 되는 따·위와· 같은 것이다·.

舌之斗呑覃那。脣之彆漂步彌。齒之卽侵慈戌邪。喉之挹虛洪欲。半舌半齒之閭穰。皆倣此。訣曰

혓소리 ㄷ斗 ㅌ 呑 ㄸ覃 ㄴ那, 입술소리 ㅂ彆 ㅍ漂 ㅃ步 ㅁ彌, 잇소리 ㅈ卽 ㅊ侵 ㅉ慈 ㅅ戌 ㅆ邪, 목소리 ㆆ挹 ㅎ虛 ㆅ洪 ㅇ欲, 반·혓소리 ㄹ閭, 반·잇소리 ㅿ穰도 모두 이를 따·른다·. 칠언절구로 간·추리면,468)

467) 類 무리 류{유}; 頁-총19획; [lèi]무리, 일족(一族), 동류, 떼, 비견(比肩), 온갖 것, 모든 것, 견주다, 비기다

468) 훈민정음(訓民正音)과 동국정운(東國正韻)의 23자

	아음 (牙音)	설음 (舌音)	순음 (脣音)	치음 (齒音)	후음 (喉音)	발설음 (半舌音)	반치음 (半齒音)
전청(全淸)	群 ㄱ	斗 ㄷ	彆 ㅂ	卽 ㅈ	挹 ㆆ		
차청(次淸)	快 ㅋ	呑 ㅌ	漂 ㅍ	侵 ㅊ	虛 ㅎ		
전탁(全濁)	叫 ㄲ	覃 ㄸ	步 ㅃ	慈 ㅉ	洪 ㆅ		
불청불탁 (不淸不濁)	業 ㆁ	那 ㄴ	彌 ㅁ		欲 ㅇ	閭 ㄹ	穰 ㅿ
전청(全淸)				戌 ㅅ			
전탁(全濁)				邪 ㅆ			

라. 첫소리 칠언절구 간추림

君快虯業其聲牙
ㄱ君 ㅋ快 ㄲ虯 ㆁ業은 엄소리요

舌聲斗呑及覃那
혓소리는 ㄷ斗 ㅌ呑 ㄸ覃 ㄴ那이네

彆漂步彌卽是脣
ㅂ彆 ㅍ漂 ㅃ步 ㅁ彌는 입시울소리요

齒有卽侵慈戌邪
닛소리로는 ㅈ卽 ㅊ侵 ㅉ慈 ㅅ戌 ㅆ邪이네

挹虛洪欲迺喉聲
ㆆ挹 ㅎ虛 ㆅ洪 ㅇ欲은 이에 목소리요

閭爲半舌穰半齒
ㄹ閭은 반혓소리요 ㅿ穰은 반잇소리네

二十三字是爲母
스물 세 글자 이것이 자모(字母)가 되니

萬聲生生皆自此
모든 소리가 다 이로부터 나네

마. 가운뎃소리 풀이

中聲解
가운뎃소리 풀이

中聲者。居[469]字韻[470]之中。合初終而成音。
가운뎃소리란 자운(字韻)의 가운데에서 첫소리와 끝소리를 합하여 소리를 이루는 것이다.

如呑字中聲是ㆍ。ㆍ居ㅌ ㄴ之間而爲ᄐᆞᆫ。
ᄐᆞᆫ(呑) 글자의 가운뎃소리가 ㆍ이니, ㆍ가 ㅌ과 ㄴ사이에 있어서 ᄐᆞᆫ이 된다.

卽字中聲是ㅡ。ㅡ居ㅈ ㄱ之間而爲즉。
즉卽 글자의 가운뎃소리는 ㅡ이니, ㅡ가 ㅈ과 ㄱ사이에 있어서 즉이 된다.

侵字中聲是ㅣ。ㅣ居ㅊ ㅁ之間而爲침之類。
침侵 글자의 가운뎃소리는 ㅣ이니, ㅣ가 ㅊ과 ㅁ사이에 있어서 침이 되는 따위와 같다.

洪覃君業欲穰戌彆。皆倣[471]此。
호ᇰ洪 **ᄄᆞᆷ**覃 **군**君 업業 **욕**欲 ᅀᅣᇰ穰 ᄉᆔᇙ戌 ᄇᆑᇙ彆**도 모두 이와 같다.**

---

469) 居 있을 거; 尸-총8획; [jū]있다, 살다, 거주하다, 앉다, 차지하다
470) 자운字韻;글자의 운(韻)
471) 倣 본뜰 방; 人-총10획; [fǎng]본뜨다, 준거하다, 의지하다

二字合用者。
두 글자가 합하여져서 쓰는 것은,

ㅗ與ㅏ同出於ㆍ。故合而爲ㅘ。
ㅗ와 ㅏ는 똑같이 ㆍ에서 나므로, 합하여 ㅘ가 된다.

ㅛ與ㅑ又同出於ㅣ。 故合而爲ㆇ。
ㅛ와ㅑ는 또한 다같이 ㅣ에서 나므로, 합하여 ㆇ가 된다.

ㅜ與ㅓ同出於ㅡ。故合而爲ㅝ。
ㅜ와 ㅓ는 다같이 ㅡ에서 나므로, 합하여 ㅝ가 된다.

ㅠ與ㅕ又同出於ㅣ。故合而爲ㆊ。
ㅠ와 ㅕ는 또한 다같이 ㅣ에서 나므로, 합하여 ㆊ가 된다.

以其同出而爲類[472]。故相合而不悖[473]也。
그것은 모두 똑같이 나와 같은 무리가 되므로, 서로 합하여 어긋나지 않기 때문이다.

一字中聲之與ㅣ相合者十。ㆎ ㅢ ㅚ ㅐ ㅟ ㅔ ㆉ ㅒ ㆌ ㅖ 是也。
한 글자로 된 가운뎃소리가 ㅣ와 서로 합한 것이 열이니,
ㆎ ㅢ ㅚ ㅐ ㅟ ㅔ ㆉ ㅒ ㆌ ㅖ가 이것이다.

472) 類유{류};무리, 일족(一族), 동류, 떼, 온갖 것, 비기다, 닮다, 비슷하다
473) 悖 어그러질 패; 心-총10획; [bèi,bó]어그러지다, 도리, 사리, 기준에서 벗어나다, 성하다, 우쩍 일어나다

二字中聲之與ㅣ相合者四。ㅙ ㅞ ㆉ ㆌ 是也。
두 글자로 된 가운뎃소리가 ㅣ와 서로 합한 것이 넷이니, ㅙ ㅞ ㆉ ㆌ가 이것이다.

ㅣ於深淺闔闢之聲。並[474]能相隨者。
ㅣ가 깊고 얕고 오므리고 펴지는 소리에, 아울러 능히 서로 잘 따르는 것은,

以其舌展聲淺而便於開口也。
그것은 혀가 펴지고 소리가 얕아 입을 열기에 편하기 때문이다.

亦可見人之參[475]贊[476]開物而無所不通也。訣曰
또한 사람이 만물을 여는 데 참여하고 도와서 통하지 않음이 없음을 볼 수 있다. 칠언절구로 간추리면

474) 並 아우를 병; 一-총8획; [bìng]아우르다, 나란히 하다, 견주다, 함께 하다, 竝과 同字
475) 參 간여할 참; 厶-총11획; [cān,cēn,shēn]간여하다, 셋(三), 섞이다, 뒤섞다
476) 贊 도울 찬; 貝-총19획; [zàn]돕다, 뵈다, 뵙다, 이끌다, 인도하다

바. 가운뎃소리 칠언절구 간추림

母字之音各有中
첫소리가 각각 가운뎃소리에 있으니

須就中聲尋闢闔
모름지기 가운뎃소리를 취하여 펴지고 오므림을 찾아야 하네

洪覃自呑可合用
ㅗ洪 ㅏ覃은 ·呑에서 난 것이니 합하여 쓸 수 있으며

君業出卽亦可合
ㅜ君 ㅓ業은 ㅡ卽에서 난 것이니 또한 합하여 쓸 수 있네

欲之與穰戌與彆
ㅛ欲는 ㅑ穰와 ㅠ戌는 ㅕ彆와 더불어

各有所從義可推
각각 따르는 바 있으니 뜻을 미루어 보면 알 것이네

侵之爲用最居多
ㅣ 글자의 쓰임이 가장 많이 있으니

於十四聲徧相隨
열 네 소리에 두루 서로 따르네

사. 끝소리 풀이

終聲解
끝소리의 풀이

終聲者。承[477]初中而成字韻[478]。
끝소리란 첫소리와 가운뎃소리를 이어받아 음절을 이루는 것이니.

如卽字終聲是ㄱ。ㄱ居즈終而爲즉。
가령 즉卽 글자의 끝소리가 ㄱ이니, ㄱ은 즈의 끝에 있어서 즉이 된다.

洪字終聲是ㆁ。ㆁ居ᅘᅩ終而爲ᅘᅩᆼ之類。
ᅘᅩᆼ洪 글자의 끝소리는 ㆁ이니, ㆁ이 ᅘᅩ의 끝에 있어서 ᅘᅩᆼ이 되는 것 부류와 같다.

舌脣齒喉皆同。
혓소리 입술소리 잇소리 목소리도 모두 마찬가지이다.

聲有緩[479]急[480]之殊[481]。故平°上去其終聲不類[482]入聲之促[483]急。
소리에는 느리고 빠른 다름이 있으므로, 평성 상성 거성은 그 끝소리가 입성의 빠름의 갈래가 아니다.

---

477) 承 받들 승; 手-총8획; [chéng]받들다, 공경하여 높여 모시다, 잇다, 계승하다, 받다, 받아들이다
478) 자운字韻;글자의 운韻 주로 한자의 운을 이른다
479) 緩 느릴 완; 糸-총15획; [huǎn]느리다, 느슨하다, 늦추다, 느슨하게 하다, 늘어지다, 수축되지 아니하다

不淸不濁之字[484)]。其聲不厲。故用於終則宜[485)]於平上去。
불청불탁의 글자는, 그 소리가 빠르지 않는 까닭에,
끝소리에 쓰이면 평성 상성 거성에 마땅하다.

全淸次淸全濁之字[486)]。其聲爲厲。故用於終則宜於入。
전청 차청 전탁의 글자는 그 소리가 빠르므로, 끝소리에
쓰이면 입성에 마땅하다.

所以ㆁ ㄴ ㅁ ㅇ ㄹ ㅿ 六字爲平°上去聲之終。而餘皆爲入聲之終也。
그러므로 ㆁ ㄴ ㅁ ㅇ ㄹ ㅿ 여섯 글자는 평성 상성
거성의 끝소리가 되고, 그 나머지는 다 입성의 끝소리가
된다.

然ㄱ ㆁ ㄷ ㄴ ㅂ ㅁ ㅅ ㄹ八字可足用也。
그러나 ㄱ ㆁ ㄷ ㄴ ㅂ ㅁ ㅅ ㄹ 여덟 글자로 충분히 쓸
수 있다.

---

480) 急 급할 급; 心-총9획; [jí]급하다, 갑자기(亟), 빠르다
481) 殊 죽일 수; 歹-총10획; [shū]죽이다, 사형에 처하다, 정하다, 결심하다, 끊어지다, 단절되다 *다르다;비교가 되는 두 대상이 서로 같지 아니하다, 보통의 것보다 두드러진 데가 있다
482) 무리;여럿이 모여 한 동아리를 이룬 사람들 *부류部類;종류에 따라 나누어 놓은 갈래
483) 促 재촉할 촉; 人-총9획; [cù]재촉하다, 다가오다, 이르다 *촉급促急;촉박促迫(기한이 바싹 다가와 있음)하여 매우 급함
484) 不淸不濁之字;ㆁ ㄴ ㅁ ㅇ ㄹ ㅿ
485) 宜 마땅할 의; 宀-총8획; [yí]마땅하다, 마땅히, 마땅히-하여야 한다
486)全淸次淸全濁之字;全淸;ㄱ ㄷ ㅂ ㅈ ㅅ ㆆ次淸;ㅋ ㅌ ㅍ ㅊ ㅎ全濁;ㄲ ㄸ ㅃ ㅉ ㅆ ㆅ

如빗 곶 爲梨花[487]。엿 의갗爲狐[488]皮[489]。而ㅅ字可以通用。故只[490]用ㅅ字。
예를들면 빗 곶 梨花과, 엿 의갗狐皮에서 처럼 ㅈ ㅊ을 ㅅ자로 통용할 수 있으므로 오직 ㅅ 글자로 쓰는 것이다.

且ㅇ聲淡而虛。不必用於終。而中聲可得成音也。
또 ㅇ은 소리가 맑고 비어, 반드시 끝소리에 쓰지 않아도, 가온뎃소리만으로 음을 이룰 수 있다.

ㄷ如볃爲彆。ㄴ如군爲君。ㅂ如업爲業。ㅁ如땀爲覃。ㅅ如諺語·옷爲衣。ㄹ如諺語:실爲絲之類。
ㄷ은 볃彆, ㄴ은 군君, ㅂ은 업業, ㅁ은 땀覃, ㅅ은 언어(諺語)로 ·옷衣, ㄹ은 언어(諺語)로 :실絲의 갈래와 같다.

五音[491]之緩[492]急[493]。亦各自爲對[494]。
오음의 느림과 빠름이, 또한 저절로 짝이 된다.

---

487) 梨 배나무 리{이}; 木-총11획; [lí]배나무, 배, 늙은이, 늙은이의 살갗의 빛깔*이화梨花;배나무의 꽃
488) 狐 여우 호; 犬-총8획; [hú]여우
489) 皮 가죽 피; 皮-총5획; [pí]가죽, 껍질, 겉, 거죽
490) 只 다만 지; 口-총5획; [zhǐ,zhī]다만, 어조사, 뿐*다만;다른 것이 아니라 오로지
491) 五音;아음牙音 설음舌音 순음脣音 치음齒音 후음喉音
492) 완緩;느리다, 느슨하다, 늦추다, 느슨하게 하다, 늘어지다, 수축되지 아니하다*느리다;소리가 높지 않으면서 늘어져 길다
493) 급急;급하다, 갑자기(亟), 빠르다 *빠르다;어떤 일이 이루어지는 과정이나 기간이 짧다 *급하다;시간의 여유가 없어 일을 서두르거나 다그쳐 매우 빠르다, 물결 따위의 흐름이나 진행 속도가 매우 빠르다
494) 대對;대답하다, 대하다, 대(對), 짝, 상대대對;같은 종류로 이루어진 짝,두 사람이나 두 사물을 비교하거나 대조할 때의 상대,대對하다;마주 향하여 있다 *마주;서로 똑바로 향하여 *마주하다;마주 대하다

如牙之ㆁ與ㄱ爲對。而ㆁ促[495]呼則變爲ㄱ而急。ㄱ舒[496]出則變[497]爲ㆁ而緩。

엄소리인 ㆁ은 ㄱ과 더불어 짝이 되어, ㆁ을 빨리 부르면 변하여 ㄱ이 되어 빨라, ㄱ를 느리게 내면 ㆁ이 되어 느리게 되는 것과 같다.

舌之ㄴㄷ。脣之ㅁㅂ。齒之ㅿㅅ。喉之ㅇㆆ。
其緩急相對。亦猶[498]是也。

혓소리의 ㄴ ㄷ, 입술소리의 ㅁ ㅂ, 잇소리의 ㅿ ㅅ, 목소리의 ㅇ ㆆ은, 그 느림과 빠름이 서로 짝이 되는 것이, 또한 이와 같다.

且[499]半舌之ㄹ。當[500]用於諺。而不可用於文。

또 반혓소리 ㄹ은 마땅히 뜻말(諺)에 쓰일 것이며, 글말(文)에는 쓸 수가 없다.

如入聲之彆[501]字。終聲當用ㄷ。

마치 입성의 볃彆 글자는 마땅히 ㄷ를 써야 하는 것이다.

---

495) 재촉하다;어떤 일을 빨리 하도록 조름*빠르다;어떤 동작을 하는데 걸리는 시간이 짧다
496) 舒 펼 서; 舌-총12획; [shū]펴다, 펴지다, 열리다, 흩어지다*펴다;접히거나 개킨 것을 젖히어 벌리다, 구김이나 주름 따위를 없애어 반반하게 하다, 굽은 것을 곧게 하다, 넓게 늘어 놓거나 골구루 헤쳐 놓다*서다;사람이나 동물이 발을 땅에 대고 다리를 쭉 뻗으며 몸을 곧게 하다, 어떤 곳에서 다른 곳으로 가던 대상이 어느 한 곳에서 멈추다, 어떤 모양이나 현상이 이루어져 나타나다
497) 變 변할 변; 言-총23획; [biàn]변하다, 달라지다
498) 猶 오히려 유; 犬-총12획; [yóu]오히려, 마치 -와 같다, 조차, 지금도 역시, 그 위에 더, 마땅히 -야 한다(應), 써(以)
499) 且 또 차; 一-총5획; [qiě,jū]또, 잠깐, 장차
500) 當 당할 당; 田-총13획; [dāng,dàng]당하다, *마땅하다;행동이나 대상 따위가 일정한 조건에 어울리에 알맞다, 그렇게 하거나 되는 것이 이치로 보아 옳다
501) 彆 활 뒤틀릴 별; 弓-총15획; [biè]활이 뒤틀리다, 활짱이 뒤틀리다

而俗[502]習[503]讀ㄹ。蓋ㄷ變而爲輕也。

그러나 세속의 풍습에는 ㄹ로 읽으니, 대부분 ㄷ이 변하여 가볍게 된 것이다.

若用ㄹ爲彆之終。則其聲舒緩。不爲入也。訣曰

ㄹ이 볃彆 글자의 끝소리에 사용하면, 곧 그 소리가 느슨하고 느려져서, 입성이 되지 않는 것과 같다.

칠언절구로 간추리면,

---

502) 俗 풍속 속; 人-총9획; [sú]풍속, 바라다, 잇다

503) 習 익힐 습; 羽-총11획; [xí]익히다, 되풀이하여 행하다, 연습하다, 배우다, 닦다, 숙달하다, 익다, 손에 익다, 친압하다, 물들다, 옮다 *습속習俗; 습관이 된 풍속 *풍속風俗;옛날부터 그 사회에 전해 오는 생활 전반에 걸친 습관 따위를 이르는 말, 그 시대의 유행과 습관 따위를 이르는 말

아. 끝소리 칠언절구 간추림

不淸不濁用於終
불청불탁을 끝소리에 쓴다면

爲平°上去不爲入
평성, 상성, 거성이 되고 입성이 되지 않으며

全淸次淸及全濁
전청과 차청 및 전탁은

皆是爲入聲促急
모두 다 입성이 되어 촉급하다

初作終聲理固然
첫소리를 끝소리로 쓰는 원래 이치는 그렇지만

只將八子用不窮
다만 ㄱ ㆁ ㄷ ㄴ ㅂ ㅁ ㅅ ㄹ 여덟 글자 만 써도
궁하지 않네

唯有俗聲所當處
오직 ㅇ 소리만은 마땅히 처해야 할 곳에

中聲成音亦可通
가운뎃소리로만 음을 이루어도 또한 통할 수 있네

若書卽字終用君
만약 즉자를 쓰려면 끝에 ㄱ을 쓰고

洪彆亦以業斗終
홍洪과 볃彆은 또한 ㆁ과 ㄷ으로 끝 마치네

君業覃終又如何
군君 업業 땀覃 글자의 끝소리는 또 어떠한가?

以那彆彌次第推
낭那 ㄴ 볃彆 ㅂ 밍彌 ㅁ으로 차례에 따라 미루어
알겠네

六聲通乎文與諺
ㄱ ㆁ ㄷ ㄴ ㅂ ㅁ 여섯 글자는 글과 더불어 뜻(諺)에
두루 통하고

戌閭用於諺衣絲
슗戌 ㅅ과 령閭 ㄹ은 뜻(諺)인 옷衣과 실絲에 쓰이네

五音緩急各自對
다섯 음의 느리고 급한 것이 각각 스스로 대가 되니

君聲迺是業之促
ㄱ소리는 이에 ㆁ소리를 빠르게 낸 것이요

斗彆聲緩為那彌
ㄷ과 ㅂ소리가 늘어지면 ㄴ과 ㅁ이 되고

穰欲亦對戌與挹
ㅿ과 ㅇ소리 또한 ㅅ과 ㆆ의 대가 되네

閭宜於諺不宜文
ㄹ은 뜻말(諺)에 마땅히 쓰니 글말(文)에는 맞지
않으니

斗輕為閭是俗習
ㄷ를 가볍게 내어 ㄹ이 되기도 함은 세속의 풍습일세

자. 합한글자 풀이

合字解
합한 글자의 풀이

初中終三聲。合而成字。
첫소리 가운뎃소리 끝소리 세 소리가, 합해져야 글자를 이룬다.

初聲或在中聲之上。或在中聲之左。
첫소리는 혹 가운뎃소리의 위에 있고, 혹 가운뎃소리의 왼쪽에 있다.

如君字ㄱ在ㅜ上。業字ㆁ在ㅓ左之類。
마치 군君 글자의 ㄱ이 ㅜ 위에 있고, 업業 글자의 ㆁ이 ㅓ 왼쪽에 있는 따위와 같다.

中聲則圓者橫者在初聲之下。ㆍ ㅡ ㅗ ㅛ ㅜ ㅠ 是也。
가운뎃소리에서 곧 둥근 것과 가로로 된 것은 첫소리의 아래에 놓이는데, ㆍ ㅡ ㅗ ㅛ ㅜ ㅠ가 이것이다.

縱者在初聲之右。ㅣ ㅏ ㅑ ㅓ ㅕ 是也。
세로로 된 것은 첫소리의 오른쪽에 놓이는데, ㅣ ㅏ ㅑ ㅓ ㅕ가 이것이다.

如呑字、在ㅌ下。卽字ㅡ在ㅈ下。侵字ㅣ在ㅊ右之類。
마치 ᄐᆞᆫ呑 글자의 ㆍ는 ㅌ의 아래에 위치하고, 즉卽 글자의 ㅡ는 ㅈ의 아래에 위치하며, 침侵 글자의 ㅣ는 ㅊ의 오른쪽에 있는 것과 같은 부류이다.

終聲在初中之下。
끝소리는 첫소리와 가운뎃소리의 아래에 있다.

如君字ㄴ在ᄀ下。業字ㅂ在ᅌᅥ下之類。
마치 군君 글자의 ㄴ이 구의 아래에 있고, 업業 글자 ㅂ이 ᅌᅥ의 아래에 있는 것과 같은 종류이다.

初聲二字三字合用並書。如諺語、ᄯᅡ[504]爲地[505]。ᄧᅡᆨ[506]爲隻[507]。、ᄢᅳᆷ[508]爲隙[509]之類。
첫소리는 두 글자나 세 글자로 합하여 쓸 때에는 나란히 쓰니, 마치 입말(諺語)의 · ᄯᅡ地, ᄧᅡᆨ隻, · ᄢᅳᆷ隙의 부류와 같다.

各自竝書。如諺語 · 혀[510]爲舌[511]而、ᅘᅧ[512]爲引[513]。괴、여[514]爲我愛人而괴 · ᅇᅧ[515]爲人愛我。소 · 다[516]爲覆[517]物而쏘 · 다[518]爲射[519]之之類。
각각 같은 글자를 나란히 쓸 때에는, 입말(諺語)의 · 혀舌에서 · ᅘᅧ引, 괴 · 여我愛人에서 괴 · ᅇᅧ人愛我, 소 · 다覆物에서 쏘다射之의 부류와 같다.

504) ᄯᅡ 땅(강이나 바다와 같이 물이 있는 곳을 제외한 지구의 겉면, 흙이나 토양, 토지나 택지, 논이나 밭을 통틀어 이르는 말, 영토, 그 지방 또는 그곳)
505) 地 땅 지; 土-총6획; [dì,dè,di]땅, 토지의 신, 처지, 처해 있는 형편
506) ᄧᅡᆨ 짝(둘이 서로 어울려 한 벌이나 산 쌍을 이루는 것 또한 그 중의 하나)
507) 隻 새 한 마리 척; 隹-총10획; [zhī]새 한 마리, 짝 있는 것의 한쪽, 한 사람
508) 、ᄢᅳᆷ 틈(벌어져 사이가 난 자리)
509) 隙 틈 극; 阜-총13획; [xì]틈, 구멍, 겨를, 여가, 놀리고 있는 땅, 사이가 틀어짐, 흠, 결점, 갈라지다
510) 혀 혀(동물의 입 안 아래쪽에 있는 길고 둥근 살덩어리 맛을 느끼며 소리를 내는 구실을 한다)
511) 舌 혀 설; 舌-총6획; [shé]혀, 목관 악기에 끼워 소리를 내는 물건, 과녁의 좌우의 귀
512) 、ᅘᅧ 혀다(이끌다, 당기다)
513) 引 끌 인; 弓-총4획; [yǐn]끌다, 끌어당기다, 활을 쏘다, 물러나다, 물리치다
514) 괴、여 괴다(특별히 귀여워하고 사랑하다, 떠 받들어 대하다)>내가 다른 사람을 사랑하다
515) 괴、ᅇᅧ 괴다(다른 사람이 나를 사랑하다)
516) 소、다 솓다(쏟다의 옛말)>쏟다(액체나 물질을 그것이 들어 있는 옹기에서 바깥으로 나오게 하다)
517) 覆 뒤집힐 복; 襾-총18획; [fù]뒤집히다, 반전하다, 넘어지다, 전도되다, 무너지다, 망하다
518) 쏘다 활이나 총 대포 따위를 일정한 목표를 향하여 발사하다)
519)射 궁술사; 寸-총10획; [shè]궁술, 사궁(射宮)의 약칭, 산 이름, 육예(六藝)의 하나로 활을 쏘는 법

中聲二字三字合用。如諺語·과[520]爲琴[521]柱[522]。·홰[523]爲炬[524]之類。

가운뎃소리의 두 글자나 세 글자로 합하여 쓸 때에는 뜻말(諺語)의 ·과琴柱, ·홰炬의 부류와 같다.

終聲二字三字合用。如諺語ᄒᆞᆰ[525]爲土[526]。·낛[527]爲釣[528]。ᄃᆞᇌ·ᄢᅢ[529]爲酉[530]時[531]之類。

끝소리를 두 글자나 세 글자로 합하여 쓸 때에는 뜻말(諺語)의 ᄒᆞᆰ土, ·낛釣, ᄃᆞᇌ·ᄢᅢ酉時의 부류와 같다.

其合用並書。自左而右。初中終三聲皆同。

합하여 나란히 쓸 때에는, 왼쪽으로 부터 오른쪽이니, 첫소리 가운뎃소리 끝소리 세 소리에 있어서도 모두 같다.

---

520) ·과 과(괘의 옛말)>괘棵(거문고 가야금 따위 현악기의 현絃을 괴는 작은 받침=금주琴柱, 줄받침)

521) 琴 거문고 금; 玉-총12획; [qín]거문고

522) 柱 기둥 주; 木-총9획; [zhù]기둥, 기러기발, 가야금, 거문고, 아쟁 등의 줄 밑에 괴어 소리를 고르게 함, 줄기 *棵 나무 이름 과{땔나무 관,괘 괘,나무토막 완,나뭇단 환}; 木-총12획; [kē]나무 이름, 땔나무, 괘, 나무토막, 나뭇단, 통나무, 도마, 도마의 한 가지, 현악기의 줄받침

523) ·홰 홰(화톳불을 놓은 데 쓰는 물건 싸리 갈대 또는 노가주나무 따위를 묶어 불을 붙여서 밤기를 밝히거나 제사를 지낼 떼 에 쓴다, 새장이나 닭장 속에 새나 닭이 올라앉게 가로 질러 놓은 나무 막대)>횃불(홰에 켠 불)

524) 炬 횃불 거; 火-총9획; [jù]횃불, 사르다, 태우다, 등불

525) ᄒᆞᆰ흙(지구의 표면을 덮고 있는 바위가 부스러져 생긴 가루인 무기물과 동식물에서 생긴 유기물이 섞여 이루어진 물질)

526) 土 흙 토; 土-총3획; [tǔ]흙, 땅, 오행(五行)의 하나

527) ·낛 낛(낚시의 옛말)>낚시(미끼를 꿰어 물고기를 잡는 데 쓰는 작은 쇠갈고리)

528) 釣 낚시 조; 金-총11획; [diào]낚시, 또 낚시질하다, 낚다, 꾀다, 유호가다, 구하다, 탐내다

529) ᄃᆞᇌ·ᄢᅢ 닭띠(닭해에 태어난 사람의 띠)

530) 酉 닭 유; 酉-총7획; [yǒu]닭, 십이지(支)의 열째, 술, 술을 담는 그릇, 물을 대다

531) 時 때 시; 日-총10획; [shí]때, 때에, 때맞추다, 때를 어기지 아니하다

文與諺[532]雜[533]用則有因字音而補[534]以中終聲者。如孔[535]子[536]ㅣ魯ㅅ:사ᄅᆞᆷ之類。

글말(文語)와 입말(諺語)을 섞어 쓸 때는 곧 글자의 소리로 말미암아 가운뎃소리나 끝소리로 보충하는 것이 있으니, 마치 '孔子ㅣ魯ㅅ:사ᄅᆞᆷ'의 부류와 같다.

諺語平°上去入。如활[537]爲弓[539]而其聲平。:돌爲石而其聲°上。·갈[540]爲刀[541]而其聲去。붇[542]爲筆[543]而其聲入之類。

입말(諺語)의 평성 상성 거성 입성은, 활弓의 그 소리는 평(平)이며, :돌石의 그 소리는 상(上)이며, ·갈刀의 그 소리는 거(去)이며, 붇筆의 그 소리가 입(入)이 되는 부류와 같다.

---

532) 諺語(諺)는 말해지는 언어로 文語 또는 文과 대립되는 개념이다 *文語(文)는 쓰여진 언어로서 하나의 음절로 하나의 의미로 완성되는 글자의 음이다

533) 雜 섞일 잡; 隹-총18획; [zá]섞이다, 뒤섞이다, 장황하고 번거롭다, 흩어지다, 얼룩, 섞다, 만나다, 만나게 하다

534) 補 기울 보; 衣-총12획; [bǔ]깁다, 고이다, 보수하다, 더하다, 돕다, 책의 내용을 증정(增訂)하다, 수(繡), 또는 수놓다, 자수하다, 임명하다, 관직에 임명하다

535) 孔 구멍 공; 子-총4획; [kǒng]구멍, 매우, 심히, 크다

536) 子 아들 자; 子-총3획; [zǐ,zi]아들, 맏아들, 자식, 어조사 *자子;아들 또는 자식, 민법에서, 적출자·서자·양자 등의 총칭, 공자(孔子)의 존칭, '자작(子爵)'의 준말, 십이지(十二支)의 첫째, '자방(子方)'의 준말, '자시(子時)'의 준말 *공자

537)활 활(화살을 메워서 쏘는 기구 또는 그 몸체 댓개비나 단단한 나무나 쇠 뼈 따위를 휘어서 반달 모양의 몸체를 만들고 두 끝에 시위를 건 다음 화살을 줄에 메워 함께 당겼다 놓으면 줄의 탄력으로 화살이 튀어 나간다*石 돌 석; 石-총5획; [shí,dàn]돌, 돌로 만든 악기, 비석

538) 弓 활 궁; 弓-총3획; [gōng]활, 궁술, 활을 쏘는 법이나 기술, 길이의 단위

539) :돌 돌(흙 따위가 굳어서 된 광물질의 단단한 덩어리 바위보다는 작고 모래보다는 큰 것을 이른다)

540) ·갈 갈, 칼(물건을 베거나 썰거나 깎는데 쓰는 도구 날과 자루로 이루어져 있다)

541) 刀 칼 도; 刀-총2획; [dāo]칼, 통화(通貨)의 이름, 작은 배

542) 붇 붇 붓(글씨를 쓰거나 그림을 그리거나 페인트칠을 할 때 쓰는 도구의 하나 주고 가는 대나무나 나무로 된 자루 끝에 짐승의 털을 꽂아서 먹이나 물감을 찍어 쓴다)

543) 筆 붓 필; 竹-총12획; [bǐ]붓, 쓰다, 덧보태어 쓰다

凡[544]字之左。加[545]一點爲去聲。二點[546]爲˚上聲。無點平聲。
무릇 글자의 왼쪽에, 한 점을 더하면 거성이 되고, 두 점이면 상성이 되고, 점이 없으면 평성이 된다.

而文之入聲。與去聲相[547]似[548]。
글말(文語)의 입성은 거성과 서로 비슷하다.

諺之入聲無定。或似平聲。如긷[549]爲柱[550]。녑[551]爲脅[552]。或似˚上聲。如:낟[553]爲穀[554]。:깁[555]爲繒[556]。或似去聲。如·몯[557]爲釘[558]。·입[559]爲口[560]之類。
입말(諺語)의 입성은 정한 것이 없어서 혹 평성과 비슷하니, 긷柱, 녑脅이 되는 것과 같고, 혹 상성과 비슷하니, :낟穀, :깁繒이 되는 것과 같고, 혹 거성과 비슷하니, ·몯 釘, ·입口이 되는 종류와 같다.

其加點則與平˚上去同。
그 점 찍기는 평성 상성 거성과 같다.

平聲安[561]而和[562]。春也。萬物舒[563]泰[564]。
평성은 편안하고 화평하니, 봄이다, 만물이 피어나 자라고,

上聲和而擧[565]。夏也。萬物漸[566]盛[567]。
상성은 화평하고 드니, 여름이라, 만물이 점점 무성해지고.

544) 凡 무릇 범; 几-총3획; [fán]무릇, 모두, 다, 합계*무릇;대체로 헤아려 생각하건대
545) 加 더할 가; 力-총5획; [jiā]더하다, 있다, 처하다, 입다, 몸에 붙이다
546) 點 점 점; 黑-총17획; [diǎn]점, 문자의 말소(抹消), 자구(字句)의 정정(訂正), 세다, 점검하다 *점點;작고 둥글게 찍는 표
547) 相 서로 상; 目-총9획; [xiāng,xiàng]서로, 보다, 자세히 보다, 바탕
548) 似 같을 사; 人-총7획; [sì]같다, 닮다, 잇다*상사相似;모양이 서로 비슷함, (생) 종류

가 다른 생물의 기관에서, 구조는 서로 다르나 그 형상과 작용이 서로 일치하는 현상 새의 날개와 벌레의 날개 따위, 〔 수 〕 '닮음'의 구용어.
549) 긷 긷(기둥의 옛말) *긷다;우물이나 샘 따위에서 두레박이나 바가지 따위로 물을 떠내다 *기둥;건축물에서 추춧돌 위에 세워 보·도리 따위를 받치는 나무, 어떤 물건을 밑에서 위로 곧게 받치거나 버티는 나무 또는 그런 형상으로 보이는 것 *주主;주요하거나 기본이 되는 것을 이르는 말, 백성의 주인이라는 뜻으로 하나님 예수를 이르는 말 *주다;물건 따위를 남에게 건네어 가지거나 누리게 하다
550) 柱 기둥 주; 木-총9획; [zhù]기둥, 기러기발, 가야금, 거문고, 아쟁 등의 줄 밑에 괴어 소리를 고르게 함, 줄기 *주柱;기둥 *괴다;기울어지거나 쓰러지지 않도록 아래를 받쳐 안정시키다, 물 따위의 액체나 가스 냄새 따위가 우묵한 곳에 모이다=고이다, 떠 받들어 대하다
551) 녑 녑(옆구리의 옛말) *녑구레;옆구리의 옛말 *협狹하다;지대가 좁다, 꼬투리 *협脇;옆구리, 갈빗대, 곁, 으르다, 협(脅)과 같을 글자
552) 脅 옆구리 협; 肉-총10획; [xié]옆구리, 갈빗대, 곁, 으르다 *옆구리;가슴과 등 사이에 갈빗대가 있는 부분 *옆;사물의 오른쪽이나 왼쪽의 면 또는 그 근처 *갈빗대;갈비뼈 하나하나의 뼈대 *갈비뼈;늑골肋骨(흉곽을 구성하는 뼈)
553) :낟 낟;곡식의 알 *낟알;껍질을 벗기지 아니한 곡식의 알
554) 곡穀 곡식 곡; 禾-총14획; [gǔ]곡식, 양식, 착하다, 기르다, 살다 *곡식;곡물穀物(사람의 식량이 되는 쌀 보리 콩 조 기장 수수 밀 옥수수 따위를 통틀어 이르는 말
555) :깁 깁;명주실로 바탕을 조금 거칠게 짠 비단=사라紗羅*깁다;떨어지거나 헤어진 곳에 다른 조각을 대거나 또는 그대로 궤매다
556) 繒 비단 증; 糸-총18획; [zēng,zèng]비단, 명주, 견직물의 총칭, 주살, 평평하지 아니한 모양
557) ､몯 못;목재 따위의 접합이나 고정에 쓰는 물건 쇠 대 나무 따위로 가늘고 끝이 뾰족하게 만든다, 주로 손바닥이나 발바닥에 생기는 단단하게 굳은 살, 넓고 오목하게 팬 땅에 물이 괴어 있는 곳, 상태가 이루어지지 않았다는 부정의 뜻 *몯;못의 옛말 *몯하다;못하다의 옛말 *정;돌에 구멍을 뚫거나 돌을 쪼아서 다듬는 쇠로 만든 연장 *정지停止;움직이고 있던 것이 멎거나 그침, 하고 있던 일을 그만둠
558) 釘 못 정; 金-총10획; [dīng,dìng]못, 물건을 걸쳐 박거나 벽에 박아 물건을 거는데 쓰는 못, 못을 박다, 금, 황금
559) ､ 입 입;입술에서 후두喉頭까지의 부분 음식이나 먹이를 섭취하며 소리를 내는 기관이다 *구口;구멍(뚫어지거나 파낸 자리), 出入口나 窓口의 접미사
560) 口 입 구; 口-총3획; [kǒu]입, 어귀, 드나드는 목의 첫머리, 구멍
561) 安 편안할 안; 宀-총6획; [ān]편안하다, 즐기다, 좋아하다, 즐거움에 빠지다
562) 和 화할 화; 口-총8획; [hé,huó,huò]화하다, 서로 응하다, 합치다
563) 舒 펼 서; 舌-총12획; [shū]펴다, 펴지다, 열리다, 흩어지다
564) 泰 클 태; 水-총10획; [tài]크다, 넉넉하다, 편안하다, 편안하고 자유롭다 *크다;동식물이 몸의 길이가 자라다
565) 擧 들 거; 手-총18획; [jǔ]들다, 오르다, 움직이다 *들다;식물의 뿌리나 열매가 속이 단단한 상태가 되다,아래에 있는 것을 위로 올리다
566) 漸 점점 점; 水-총14획; [jiàn,jiān]점점, 차차, 차츰 나아가다, 천천히 움직이다
567) 盛 담을 성; 皿-총12획; [shèng,chéng]담다, 채우다, 세상에 차려 놓은 음식, 바리, 주발 *무성茂盛하다; 풀이나 나무 따위가 많이 나서 우거지

去聲擧而壯[568]。秋也。萬物成熟[569]。

거성은 들어 굳세니, 가을이며, 만물의 성숙이며.

入聲促而塞[570]。。冬也。萬物閉[571]藏[572]。

입성은 빠르고 막히니, 겨울이며, 만물이 닫히고 감추어진다.

初聲之ㆆ與ㅇ相似。於諺可以通用也。

첫소리 ㆆ과 ㅇ은 서로 비슷하여, 입말(諺)에서 통용될 수 있다.

半舌有輕重[573]二音。

반혓소리 ㄹ에는 가볍고 무거운 두 소리가 있다.

---

567) 盛 담을 성; 皿-총12획; [shèng,chéng]담다, 채우다, 세상에 차려 놓은 음식, 바리, 주발 *무성茂盛하다; 풀이나 나무 따위가 많이 나서 우거지다.
568) 壯 씩씩할 장; 士-총7획; [zhuàng]씩씩하다, 장하다, 기상이 굳세다, 성하다 *씩씩;숨을 매우 가쁘고 거칠게 쉬는 소리 *씩씩하다;굳세고 위엄스럽다
569) 熟 익을 숙; 火-총15획; [shú,shóu]익다, 이루다, 익숙하다, 상세히 생각하다, 자라게 하다, 삶아서 익히다, 무르다, 물러지다
570) 塞 변방 새; 土-총13획; [sāi,sài,sè]변방, 사이가 뜨다, 거리를 띄우다, 성채
571) 閉 닫을 폐; 門-총11획; [bì]닫다, 닫히다, 잠그다, 끊다, 단절하다, 덮다, 오므라들다, 지키다, 막다, 간직하다, 자물쇠, 맺음, 매듭
572) 藏 감출 장; 艸-총18획; [cáng,zàng]감추다, 간직하다, 품다, 저장하다 *폐장(閉藏);닫아 감춤, 물건을 감추어 둠

사성(四聲)	가점(加點)	예(例)	해(解)
평성(平聲)	무점(無點)	활弓 긷柱 녑脅	安而和>春>萬物舒泰
상성(上聲)	이점(二點)	:돌石:낟穀:깁繒	和而擧>夏>萬物漸盛
거성(去聲)	일점(一點)	·갈刀·몯釘·입口	擧而壯>秋>萬物成熟
입성(入聲)	일점(一點)	붇筆 활弓 긷柱 녑脅: 돌石: 낟穀: 깁繒· 갈刀· 몯釘· 입口	促而塞>冬>萬物閉藏

573) 반설경음(半舌輕音); r 은 '일으켜'에서 으에 나는 음은 반설경음으로 중국 글 일(日)자의 발음과 같은 음(ri)으로 ㄹ받침을 약간만 내고 으로 연이어지는 음이라 아주 미약한 ㄹ 받침소리가 ㅇ으로 연장되는 음 *반설중음(半舌重音); l 는 혀를 붙인 ㄹ 받침에 이어 ㄹ자음을 발음하는 것이라 혀가 붙은 상태에서 설전음인 ㄹ 은 혀 떨림소리가 전혀 없이 나는 ㄹ음으로 우리말 갈라에서 라에서 나는 음

然韻書[574)]字母唯一。

그러나 운서의 자모(字母)에서는 구별하지 않고 오직 하나 ㄹ뿐이다.[575)]

且國語[576)]雖不分輕重。皆得成音。

또한 나라말(國語)에서는 비록 가벼운 소리와 무거운 소리를 나누지 않고, 모두 소리를 이룰 수 있다.

若欲備[577)]用[578)]。則依[579)]脣輕例[580]。ㅇ連書ㄹ下。爲半舌輕音。舌乍[581)]附[582)]上齶[583)]。

만약 갖추어 쓰고자 한다면, 입시울가벼운소리의 보기에 따라서, ㅇ을 ㄹ아래에 연이어 써면, 반입술 가벼운 소리가 되는데, 혀가 잠깐 윗잇몸에 닿는 것이다.[584)]

---

574) 운서(사전)의 자모에는 來母하나 밖에 없다
575) 반설경음 r에 해당되는데 순경음에 따라 ㅇ을 ㄹ아래에 붙여 써서 ᄛ 로 표기한다.
576) 국어(國語);문어文語(文)과 언어諺語(諺)를 모두 포괄하는 개념으로 입(뜻)말과 글(음)말로 표기할 수 있는 나라말을 모두 포괄하는 용어 *나라말 속에는 구분되지 않고 모두 소리를 이루고 있다는 것은 즉 나라말의 받침 아래에서 다 이루어지고 있는 것을 말한 것이다. 예를 들면 cola는 '칼라'로, telecom은 '텔레캄'으로, toilet는 '토일레트' 반설중음(半舌重音) l 로 발음으로 되고, korea는 '콜이아'로 grandfather을 '글엔듶아덜'로 drama는 '들아마'반설경음(半舌輕音) r 로 정확히 발음이 될 수 있다.
577) 備 갖출 비; 人-총12획; [bèi]갖추다, 갖추어지다, 준비
578) 用 쓸 용; 用-총5획; [yòng]쓰다, 베풀다, 부리다, 등용하다, 행하다, 다스리다, 들어주다, 작용, 능력, 용도
579) 依 의지할 의; 人-총8획; [yī]의지하다, 돕다, 힘이 되다
580) 例 법식 례{예}; 人-총8획; [lì]법식, 보기, 다, 대부분
581) 乍 잠깐 사; 丿-총5획; [zhà]잠깐, 갑자기, 짓다
582) 附 붙을 부; 阜-총8획; [fù]붙다, 기대다, 의지하다, 따르다, 친근히 지내다, 가깝다, 관련되다, 모이다, 붙이다, 접착시키다, 부치다, 보내다, 따르게 하다, 더하다, 형벌을 가하다, 합사(合祀)하다
583) 齶 잇몸 악; 齒-총24획; [è]잇몸, 치은
584) 脣輕音: ㅱ ㅸ ㅹ ㆄ*만약에 마련해서 쓰고자 할 때에는 순경음의 보기에 따라서 'ㅇ'을 'ㄹ' 아래에 연이어 쓰면 반설경음' r '이 되는데 혀를 잠깐 위턱에 붙여서 발음한다. drama는 '들아마'는 'ㄹ'받침 아래에 'ㅇ'자음에서 나는 것이 반설경음' r '이고, cola는 '칼라'는 'ㄹ'받침 아래에 'ㄹ'자음에서 나는 것이 반설중음' l '이다.

ᆞ ㅡ起ㅣ聲。於國語無用。
ᆞ와 ㅡ가 ㅣ에서 일어난 소리는 나라말(國語)에서는 쓰임이 없다.

兒[585]童[586]之言。邊[587]野[588]之語。或有之。當合二字而用。如ᄀᆝ ᄀᆜ 之類。
어린이 말이나, 시골의 말에, 간혹 있기도 하는데, 마땅히 두 글자를 어울려 쓸 것이니, ᄀᆝ ᄀᆜ 의 부류와 같다.

其先縱後橫。與他不同。訣曰
그 세로를 먼저 쓰고 가로를 뒤에 쓰는 것이 다른 글자 (가로를 먼저 쓰고, 세로를 뒤에 쓴다)와 같지 않다. 칠언절구로 다시 정리하면

初聲在中聲左上
첫소리는 가운뎃소리의 왼쪽과 위에 있고

挹欲於諺用相同
ㆆ과 ㅇ은 입말(諺)에 서로 같이 쓰이네

中聲十一附初聲
가운뎃소리 열 한 글자가 첫소리에 붙을 때

圓橫書下右書縱
둥근 글자 ᆞ와 가로된 글자 ㅡ는 ㅗ ㅛ ㅜ ㅠ는 첫소리 아래에 쓰고 둥근 글자 ᆞ와 세로된 글자 ㅣ는 ㅏ ㅑ ㅓ ㅕ는 첫소리 우측에 쓴다

585) 皃 아이 아; 儿-총8획; [ér,ní]아이, 어버이에 대한 아이의 자칭(自稱), 남을 낮잡아 이르는 말
586) 童 아이 동; 立-총12획; [tóng]아이, 열대여섯 살 이하의 아이, 어리석다, 아직 뿔이 나지 아니한 양이나 소
587) 邊 가 변; 辵-총19획; [biān]가, 가장자리, 근처, 부근, 일대, 끝, 한계
588) 野 들 야; 里-총11획; [yě]들, 들판, 백성, 촌스럽다, 거칠다

欲書終聲在何處
끝소리를 쓰려면 어느 곳에 쓸 것인가

初中聲下接着寫[589)]
첫소리와 가운뎃소리 아래에 붙여 쓰면 될 것이네

初終合用各並書
첫소리와 끝소리를 합쳐 쓸 땐 각각 나란히 쓰고

中亦有合悉[590)]自左
가운뎃소리 또한 합하려면 다 왼쪽으로부터 쓰네

諺之四聲何以辨[591)]
입말(諺)의 사성은 어떻게 판별할까

平聲則弓上則石
평성은 곧 활弓이요 상성은 곧 :돌石이며

刀爲去而筆爲入
·갈刀은 거성이요 붇筆은 입성이니

觀此四物他可識
이 네 가지를 살펴보면 다른 것도 알 수 있네

---

589) 寫 베낄 사; ┌-총15획; [xiě]베끼다, 옮겨 놓다, 없애다
590) 悉 다 실; 心-총11획; [xī]다, 모두, 남김없이, 다하다, 끝까지 궁구하다, 다 갖추다
591) 辨 분별할 변; ┌-총16획; [biàn]분별하다, 분명히 하다, 나누다

音因左點四聲分

소리는 왼쪽의 점으로 인하여 사성으로 나누어지니

一去二上無點平

한 점은 거성이요 두 점이면 상성이요 점이 없으면 평성이라

語入無定亦加點

입말(諺語)의 입성은 일정함이 없으니 역시 점을 더하네

文之入則似去聲

글말(文語)의 입성은 거성과 비슷하네

方言俚語[592]萬不同

다른 지역의 사투리와 속된 말이 중원의 말과 만가지로 같지 않아서

---

592) 방언이어(方言俚語);방언(方言)은 지방(地方)의 언어라는 지역적 함의가 있는 용어로 볼 수 있고, 리어(俚語)는 지방의 언어라는 뜻과 함께 '세간 에서 쓰는 속된 언어'라는 사회적 함의를 가진 것으로 볼 수 있다. 포괄적 의미에서 방언이어(方言俚語)는 결과적으로 중원어에 대한 상대어로서 우리말을 총칭하는 용어라 할 수 있다 *리어(俚語)는 항간의 일상생활에서 사용하는 말 또는 구어(口語) 정도의 의미로 사용되었다고 할 수 있다. 리어(俚語)는 정규적인 문어(文語)와는 구별되는 구어(口語)를 가리키는 말을 가리키는 것으로 주로 항간의 속된 구어 정도의 의미를 지닌 말이다, 문(文)으로 표현할 수 없는 말 리어(俚語)는 한글의 창제와 더불어 비로소 정상적으로 표기될 수 있게 되었다. 이달에 임금이 친히 언문 28자를 지었는데 … 무릇 문자에 관한 것과 본국(本國)의 리어(俚語)에 관한 것을 모두 쓸 수 있고, 글자는 비록 간단하고 요약하지만 전환이 무궁하니, 이를 '훈민정음'이라고 하였다. (是月上親制諺文二十八字 … 凡}于文字及本國俚語 皆可得而書 字雖簡要 轉換無窮 是謂訓民正音) <세종실록, 25년(1443) 12월 경술(30일)>

有聲無字書難通

소리는 있으나 글자가 없어 써서 통하기 어렵더니

一朝[593)]

처음 조정(朝廷)이래로

制作[594)]侔[595)]神工

지으심이 신의 조화(造化)와 같으시니

大東[596)]千古[597)]開曚[598)]矓[599)]

대동이(大東夷)의 수천년 동안 몽롱(朦朧)함을 열어셨네

593) 一朝의 一이 처음 이란 뜻으로 처음 조정인 古朝鮮을 의미한다
594) 제작制作;재료를 가지고 기능과 내용을 가진 새로운 물건이나 예술 작품을 만듦
595) 侔 가지런할 모; 人-총8획; [móu]가지런하다, 힘쓰다, 취하다, 꾀하다 *신공神工;물건 따위를 신묘하게 만듦
596) 大東;大東夷族으로 과거 고조선 부여 고구려 계통을 이어 받은 족속들을 다 포괄하는 말이다
597) 천고千古;아주 먼 옛적
598) 朦 풍부할 몽; 月-총18획; [méng]풍부하다, 큰 모양, 풍만한 살 *어리다;황홀하거나 현란한 빛으로 눈이 부시거나 어른어른하다*어리어리하다;여럿이 다 모두 뒤섞여 뚜렷하게 분간하기 어렵다, 말이나 행동 따위가 다부지지 못하고 어리석은 듯하다
599) 朧 흐릿할 롱{농}; 月-총20획; [lóng]흐릿하다, 분명하지 아니하다 *몽롱朦朧;흐릿하고 희미하다

차. 글자를 사용한 예 풀이

用字例

글자를 사용한 예시

初聲ㄱ。如:감[600]爲柿[601]。·ᄀᆞᆯ[602]爲蘆[603]。

첫소리 ㄱ은 :감柿, ·ᄀᆞᆯ蘆의 ㄱ됨과 같다

ㅋ。如우·케[604]爲未舂[605]稻[606]。콩[607]爲大豆[608]。

ㅋ은 우·케未舂稻, 콩大豆의 ㅋ됨과 같다

ㆁ。如러·울[609]爲獺[610]。서·ᅌᅦ[611]爲流凘[612]。

ㆁ은 러·울獺, 서·ᅌᅦ 流凘의 ㆁ됨과 같다

---

600) 감 감;감나무의 열매 익으면 단맛이 나며 그대로 먹기도 하고 껍질을 벗겨 곶감을 만들기도 한다
601) 柿 감나무 시; 木-총9획; [shì]감나무, 柹의 俗字 *柹 감나무 시;감나무
602) ᄀᆞᆯ 갈;갈대, 가랑잎,떡갈잎 *갈대;볏과의 여러해살이 풀 잎이 길고 끝이 뾰족하다 줄기는 단단하고 속이 비어 있으며 발 삿자리 따위의 재료로 쓴다
603) 갈대 로{노}蘆;갈대
604) 우、케 우케;찧기 위하여 말리는 벼
605) 舂 찧을 용; 臼-총11획; [chōng,chuāng]찧다, 절구질하다, 해가 지다, 치다
606) 稻 벼 도; 禾-총15획; [dào]벼 *미용도未舂稻;찧기 위해 말리는 벼
607) 콩 콩;콩과의 한해살이풀,작고 가벼운 물건이 바닥이나 물체 위에 떨어지거나 부딪쳐 나는 소리
608) 대두大豆;콩 *두;그 수량이 둘임을 나타내는 말, 돼지 따위의 짐승을 몰아 쫓을 때 내는 소리 *두다;일정한 곳에 놓다 *두둑;논이나 밭을 갈아 골을 타서 만든 두두룩한 바닥 *두드러지다;가운데가 불룩하게 쑥 나오다 *豆 콩 두; 豆-총7획; [dòu]콩, 또 팥, 콩과에 딸린 식물의 총칭, 제기(祭器) 이름, 제수(祭需), 제물, 굽이 높고 뚜껑이 있어서 고기붙이·국 등을 담는 데 쓰는 나무로 된 제기(祭器)
609) 러、 울 러울;너구리의 옛말*너구리;갯과의 포유동물 여우보다 작고 주둥이가 뾰족하여 꼬리가 뭉툭하다 낮에는 굴속에서 잠을 자고 밤에 활동하는 야행성이다
610) 獺 수달 달; 犬-총19획; [tǎ]수달*성에;기운이 영하일 때 유리나 벽 따위에 수증기가 허옇게 얼어붙은 서릿발
611) 서、 에 서에(流凘)<훈몽자회>
612) 凘 성엣장 시; 冫-총14획; [sī]성엣장, 유빙(流氷) *성엣장;물 위에 떠내려 가는 얼음덩이 *서;동작을 그치고 멈춰 서라는 구령*서다;무딘 것이 날카롭게 되다, 줄이나 주름 따위가 두드러지게 생기다, 어떤 모양이나 현상이 이루어져 나타나다, 사람이나 동물이 발을 땅에 대고 다리를 쭉 뻗으며 몸을 곧게 하다, 어떤 곳에서 다른 곳으로 가던 대상이 어느 한 곳에서 멈추다 *서리;대기 중의 수증기가 지상의 물체 표면에 얼어 붙은 것 *서릿발;서리가 땅바닥이나 풀포기 따위에 엉기어 삐죽하게 성에처럼 된 모양

ㄷ。如·뒤[613]爲茅[614]。·담[615]爲墻[616]。
ㄷ은 ·뒤茅, ·담墻의 ㄷ됨과 같다

ㅌ。如고·티[617]爲繭[618]。두텁[619]爲蟾[620]。
ㅌ은 고·티繭, 두텁蟾의 ㅌ됨과 같다

ㄴ。如노로[621]爲獐[622]。납[623]爲猿[624]。
ㄴ은 노로獐, 납猿의 ㄴ됨과 같다

---

613) 뒤 뒤;띠의 옛말 일의 끝이나 마지막이 되는 부분, 보이지 않는 배후나 겉으로 드러나지 않는 부분, 향하고 있는 방향과 반대되는 쪽이나 곳 *띠;옷 위로 허리를 둘러매는 끈, 너비가 좁고 기다랗게 생긴 물건을 통틀어 이르는 말, 볏과의 여러해살이 풀 *모;옮겨 심기 위하여 가꾸어 기른 어린 벼, 물건의 거죽으로 쑥 나온 귀퉁이
614) 茅 띠 모; 艸-총9획; [máo]띠, 띠를 베다, 새를 베다, 띳집, 띠로 이은 집모
615) 、 담 담;집의 둘레나 일정한 공간을 둘러막기 위하여 흙 돌 벽돌 따위로 쌓아 올린 것
616) 墻 담 장; 土-총16획; [qiáng]담, 경계, 사물을 나누어 놓은 칸막이, 관을 덮는 옷, 牆과 同字
617) 고 、 티 고티;고치의 옛말<훈몽자회 용자례> *고치;벌레가 실을 내어 지은 집, 누에가 번데기로 변할 때에 실을 토하여 제 몸을 둘러싸서 만든 둥글고 길쭉한 모양의 집 명주실을 뽑아내는 원료가 된다
618) 繭 고치 견; 糸-총19획; [jiǎn]고치, 누에고치, 솜 옷, 이어지다
619) 두텁>뚜꺼비;두꺼빗과의 양서류 모양은 개구리와 비슷하나 크기는 그보다 크며 몸은 어두운 갈색 또는 누런 갈색에 짙은 얼룩무늬가 있다 등에는 많은 융기가 있으며 적을 만나면 흰색의 독액을 분비한다
620) 蟾 두꺼비 섬; 虫-총19획; [chán]두꺼비, 달, 또는 달빛, 연적(硯滴)*두텁다;두껍다(두께가 보통의 정도보다 크다, 어둠이나 안개 그늘 따위가 짙다)
621) *노로 노로;노루의 옛말 *노루;사슴과의 포유동물 여름에는 누런 갈색이고 겨울에는 누런 흙색으로 꽁무니에 흰 반점이 나타난다 수컷은 세 갈래로 돋은 뿔이 있는데 겨울에 빠지고 봄에 새로 나며 꼬리는 흔적만 남아 있다
622) 獐 노루 장; 犬-총14획; [zhāng]노루
623) 납 납;원숭이의 옛말 *원숭이;원숭잇과의 짐승을 통틀어 이르는 말 *원;뜻밖의 일로 놀라거나 언짢을 때 내는 소리 *숭;흉의 경상 방언, 흉내의 함경 방언* 내숭;겉으로는 순해 보이나 속으로는 엉큼함 *잔나비;원숭이를 이르는 말 *잔;가늘고 작은 또는 자질구레한의 뜻을 더하는 접두사 *나羅;명주실로 짠 피륙의 하나 *나다;밖으로 나오거나 나가다

ㅂ。如ᄇᆞᆯ[625]爲臂[626]。：벌[627]爲蜂[628]。

ㅂ은 ᄇᆞᆯ臂, ：벌蜂의 ㅂ됨과 같다

ㅍ。如、파[629]爲葱[630]。·ᄑᆞᆯ[631]爲蠅[632]。

ㅍ은 ·파葱, ·ᄑᆞᆯ蠅의 ㅍ됨과 같다

ㅁ。如:뫼[633]爲山[634]。·마[635]爲薯[636]藇[637]。

ㅁ은 :뫼山, ·마薯藇의 ㅁ됨과 같다

ㅸ。如사·ᄫᅵ[638]爲蝦[639]。드·ᄫᅴ[640]爲瓠[641]。

ㅸ은 사·ᄫᅵ蝦, 드·ᄫᅴ瓠의 ㅸ됨과 같다

---

624) 猿 원숭이 원; 犬-총13획; [yuán]원숭이

625) ᄇᆞᆯ>발;실이나 국수 따위의 가늘고 긴 물체의 가락,사람이나 동물의 다리 맨 끝 부분 *발가지다;딱딱한 껍데기가 바깥쪽으로 잦혀지거나 벗겨지다, 비밀 따위가 드러나게 되다

626) 臂 팔 비; 肉-총17획; [bì,bèi]팔, 희생의 앞발, 쇠뇌 자루

627) 벌;벌목의 곤충 가운데 개미류를 제외한 곤충을 통틀어 이르는 말

628) 蜂 벌 봉; 虫-총13획; [fēng]벌, 창날, 창의 날카로운 끝, 붐비다, 잡담하다

629) 、파 파;백합과의 여러해살이풀

630) 葱 파 총; 艸-총13획; [cōng,chuāng]파, 푸성귀의 하나, 부들, 푸르다, 蔥과 同字

631) ᄑᆞᆯ 파리;파리목 털파리하목의 곤충을 통틀어 이르는 말

632) 蠅 파리 승; 虫-총19획; [yíng]파리, 파리잡이거미, 돌아다니는 모양

633) :뫼 뫼;사람의 무덤, 모이의 준말, 산의 평안 방언, 메, 진지

634) 山 뫼 산; 山-총3획; [shān]뫼, 산, 산신(山神), 무덤

635) 마 마;맛과의 여러해살이 덩굴풀

636) 薯 참마 서; 艸-총18획; [shǔ]참마, 산약(山藥)

637) 藇 아름다울 서; 艸-총18획; [xú,yù]아름답다, *참마;맛과의 여러해살이 덩굴풀 덩이뿌리의 길이는 2미터정도이며 6-7월에 흰 꽃이 피고 열매는 협과莢果를 맺는다 덩이뿌리는 약용 또는 식용한다

638) 사·ᄫᅵ 새비;새우의 경상 방언, 새벽의 경상 방언 *새우;절지동물 십각목 장미아목을 통틀어 이르는 말

639) 蝦 새우 하; 虫-총15획; [xiā,xià,há]새우, 두꺼비

640) 드·ᄫᅴ 뒤웅박의 옛말 *뒤웅박(박을 쪼개지 않고 꼭지 근처에 구멍만 뚫어 속을 파낸 바가지 마른 그릇으로 쓴다

641) 瓠 표주박 호; 瓜-총11획; [hù]표주박, 병, 단지, 흘러 떨어지는 모양, 또는 얕고 평평하여 물건을 담지 못하는 모양*드루박;두레박의 경남 방언

ㅈ。如・자642)爲尺643)。죠·히644)爲紙645)。
ㅈ은・자尺, 죠·히紙의 ㅈ됨과 같다

ㅊ。如・체646)爲籭647)。・채648)爲鞭649)。
ㅊ은・체籭,・채鞭의 ㅊ됨과 같다

ㅅ。如・손650)爲手651)。:셤652)爲島653)。
ㅅ은・손手, :셤島의 ㅅ됨과 같다

ㅎ。如・부헝654)爲鵂655)鶹656)。・힘657)爲筋658)。
ㅎ은・부헝鵂鶹,・힘筋의 ㅎ됨과 같다

---

642)、 자 자;길이의 단위 한 자는 한 치의 열배로 약 30.3cm에 해당한다 척尺과 같다
643) 尺 자 척; 尸-총4획; [chǐ,chě,chè]자, 법, 법도, 길이
644) 죠·히 조;종이의 경북 방언 *종이;식물성 섬유를 원료로 하여 만든 얇은 물건 주로 글을 쓰거나 그림을 그리거나 인쇄를 하는 데 쓴다
645) 紙 종이 지; 糸-총10획; [zhǐ]종이, 장, 종이를 세는 말
646) 체 체;가루를 곱게 치거나 액체를 밭거나 거르는 데 쓰는 기구 얇은 나무로 쳇바퀴를 만들고 말총 헝겊 철사 따위로 쳇불을 씌워 만든다
647) 籭체 사
648) 、 채 채;껍질을 벗긴 싸릿개비나 가는 나무오리, 팽이 공 따위의 대상을 치는 데에 쓰는 기구
649) 鞭 채찍 편; 革-총18획; [biān]채찍, 매질하다, 옛날 형벌의 이름
650) 손 손;사람의 팔목 끝에 달린 부분 손등 손바닥 손목으로 나누며 그 끝에 다섯 개의 손가락이 있어 무엇을 만지거나 잡거나 한다
651) 手 손 수; 手-총4획; [shǒu]손, 사람, 힘, 도움이 될 힘이나 행위
652) :셤 섬;주위가 수역으로 완전히 둘러싸인 육지의 일부, 곡식 따위를 담기 위하여 짚으로 엮어 만든 그릇, 돌층계의 계단
653) 島 섬 도; 山-총10획; [dǎo]섬
654) 、 부헝 부엉이;올빼밋과의 솔 부엉이 수리부엉이 칡 부엉이 따위를 통틀어 이르는 말 야행성이다
655) 鵂 수리부엉이 휴; 鳥-총17획; [xiū]수리부엉이 *수리부엉이;올빼밋과의 새 몸의 길이는 70cm 정도이며 깃은 붉은 갈색 또는 옅은 갈색에 검은 세로줄 무늬가 있다 머리에는 귀 모양의 털이 양쪽에 있다
656) 鶹 올빼미 류{유}; 鳥-총21획; [liú]올빼미 *올빼미;올빼밋과의 새 등과 배는 누런 빛을 띤 갈색이고 세로 무늬가 있다 눈가의 털은 방사상으로 나고 뿔 털이 없다 야행성이다
657) 、 힘 힘;사람이나 동물이 몸에 갖추고 있으면서 스스로 움직이거나 다른 물건을 움직이게 하는 근육 작용, 힘줄, 힘살*힘줄;모든 물질에서 섬유로 이루어진 가는 줄 *힘살;힘이 뻗치는 기세 *근육筋肉;힘줄과 살을 통틀어 이르는 말
658) 筋 힘줄 근; 竹-총12획; [jīn]힘줄, 힘, 체력

ㅇ。如、비육[659]爲鷄[660]雛[661]。·ᄇᆞ얌[662]爲蛇[663]。
ㅇ은 · 비육鷄雛, ·ᄇᆞ얌 蛇의 ㅇ됨과 같다

ㄹ。如、 무뤼[664]爲雹[665]。어 · 름[666]爲氷[667]。
ㄹ은 · 무뤼雹, 어 · 름氷의 ㄹ됨과 같다

ㅿ。如아ᅀᆞ[668]爲弟[669]。:너ᅀᅵ[670]爲鴇[671]。
ㅿ은 아ᅀᆞ弟, :너ᅀᅵ鴇의 ㅿ됨과 같다

---

659) 、 비육 비육;병아리의 옛말 *병아리;아직 다 자라지 아니한 어린 닭 닭의 새끼, 신체나 재능 학문 기술 따위가 충분히 발달하지 못한 사람을 비유적으로 이르는말

660) 鷄 닭 계; 鳥-총21획; [jī]닭, 가금(家禽) *닭;꿩과의 새 머리에 붉은 볏이 있고 날개는 퇴화하여 잘 날지 못하며 다리는 튼튼하다 *닥;닭의 제주 방언

661) 雛 병아리 추; 隹-총18획; [chú]병아리, 큰 새, 사람 이름 *계추鷄雛;병아리

662) 、 ᄇᆞ얌 비암;뱀의 전남 방언 *뱀;파충강 뱀과의 동물을 통틀어 이르는 말 몸은 원통형으로 가늘고 길며 가리와 눈꺼풀 귓구멍이 없다 피부는 비늘로 덮여 있고 오래되면 탈피한다

663) 蛇 뱀 사; 虫-총11획; [shé,yí]뱀, 자벌레, 별 이름

664) 、 무뤼 무뤼;우박의 함남 방언, 우박의 옛말

665) 雹 누리 박; 雨-총13획; [báo]누리, 우박 *누리;우박 *우박雨雹;큰 물방울들이 공중에서 갑자기 찬 기운을 만나 얼어 떨어지는 얼음 덩어리

666) 어 、름 어름;얼음의 옛말*얼다;액체나 물기가 있는 물체가 찬 기운 때문에 고체 상태로 굳어지다 *어리다;눈에 눈물이 조금 괴다*얼음;물이 얼어서 굳어진 물질

667) 氷 얼음 빙; 水-총5획; [bīng]얼음, 얼다, 기름, 굳기름

668) 아ᅀᆞ 아우의 옛말 669)

670) 弟 아우 제; 弓-총7획; [dì]아우, 나이 어린 사람, 자기의 겸칭 *아스;아우의 함경방언 *아시;아우의 경남 전남 제주 방언

671) 너ᅀᅵ 너새;느시(느싯과의 겨울새 날개가 넓고 커서 나는 모습이 기러기와 비슷하다)와 같다

中聲・◦如・ᄐᆞᆨ[672] 爲頤[673]◦・ᄑᆞᆺ[674]爲小豆[675]◦ᄃᆞ리[676]
爲橋[677]◦ᄀᆞ래[678]爲楸[679]◦

가온데소리(中聲)는,・ᄐᆞᆨ頤,・ᄑᆞᆺ小豆, ᄃᆞ리橋, ᄀᆞ래楸의 됨과 ᄀᆞᇀ다

ㅡ◦如・믈[680]爲水[681]◦・발・측[682]爲跟[683]◦그력[684]
爲鴈[685]◦드·레[686]爲汲[687]器[688]◦

ㅡ는・믈水, 발・측跟, 그력鴈, 드·레汲器의 ㅡ됨과 ᄀᆞᇀ다

672) 、ᄐᆞᆨ 턱;사람의 위 아래에 있는 뾰족하게 나온 부분, 입의 위의 아래에 있는 발음하거나 씹는 일을 하는 기관 위턱뼈와 아래턱뼈로 이루어져 있다
673) 턱 이; 頁-총15획; [yí]턱, 위턱과 아래턱의 총칭, 아래턱, 기르다, 봉양하다, 부리다, 이사(頤使)하다
674) 、ᄑᆞᆺ 팥;콩과의 한해살이풀
675) 小豆;팥
676) ᄃᆞ리 다리;물을 건너거나 또는 한편의 높은 곳에서 다른 편의 높은 곳으로 건너다닐 수 있도록 만든 시설물
677) 橋 다리 교; 木-총16획; [qiáo]다리, 교량, 시렁, 두레박틀의 도르래를 다는 가름대나무
678) ᄀᆞ래 가래;가래나무의 열매 호두와 비슷하나 좀 갸름하며 두껍고 거무데데한 內果皮속에 살이 조금 있으나 맛이 떫어서 먹지 못한다
679) 楸 개오동나무 추; 木-총13획; [qīu]개오동나무, 가래나무, 호두나무
680) 、 믈 믈;물의 옛말*물;자연계에 강 호수 바다 지하수 따위의 형태로 널리 분포하는 액체
681) 水 물 수; 水-총4획; [shuǐ]물, 물의 범람, 홍수, 오행(五行)의 하나
682) 발、 측 발측;발뒤축의 옛말 *발뒤축;발 뒤쪽의 둥그런 부분 가운데 맨 뒤쪽의 두둑하게 나온 부분 *발뒤꿈치;발의 뒤쪽 발바닥과 발목사이의 불룩한 부분
683) 跟 발꿈치 근; 足-총13획; [gēn]발꿈치, 따르다, 수행하다, 시중들다, 받들어 모시다
684) 그력 기러기;오릿과의딸린 철새를 통틀어 이르는 말
685) 雁 기러기 안; 隹-총12획; [yàn]기러기, 거위, 가짜, 모조
686) 드、 레 드레;두레, 두레박*두레;논에 물을 퍼붓기 위하여 나무로 만든 기구*두레박;줄을 길게 달아 우물물을 퍼 올리는 데 쓰는 도구 바가지나 판자 또는 양철 따위로 만든다
687) 汲 길을 급; 水-총7획; [jí]긷다, 물을 긷다, 당기다, 분주하다
688) 器 그릇 기; 口-총16획; [qì]그릇, 그릇으로 쓰다, 그릇으로 여기다

ㅣ ◦如 ·깃[689]爲巢[690]◦ :밀[691]爲蠟[692]◦ ·피[693]爲稷[694]◦ ·키[695]爲箕[696]◦

ㅣ는 ·깃巢, :밀蠟, ·피稷, ·키箕의 ㅣ 됨과 같다

ㅗ ◦如 ·논[697]爲水田[698]◦ ·톱[699]爲鉅[700]◦ 호·미[701]爲鉏[702]◦ 벼·로[703]爲硯[704]◦

ㅗ는 ·논水田, ·톱鉅, 호·미鉏, 벼·로硯의 ㅗ 됨과 같다

---

689) **깃** 깃;보금자리, 표대기의 옛말, 깃털, 외양간 마구간 닭둥우리 따위에 깔아 주는 짚이나 마른 풀 *깃들다;아늑하게 서려 들다, 감정 생각 노력 따위가 어리거나 스며 있다 *길들이다;짐승이 보금자리를 만들어 그 속에 들어 살다 *소;송편이나 만두 따위를 만들 때 맛을 내기 위하여 익히기 전에 속에 넣는 여러 가지 재료 *소굴巢窟;나쁜 짓을 하는 도둑이나 악한 따위의 무리가 활동의 본거지로 삼고 있는 곳 *소巢;주물이나 용접한 금속에서 볼 수 있는 가스 포켓이나 작은 구멍

690) 巢 집 소; 巛-총11획; [cháo]집, 깃들이다, 보금자리를 짓다, 모이다, 모여서 무리를 이루다

691) **:밀** 밀;벌집을 만들기 위하여 꿀벌이 분비하는 물질 누런 빛깔로 상온에서 단단하게 굳어지는 성질이 있다

692) 蠟 밀 랍{납}; 虫-총21획; [là]밀, 꿀벌의 집을 끓여서 짜낸 기름, 밀초, 밀로 만든 초, 밀을 발라 광택을 내다, *납蠟;동물이나 식물에서 고체 또는 액체로 나며 열을 가하면 녹기 쉽고 타기 쉽다

693) **·피** 피;볏과의 한해살이풀 높이는 1미터 정도이며 잎은 가늘고 긴데 잎 면이 칼집 모양으로 줄기를 싸고 있다 *기장;볏과의 한해살이풀

694) 稷 기장 직; 禾-총15획; [jì]기장, 오곡의 신, 또는 그 사당, 농관(農官), 농사를 다스리는 벼슬

695) **키** 키;곡식 따위를 까불러 쭉정이나 티끌을 골라내는 도구

696) 箕 키 기; 竹-총14획; [jī]키, 곡식을 까부는 데 쓰는 기구, 이십팔수의 하나, 쓰레받기

697) **·논** 논;물을 대어 주로 벼를 심어 가꾸는 땅 *畓 논 답; 田-총9획; [dá]논, 수전(水田)*鉅 클 거; 金-총13획; [jù]크다, 강하다, 단단하다, 높다, 존귀하다

698) 水田;무논(물을 쉽게 댈 수 있는 논)

699) **톱** 톱;나무나 쇠붙이 따위를 자르거나 켜는 데 쓰는 연장, 모시나 삼을 삼을 때 그 끝을 긁어 훑는 데 쓰는 도구, 손톱이나 발톱, 순서의 맨 처음 또는 정상이나 선두 *켜다;나무를 세로로 톱질하여 쪼개다, 팔다리나 네 다리를 쭉 뻗으며 몸을 펴다, 등 전등 양초 따위에 불을 밝히거나 성냥 따위로 불을 일으키다

700) 鉅 클 거; 金-총13획; [jù]크다, 강하다, 단단하다, 높다, 존귀하다

701) **호·미** 호미;김을 매거나 감자나 고구마 따위를 캘 때 쓰는 쇠로 만든 농기구 끝은 뾰족하고 위는 대게 넓적한 삼각형으로 되어 있는 데 목을 가늘게 휘어 구부린 뒤 둥근 나무 자루에 박는다(호미>호믜>호·미)

702) 鉏 호미 서; 金-총13획; [hú,zhū,zǔ]호미, 괭이, 김매다, 죽이다 *호멩이;호미의 경상방언 *호맹이;산등성이에서 골짜기로 골이 깊고 길게 팬 땅 *호망구;호미의 경남 방언 *호망虎網;예전에 호랑이의 침입을 막기 위하여 쳐 놓던 그물

ㅏ。如·밥[705]爲飯[706]。·낟[707]爲鎌[708]。이·아[709]爲綜[710]。사·ᄉᆞᆷ[711]爲鹿[712]。ㅏ는·밥飯,·낟鎌,이·아綜,사ᄉᆞᆷ鹿의ㅏ됨과 같다

ㅜ。如숫[713]爲炭[714]。·울[715]爲籬[716]。누·에[717]爲蚕[718]。
구리[719] 爲銅[720]。
ㅜ는 숫炭,·울籬, 누·에蚕, 구·리銅의 ㅜ됨과 같다

---

703) **벼 、로** 벼로;벼루의 옛말 *벼루;먹을 가는 데 쓰는 문방구 대개 돌로 만들며 네모난 것과 둥근 것이 있다
704) 硯 벼루 연; 石-총12획; [yàn]벼루, 매끄러운 돌
705) **、밥** 밥;쌀 보리 따위의 곡식을 씻어서 솥 따위의 용기에 넣고 물을 알맞게 부어 낟알이 풀어지지 않고 물기가 잦아들게 끓여 익힌 음식, 끼니로 먹는 음식, 동물의 먹이, 나누어 가질 물건 중 각각 갖게 되는 한 부분, 연장으로 베거나 깎은 물건의 부스러기 *반;반하다(잠깐 짬이 나서 조금 한가하다, 병세가 조금 가라앉아 있다, 어떤 사람이나 사물 따위에 마음이 홀린 것같이 쏠리다)의 어근
706) 飯 밥 반; 食-총13획; [fàn]밥, 밥을 먹다, 먹이다, 기르다
707) **、낟** 낟;낫(곡식 나무 풀 따위를 베는 데 쓰는 농기구 ㄱ자 모양으로 만들어 안쪽으로 날을 대고 뒤 끝 슴베에 나무 자루를 박아 만든다)의 옛말, 곡식의 알 *낟알;껍질을 벗기지 아니한 곡식의 알
708) 鎌 낫 겸; 金-총18획; [lián]낫, 모, 모서리
709) **이、아** 잉아;베틀의 날실을 한 칸씩 걸러서 끌어 올리도록 맨 굵은 실 *잉아살;잉아에서 날실을 꿰는 살 빗살 모양인데 실이나 금속 따위로 되어 있다
710) 綜 잉아 종; 糸-총14획; [zōng,zèng]잉아, 모으다
711) **사、숨** ;사슴(사슴과에 속하는 포유동물)의 옛말 뿔은 수컷에 있는 데 네개의 방方(모)으로 되어 있다
712) 鹿 사슴 록{녹}; 鹿-총11획; [lù]사슴, 권좌(權座)의 비유, 곳집, 방형(方形) 모양의 쌀 창고
713) **숫** 숯;나무를 숯가마에 넣어 구워 낸 검은 덩어리의 연료 *재;불에타고 남는 가루 모양의 물질, 길이 나 있어서 넘어 다닐 수 있는 높은 산의 고개(嶺;고개 령)
714) 炭 숯 탄; 火-총9획; [tàn]숯, 재, 석탄
715) **울** 울;울타리, 다른 개인이나 패에 대하여 이편의 힘이 될 일간 친척, 속이 비고 위가 트의 물건의 가를 둘러싼 부분, 우리의 준말 *울타리;풀이나 마무 따위를 얽거나 엮어서 담 대신에 경계를 지어 막는 물건
716) 籬 울타리 리{이}; 竹-총25획; [lí]울타리
717) 누、 에 누에;누에나방의 애벌레 13개의 마디로 이루어졌으며 몸에는 검은 무늬가 있다 알에서 나올 때에는 검은 털이 있다가 뒤에 털을 벗고 잿빛이 된다 25일 동안 8cm 정도 자란 다음 실을 토하여 고치를 짓는다 고치 안에서 번데기기 되었다가 다시 나방이 되어 나온다*잠;눈이 감긴 채 의식 활동이 쉬는 상태 *蠶누에 잠;누에, 누에치다, 양잠을 하다
718) 蚕 지렁이 전; 虫-총10획; [án]지렁이, 누에
719) 구리 구리;붉은색을 띤 금속 원소, 능구렁이
720) 銅 구리 동; 金-총14획; [tóng]구리, 도장, 돈

ㅓ 。如브ᅀᅥᆸ[721]爲竈[722]。:널[723]爲板[724]。서·리[725]爲霜[726]。버·들[727]爲柳[728]。

ㅓ는 브ᅀᅥᆸ竈, :널板, 서·리霜, 버·들柳의 ㅓ됨과 같다

ㅛ 。如:죵[729]爲奴[730]。·고욤[731]爲梬[732]。·쇼[733]爲牛[734]。삽됴[735]爲蒼[736]朮[737]菜[738]。

ㅛ는 :죵奴, ·고욤梬, ·쇼牛 삽됴蒼朮菜의 ㅛ됨과 같다

---

721) 브섭 부엌의 옛말 *부수다;단단한 물체를 여러 조각이 나게 두드려 깨뜨리다, 만들어진 물건을 두드리거나 깨뜨려 못 쓰게 만들다 *부엌;일정한 시설을 갖추어 놓고 음식을 만들고 설거지를 하는 등 식사에 관련된 일을 하는 곳(부엌>부억>브억>브업>브섭)

722) 竈 부엌 조; 穴-총21획; [záo]부엌, 조왕(竈王), 부엌을 만든 신

723) :널 널;널빤지*널다;볕을 쬐거나 바람을 쐬기 위하여 펼쳐 놓다*널빤지;널조각만 대고 종이를 바르지 않은 반자*판자;널빤지*판판하다;물건의 표면이 높낮이가 없어 평평하고 너르다

724) 板 널빤지 판; 木-총8획; [bǎn]널빤지, 판목(版木), 딱따기, 시각을 알리거나 신호로 치는 나뭇조각

725) 서、리 서리;대기 중의 수증기가 지상의 물체 표면에 얼어붙은 것 *서리다;수증기가 찬 기운을 받아 물방울을 지어 엉기다, 어떤 기운이 어리어 나타나다

726) 霜 서리 상; 雨-총17획; [shuāng]서리, 해, 세월, 머리털이 하얀 것을 비유

727) 버、들 버들;버들나무

728) 柳 버들 류{유}; 木-총9획; [liǔ]버들, 버드나무의 총칭, 별자리 이름, 모이다

729) :종 종;파나 마늘 따위의 꽃줄기 끝에 달린 망울종의 옛말, 남의 집에서 대대로 천한 일을 하던 사람

730) 奴 종 노; 女-총5획; [nú]종, 노예, 포로, 자기의 낮춤말

731) 고욤 고욤-나무;감나뭇과의 낙엽 활엽 교목 높이는 10미터 정도이며 잎은 어긋나고 타원형으로 끝이 뾰족하다 5-6월에 연한 노란색의 꽃이 피고 열매는 10월에 노란색 또는 검은 자주색으로 익으며 식용 또는 약용한다 *고요;조용하고 잠잠한 상태

732) 梬 고욤나무 영; 木-총11획; [yǐng]고욤나무, 고욤, 감과 비슷하나 썩 작고 둥글다

733) 、쇼 소(솟과의 포유동물)의 함북 방언

734) 牛 소 우; 牛-총4획; [niú]소, 무릅쓰다, 별 이름, 견우성

735) 삽됴 삽됴;삽주(국화과의 여러해살이 풀)의 옛말(삽주>삽쥬>삽듀>삽됴)

736) 蒼 푸를 창; 艸-총14획; [cāng]푸르다, 푸른 빛깔, 우거지다, 무성해지다, 늙다, 늙은 모양

737) 朮 차조 출; 木-총5획; [zhú,shù]차조, 조(粟)의 한 가지, 삽주, 산계(山薊), 엉겅큇과에 속하는 다년초, 약용 식물의 한 가지

738) 菜 나물 채; 艸-총12획; [cài]나물, 푸성귀, 반찬, 굶어서 얼굴빛이 푸른 모양 *창출채蒼朮菜;당삽주(국화과의 여러해살이풀)

ㅑ ◦ 如남샹[739]爲龜[740] ◦ 약[741]爲鼅[742]鼊[743] ◦ 다야[744]爲匜[745] ◦ 쟈감[746]爲蕎[747]麥[748]皮[749]。

ㅑ는 남샹龜, 약鼅鼊, 다야匜, 쟈감蕎麥皮의 ㅑ됨과 같다

ㅠ ◦ 如율믜[750]爲薏[751]苡[752] ◦ 쥭[753]爲飯[754]臿[755] ◦ 슈·룹[756]爲雨[757] 繖[758] ◦ 쥬련[759]爲帨[760]。

ㅠ는 율믜薏苡, 쥭飯臿, 슈·룹 雨繖, 쥬련帨의 ㅠ됨과 같다

---

739) 남샹 남생이;남생잇과의 하나 거북과 비슷하나 작으며 등은 진한 갈색의 딱지로 되어 있고 네발에는 각각 다섯 개의 발가락이 있고 발가락 사이에는 물갈퀴가 있다 *남생잇과;파충강 거북목의 한과 *남샹이;남생이의 옛말 *남샹;남생이의 옛말

740) 龜 나라 이름 구{거북 귀,틀 균}; 龜-총16획; [guī,jūn,qiū]나라 이름, 거북, 틀, 거북의 등껍데기, 패물, 귀갑(龜甲), 거북점, 귀갑을 태워서 길흉을 점치는 것

741) 약 약;대모玳瑁;바다거북과의 하나,(대모갑(대모의 등과 배를 싸고 있는 껍데기)의 준말)*맹꽁이;맹꽁잇과의 양서류 개구리와 비슷한데 입이 작고 배가 유난히 부르며 뛰는 힘이 약하다,야무지지 못학로 말이나 하는 짓이 답답한 사람을 놀림조로 이르는 말

742) ┌거북 구

743) 鼊 거북 벽; 黽-총26획; [bì]거북 *거북하다;몸이 찌뿌드하고 괴로워 움직임이 자연스럽지 못하거나 자유롭지 못하다*거북;파충류 거북목의 동물을 통틀어 이르는 말 *약;어떤 식물이 성숙해서 지니게 되는 맵거나 쓴 자극성 성분, 비위가 몹시 상할 때 일어나는 감정 *약다;자신에게만 이롭게 꾀를 부리는 성질이 있다

744) 다야 다야;대야의 옛말 *대야;물을 담아서 얼굴이나 손발 따위를 씻을 때 쓰는 둥글 넓적한 그릇 *대다;어떤 곳에 물을 끌어 들이다 *다라이;tarai(盥대야 관)의 일본말 금속이나 경질 비닐 따위로 만든 아가리가 넓게 벌어진 둥글넓적한 그릇 대양 큰 대야 함지 함지박을 순화 *다랑이;산골짜기의 비탈진 곳 따위에 있는 계단식으로 된 좁고 긴 논배미

745) 匜 주전자 이; 匚-총5획; [yí]주전자

746) 쟈감 자감(메밀껍질)

747) 蕎 메밀 교; 艸-총16획; [qiáo]메밀, 대극(大戟), 대극과에 딸린 여러해살이 풀

748) 麥 보리 맥; 麥-총11획; [mài]보리, 작은 매미, 묻다, 매장하다

749) 皮 가죽 피; 皮-총5획; [pí]가죽, 껍질, 겉, 거죽 *교맥피蕎麥皮;메밀껍질

750) **율믜** 율무;볏과의 한해살이풀

751) 薏 율무 억; 艸-총17획; [yì]율무, 연밥

752) 苡 질경이 이; 艸-총9획; [yǐ]질경이, 차전자(車前子), 율무, 의이(薏苡), 오랑캐 이름, 북방 오랑캐 별종 *의이薏苡;율무

753) **쥭** 쥭;주걱의 옛말 *쥭;곧게 펴거나 벌리는 모양, 줄이나 금 따위를 곧게 내긋는 모양, 한 줄로 끊어지지 아니하고 이어지는 모양

754) 飯 밥 반; ┌-총13획; [fàn]밥, 밥을 먹다, 먹이다, 기르다

ㅕ ｡如 ·엿[761]爲飴[762]糖[763] ｡뎔[764]爲佛[765]寺[766] ｡벼[767]爲稻[768] ｡:져비[769]爲燕[770]｡

ㅕ는 ·엿飴糖, 뎔佛寺, 벼稻, :져비燕의 ㅕ 됨과 ᄀᆞᇀ다

755) 臿 가래 삽; 臼-총9획; [chā]가래, 찧다, 보리를 엽치다, 가래의 날 *가래;흙을 파헤치거나 떠서 던지는 기구 *삽;땅을 파고 흙을 뜨는 데 쓰는 연장 *반삽飯臿;밥주걱(밥을 푸는 도구) *주걱;밥주걱, 구두주걱
756) 슈、룹 슈룹;우산의 옛말
757) 雨 비 우; 雨-총8획; [yǔ,yù]비, 많은 모양의 비유, 흩어지는 모양의 비유
758) 繖 일산 산; 糸-총18획; [sàn]일산, 우산 *일산日傘;햇볕을 가리기 위하여 세우는 큰 양산 우산보다 크며 놀이할 때에 한데에다 세운다 *우산;우비雨備의 하나 펴고 접을 수 있어 비가 올 때에 펴서 손에 들고 머리 위를 가린다
759) 쥬련 쥬련;수건의 옛말 *쥐다;어떤 물건을 손바닥에 들게 하거나 손가락 사이에 낀 채로 손가락을 오므려 힘있게 잡다 *닦다;때 먼지 녹 따위의 더러운 것을 없애거나 윤기를 내려고 거죽을 문지르다 *지우다;쓰거나 그리거나 묻은 글씨 그림 흔적 따위를 지우개나 천 따위로 보이지 않게 없애다
760) 帨 수건 세; 巾-총10획; [shuì]수건, 닦다*수건手巾;얼굴이나 몸을 닦기 위하여 만든 천 조각
761) ·엿 엿;곡식으로 밥을 지어 엿기름(보리에 물을 부어 싹이 크게 한 다음에 말린 것 녹말을 당분으로 바꾸는 효소를 함유하고 있으며 식혜나 엿을 만드는 데에 쓴다)으로 삭힌 뒤 겻불로 밥이 물처럼 되도록 끓이고 그것을 자루에 넣어 짜낸 다음 진득진득해질 때까지 고아 만든 달고 끈적끈적한 음식
762) 飴 엿 이; 食-총14획; [yí]엿, 먹이다
763) 糖 사탕 당; 米-총16획; [táng]사탕, 엿 *이당飴餹;엿*
764) 뎔 뎔;절의 옛말*덜다;일정한 수량이나 정도에서 얼마를 떼어 줄이거나 적게 하다
765) 佛 부처 불; 人-총7획; [fó,fú]부처, 어렴풋하다, 어기다
766) 寺 절 사{관청 시}; 寸-총6획; [sì]절, 부처를 모시는 곳, 내시, 환관, 관청, 공무를 집행하는 기관이나 곳 불사佛寺;절 *절;중이 불상을 모시고 불도佛道를 닦으며 교법을 펴는 집 *절;남에게 공경하는 뜻으로 몸을 굽혀 하는 인사
767) 벼 벼;볏과의 한해살이풀
768) 稻 벼 도; 禾-총15획; [dào]벼
769) :져비 제비;제빗과의 새
770) 燕 제비 연; 火-총16획; [yàn,yān]제비, 잔치, 주연(酒宴), 편안하다 *연燕〔역〕중국 춘추 전국 시대 칠웅(七雄)의 하나《진시황에게 망함》,중국 오호 십육국 시대에 선비족의 모용씨(慕容氏)가 건설한 전연·후연·서연·남연·북연의 다섯 나라《4세기 초에서 5세기 초에 걸쳐 있었음》

終聲ㄱ。如ᄃᆞᆨ〮[771]爲楮[772]。독[773]爲甕[774]。

끝소리는 ㄱ은, ᄃᆞᆨ〮楮, 독甕의 ㄱ됨과 ᄀᆞᇀ다

ㆁ。如:굼벙[775]爲蠐[776]螬[777]。올창〮[778]爲蝌[779]蚪[780]。

ㆁ은 :굼벙蠐螬, 올창〮蠐螬의 ㆁ됨과 ᄀᆞᇀ다

ㄷ。如ᄀᆞᆮ〮[781]爲笠[782]。싣[783]爲楓[784]。

ㄷ은 ᄀᆞᆮ〮笠, 싣楓의 ㄷ됨과 ᄀᆞᇀ다

---

771) 닥 닥;닥나무 *닥나무;뽕나뭇과의 낙엽 활엽 관목
772)楮 닥나무 저; 木-총13획; [chǔ]닥나무, 뽕나뭇과의 낙엽 관목, 종이, 지폐, 돈
773) 독 독;간장 술 김치 따위를 담가 두는 데에 쓴 큰 오지 그릇이나 질그릇 운두가 높고 중배가 조금 부르며 전이 달려 있다 *옹기甕器;질그릇과 오지그릇을 통틀어 이르는 말
774) 甕 독 옹; 瓦-총18획; [wèng]독, 단지, 옹기 두레박, 술이나 젓을 담는 독, 장단을 맞추는 악기
775) 굼벙 굼벙;굼벵이의 옛말 *굼벙이;굼벵이의 옛말
776) 蠐 굼벵이 제; 虫-총20획; [qí]굼벵이
777) 螬 굼벵이 조; 虫-총17획; [cáo]굼벵이, 매미의 유충 *제조蠐螬;굼벵이 *굼벵이;매미의 에벌레 누에과 비슷하게 생겼으나 몸의 길이가 짧고 뚱뚱하다, 동작이 굼뜨고 느린 사물이나 사람을 비유적으로 이르는 말
778) 올창 올창;올챙이의 옛말 *올창이;올챙이의 옛말
779) 蝌 올챙이 과; 虫-총15획; [kē]올챙이
780) 蚪 올챙이 두; 虫-총10획; [dǒu]올챙이 *과두蝌蚪;올챙이 *올챙이;개구리의 유생 몸은 둥글며 검은색이다 머리는 크고 가는 꼬리가 달려있다 꼬리로 물속을 헤엄쳐 다니는데 자라면서 꼬리가 없어지고 네 발이 생겨 개구리가 된다
781) 갇 갇;갓십자화과의 두해살이풀
782) 笠 우리 립{입}; 竹-총11획; [lì]우리, 구릿대, 뿌리는 '백지(白芷)'라 하여 약재로 쓰인다 *구릿대;산형繖形과의 여러해살이풀 높이는 1-2미터이며 6-8월에 흰 꽃이 겹산형繖形 꽃 차례로 피고 타원형의 열매를 맺는다 어린 잎은 식용하고 뿌리는 백지白芷라 하여 한약재로 쓴다
783) 싣 싣나모;신나무(단풍나뭇과의 낙엽 소교목)의 옛말 *신나무;신대(내림대 성줏대 신장대 따위를 통틀어 이르는 말 *내림대;굿할 때 경문을 읽을 때에 무당이 신을 내리게 하는 데 쓰는 소나무나 대나무 가지 *풍(楓);단풍잎이 그려져 있는 화투짝, 시월이나 열 끗을 나타냄
784) 楓 단풍나무 풍; 木-총13획; [fēng]단풍나무, 신나무, 단풍잎이 그려져 있는 화투짝. 시월이나 열 끗을 나타냄

ㄴ。如·신785)爲履786)。·반되787)爲螢788)。

ㄴ은 ·신履, ·반되螢의 ㄴ됨과 ᄀᆞᇀ다

ㅂ。如섭789)爲薪790)。·굽791)爲蹄792)。

ㅂ은 섭薪, ·굽蹄의 ㅂ됨과 ᄀᆞᇀ다

ㅁ。如:범793)爲虎794)。: ᄉᆡᆷ795)爲泉796)。

ㅁ은 :범虎, :ᄉᆡᆷ 泉의 ㅁ됨과 ᄀᆞᇀ다

---

785) 、 신 신;땅을 딛고 서거나 걸을 때 발에 신는 물건을 통틀어 이르는 말 *신神;종교의 대상으로 초인간적 초자연적 위력을 가지고 인간에게 화복을 내린다고 믿어지는 존재 *신다;신 버선 양말 따위를 발에 꿰다

786) 履 신 리{이}; 尸-총15획; [lǚ]신, 신다, 밟다

787) 반되 반되;반디의 옛말 *반하다;어떤 사람이나 사물 따위에 마음이 홀린 것같이 쏠리다 *반하다;어두운 가운데 밝은 빛이 비치어 조금 환하다, 어떤 일의 결과나 상태 따위가 환하게 들여다보이듯이 분명하다 *반反하다;반대가 되다 *반대反對;두 사물이 모양 위치 방향 순서 따위에서 등지거나 서로 맞섬 *반듯;물체 따위에 반사된 작은 빛이 잠깐 나타나는 모양 *반짝;박은 빛이 잠깐 나타났다가 사라지는 모양 *반디;반딧불이 *반디불이;반딧불잇과의 딱정벌레를 통틀어 이르는 말 *반딧불;반딧불이의 꽁무니에서 나오는 빛 *형광螢光;반딧불, 어떤 물질에 광선을 투사했을 때, 투사 광선과 전혀 다른 고유한 빛깔의 광선을 방사하는 현상

788) 螢 개똥벌레 형; 虫-총16획; [yíng]개똥벌레, 반디

789) 섭 섶;잎나무 풋나무 물거리(땔나무의 하나 잡목의 우죽이나 굵지 않은 잔가지 따위와 같이 부러뜨려서 땔 수 있는 것들)따위의 땔나무를 통틀어 이르는 말=섶나무,누에 섶 *섭;섶의 옛말,잎의 제주 방언 *섭나모:섶나무의 옛말 *섭섭하다;서운하고 아쉽다*신;신발(땅을 딛고 서거나 걸을 때 발에 신는 물건을 통틀어 이르는 말 *발;사람이나 동물의 다리 맨 끝 부분, 가구 따위의 밑을 받쳐 균형을 잡고 있는 짧게 도드라진 부분, 가늘고 긴 대를 줄로 엮거나 줄 따위를 여러 개 나란히 늘어뜨려 만든 물건 *신;어떤 일에 흥미나 열성이 생겨 매우 좋아진 기분 *신新;새로운 뜻을 더하는 접두사

790) 薪 섶나무 신; 艸-총17획; [xīn]섶나무, 땔나무, 풀, 잡초, 나무하다

791) 굽 굽;말 소 양 따위의 짐승의 발끝에 있는 두껍고 단단한 발톱, 그릇 따위의 밑바닥에 붙은 나지막한 받침, 구두 밑바닥의 뒤축에 붙은 발 *굽다;한쪽으로 휘다,나무를 태워 숯을 만들다, 불에 익히다, 벽돌 도자기 옹기 따위의 흙으로 빚은 것이 굳도록 열을 가하다 *제;겨의 경상 방언, 젓가락의 경남 방언, 나이가 서로 비슷한 벗에게 자기를 낮추어 이르는 일인칭 대명사

792) 蹄 굽 제;足-총16획;[tí]굽, 짐승의 발굽, 올무, 밟다, 또 차다

793) :범 범;호랑이 *범犯하다;법률 도덕 규칙 따위를 어기다 *호랑이;고양잇과의 포유동물 *호리다;몸의 부피가 가늘어지도록 움츠리다,매력으로 남을 유혹하여 정신을 흐리게 하다 *후리다;휘몰아 채거나 쫓다, 휘둘러서 깍거나 베다,지치다의 평북 방언, 휘다의 함북 방언

ㅅ。如:잣[797]爲海[798]松[799]。 ·못[800]爲池[801]。

ㅅ은 :잣海松, ·못池의 ㅅ됨과 같다

ㄹ。如돌[802]爲月[803]。:별[804]爲星[805]之類。

ㄹ은 돌月,:별星의 ㄹ됨과 같은 부류이다

---

794) 虎범 호;虍-총8획;[hū]범, 용맹스럽다, 용맹함의 비유, 사납고 모짊의 비유, 바둑 수법 이름, 호구 치다

795) :심 샘;물이 땅에서 솟아 나오는 곳 또는 그 물,수염의 경상 방언 *샘솟다;힘이나 용기 또는 눈물 따위가 끊이지 아니하고 솟아 나오다 *샘;남의 처지나 물건을 탐내거나 자기보다 나은 처지에 있은 사람이나 적수를 미워함 또는 그런 마음 *새다;기체 액체 따위의 물체가 틈이나 구멍으로 조금씩 빠져 나가거나 나오다, 빛이 물체의 틈이나 구멍을 통해 나가거나 들다, 날이 밝아오다 *천;실로 짠 옷이나 이부자리 따위의 감이 되는 물건

796) 泉 샘 천; 水-총9획; [quán]샘, 땅속에서 솟는 물, 돈

797) :잣 잣나무;소나뭇과의 상록 교목 *잣다;처마 서까래의 끝을 비스듬히 깎다 *잦다;여러 차례로 거듭되는 간격이 매우 짧다

798) 海 바다 해; 水-총10획; [hǎi]바다, 바닷물, 물산(物産)이 풍부한 모양

799) 松소나무 송 *해송海松;잣나무 *잣;잣나무의 열매

800) 、못 못;넓고 오목하게 팬 땅에 물이 괴어 있는 곳 늪보다 작다, 목재 따위의 접합이나 고정에 쓰는 물건,주로 손바닥이나 발바닥에 생기는 단단하게 굳은 살,동사가 나타내는 동작을 할 수 없다거나 상태가 이루어지지 않았다는 부정의 뜻을 나타내는 말 *못하다;일정한 수준에 못미치거나 할 능력이 없다, 앞말이 뜻하는 행동이나 상태가 극에 달해 그것을 더 이상 유지할 수 없음을 나타내는 말 *지;궁중에서 요강을 이르던 말 *지니다;몸에 간직하여 가지다 *지다;어떤 현상이나 상태가 이루어지다, 물건을 짊어서 등에 얹다, 신세나 은혜를 입다, 어떤 좋지 아니한 관계가 되다, 내기나 시합 싸움 따위에서 재주나 힘을 겨루어 상대에게 꺾이다, 해나 달이 서쪽으로 넘가가다, 불이 타 버려 사위어 없어지거나 빛이 희미하여지다

801) 池 못 지; 水-총6획; [chí]못, 물을 모아 둔 곳, 해자, 성곽의 주위를 둘러 있는 못, 물길, 도랑

802) 돌 달;지구의 위성(衛星) 햇빛을 반사하여 밤에 밝은 빛을 낸다, 달빛,볏과의 여러해살이 풀 *달다;물건을 일정한 곳에 걸거나 매어 놓다 *달달;작은 바퀴가 단단한 바닥을 구르며 흔들리는 소리 또는 그 모양 *달月;한 달 동안 *우러거덕;크거 단단한 물건들이 서로 거칠게 부딪치는 소리 또는 그 모양

803) 月 달 월; 月-총4획; [yuè]달, 달빛, 나달, 광음(光陰)

804) :별 별;빛을 관측할 수 있는 천체 가운데 성운처럼 퍼지는 모양을 가진 천체를 제외한 모든 천체 보통 태양 달 지구를 포함하지 않으며 밝기는 등급으로 표시한다 *별別하다;보통 것과 이상스럽게 다르다 *별꼴;별나게 이상하거나 아니꼬워 눈에 거슬리는 꼬락서니 *별別나다;보통과는 다르게 특별하거나 이상하다 *별나라;별을 비유적으로 이르는 말 *별별別別;별의별(보통과 다른 갖가지의) *성;노엽거나 언짢게 여겨 일어나는 불쾌한 감정

805) 星 별 성; 日-총9획; [xīng]별, 오성(五星), 성수(星宿), 이십팔수의 범칭

카. 정인지(鄭麟趾) 서문

鄭[806]麟[807]趾[808] 序[809] 정인지(鄭麟趾) 서문

有天地[810] 自[811]然[812]之聲[813]。則必有天地自然之文[814]。

천지자연의 소리가 있으면, 곧바로 반드시 천지자연한 글이 있는 것이다

所以古人[815]因[816]聲制字。以通萬物之情[817]。以載三才[818]之道。而後世不能易[819]也。

그러므로 옛 사람은 소리로 말미암아 글자를 만들어서, 이로써 만물의 뜻과 통하게 하고, 이로써 삼재(三才)의 도를 싣게 하니, 후세의 사람들이 능히 이를 바꿀 수 없는 까닭이다

806) 鄭 나라 이름 정; 邑-총15획; [zhèng]나라 이름, 겹치다
807) 麟 기린 린{인}; 鹿-총23획; [lín]기린, 큰사슴의 수컷, 빛나는 모양
808) 趾 발 지; 足-총11획; [zhǐ]발, 복사뼈 이하의 부분, 발자국 *정인지(鄭麟趾); 조선초기의 문신.학자(1396~1478) 자는 백저(伯雎)이고 호는 학역재(學易齋)이며 시호는 문성(文成)이다. 경서와 예학에 통하고 문장에도 능했다. 세종에서 문종에 이르기까지 한글창제 및 역사, 천문, 역법, 아악 등 각종 제도정비에 기여했다. 저서에 자치통감훈(資治通鑑訓), 치평요람(治平要覽) 등이 있다
809) 序차례 서 *서문序文;머리말. 권두언(卷頭言)
810) 천지天地;하늘과 땅을 아울러 이르는 말, 세상 우주 세계의 뜻으로 이르는 말
811) 自 스스로 자; 自-총6획; [zì]스스로, 몸소, 자기, 자연히, 저절로, 어조사, -로부터 *스스로;자기 자신, 제 힘으로, 남이 시키지 아니하였는데도 자기의 결심에 따라서 *저절로;다른 힘을 빌리지 아니하고 제 스스로 또는 인공의 힘을 더하지 아니하고 자연적으로
812) 然그러할 연;그러하다, 그리하여 *그렇다;상태 모양 성질 따위가 그와 같다, 특별한 변화가 없다 *그렇지;틀림없이 그렇다는 뜻으로 하는 말 *자연(自然);세상에 스스로 존재하거나 우주에 저절로 이루어지는 모든 존재나 상태, 사람의 힘을 더하지 않은 천연 그대로의 존재 *자연적;사람의 손길이 가지 아니한 자연 그대로의 모습을 지닌 또는 그런 것, 당연히 그렇게 되는 또는 그런 것 *자연하다;저절로 되어 억지나 거짓이 없다 *천지자연天地自然;인위를 가하지 아니한 본디 그대로의 상태 *천연(天然);사람의 힘을 가하지 아니한 상태, 사람의 힘으로 움직이거나 변화시킬 수 없는 상태

813) 聲 소리 성; 耳-총17획; [shēng]소리, 음향, 음성, 소리를 내다, 탄식하는 따위의 소리, 음악 *소리;물체의 진동에 의하여 생긴 음파가 귀청을 울리어 귀에 들리는 것, 말, 사람의 목소리
814) 文 글월 문; 文-총4획; [wén]무늬, 채색, 얼룩 *글월;글이나 문장, 예전에 글자를 이르던 말 *글;어떤 생각이나 일 따위의 내용을 글자로 나타낸 기록 *글자;말을 적는 일정한 체계의 부호 *무늬;물건의 거죽에 어룽져 나타난 어떤 모양*얼룩;본바탕에 다른 빛깔의 점이나 줄 따위가 뚜렷하게 섞인 자국 *天地絪縕, 大化流行而人生焉, 陰陽相軋, 氣機交激而聲生焉, 聲旣生焉, 而七音自具七音具, 而四聲亦備, 而淸濁輕重深淺疾徐, 七音四聲, 經緯相交生於自然矣…….하늘과 땅 사이에 陰陽의 두 기운이 솜이불처럼 고루 펼쳐져 가득하여, 크나큰 造化를 이루어 사람이 생겨나고, 음양이 서로 마찰을 일으키고, 두 기운이 서로 화하여 소리가 생겨난다. 소리가 이미 생기니, 칠음(七音)이 스스로 갖추어 지고, 칠음이 갖추어지니, 사성(四聲)이 또한 구비된지라, 칠음과 사성이 경위(經緯)로 서로 얽히면서 맑고 흐리고 가볍고 무거움과 깊고 얕고 빠르고 느림이 자연스럽게 생겨난다……. <東國正韻序>
815)古 옛 고; 口-총5획; [gǔ]옛, 예, 오래다, 예스럽다 *고古人;옛날 사람, 석인昔人 *예;아주 먼 과거 *옛;지나간 때의*옛날;지난 지 꽤 오래된 시기를 막연히 이르는 말 *옛사람;옛날에 살았던 사람
816) 因 인할 인; 囗-총6획; [yīn]인하다, 인(因), 원인을 이루는 근본, 유래, 연유, 까닭 *인因; 원인을 이루는 근본 동기, 불교에서 인명(因明)에서 논증의 근거가 되며 논증을 성립시키는 이유 이유의 의미로 사물을 생기(生起)하게 한다 *인하다;어떤 사실로 말미암아, 어떤 일에 이어지거나 뒤를 따르다 *말미;일정한 직업이나 일 따위에 매인 사람이 다른 일로 말미암아 얻는 겨를 *말미암다;어떤 현상이나 사물 따위가 원인이나 이유가 되다
817) 情 뜻 정; 心-총11획; [qíng]뜻, 정, 본성(本性) *뜻;말이나 글 또는 어떠한 행동 따위로 나타내는 속내(겉으로 드러나지 아니한 속마음이나 일의 내막) *굳이 그러고자 하는 마음이 일어나는 모양, 돌에 구멍을 뚫거나 돌을 쪼아서 다듬는 쇠로 만든 연장 원추형이나 사각형으로 끝이 뾰족하다 *정情;느끼어 일어나는 마음, 사랑이나 친근감을 느끼는 마음, 마음을 이루는 두요소 가운데 감동적인 요소
818) 삼재(三才); 우주와 인간 세계의 기본적인 구성 요소이면서 그 변화의 동인(動因)으로 작용하는 천(天)·지(地)·인(人)을 일컫는 말, 천(天)·지(地)·인(人)의 천은 하늘·만물의 근본·조물주·진리·임금·아버지·지아비·남성의 뜻이다. 일一은 신(神) 기(氣) 태극(太極) 등의 의미를 가지고 있으므로, 천일(天一)은 천계(天界) 태양계 태양의 성격과 기능을 가지고 있다. 지일(地一)은 지구의 성격과 기능을, 인일(人一)은 만물의 성격과 기능을 의미한다. 즉 천(天)은 조화(造化) 지(地)는 교화(敎化) 인(人)은 치화(治化)의 기능을 주관한다고 말할 수 있다. *是故庖犧畫卦, 蒼頡制字, 亦皆因其自然之理, 以通萬物之情…….이러한 까닭으로, 포희(庖犧)가 괘(卦)를 그리고 창힐(蒼頡)이 글자를 만든 것이 역시 다 그 자연의 이치에 따라서 만물의 실정을 통한 것이고…….<東國正韻序>
819) 易 바꿀 역; 日-총8획; [yì]바꾸다, 고치다, 교환하다, 바뀌다, 새로워지다, 도마뱀 역 (易)
820) 風 바람 풍; 風-총9획; [fēng]바람, 불다, 바람이 불다, 바람을 쐬다 *바람;기압의 변화

然四方風[820]土[821]區[822]別[823]。聲氣[824]亦隨而異焉。
그러나 사방의 기후와 토질이 구역으로 나누어져 다르고, 소리의 기운 또한 이에 따라 서로 달라졌다.[825]

---

821) 土 흙 토; 土-총3획; [tǔ]흙, 땅, 오행(五行)의 하나 *흙;지구의 표면을 덮고 있는 바위가 부스러져 생긴 가루인 무기물과 동식물에서 생긴 유기물이 모여 이루어진 물질 *토양(土壤);흙, 식물에 영양을 공급하여 자라게 할 수 있는 흙 *풍토(風土);어떤 지역의 기후와 토지의 상태, 어떤 일의 바탕이 되는 제도나 조건을 비유적으로 이르는 말 *풍토병(風土病);어떤 지역의 특수한 기후나 토질로 인하여 발생하는 병

822) 區 지경 구; 匸-총11획; [qū,ōu]지경, 일정한 지역, 나누다, 거처 *지경(地境);나라나 지역 따위의 구간을 가르는 경계, 일정한 테두리 안의 땅 *구(區);넓은 범위의 것을 일정한 기준에 따라 몇으로 나눈 하나하나의 구획 *구구(區區)하다;각각 다르다 *구별(區別);성질이나 종류에 따라 나타나는 차이 또는 그것을 갈라놓음 *구분(區分);일정한 기준에 따라 전체를 몇 개로 갈라 나눔

823) 別 나눌 별; 刀-총7획; [bié]나누다, 헤어지다, 갈라짐 *나누다;하나를 둘 이상을 가르다, 여러 가지가 섞인 것을 구분하여 분류하다,같은 핏줄을 타고 나다 *별(別);보통과 다르게 두드러지거나 특별한 *별(別)나다;보통과는 다르게 특별하거나 이상하다

824) 기후(氣候);기온 비 눈 바람 따위의 대기(大氣) 지구를 둘러싸고 있는 기체 층, 일정한 지역에서 여러 해에 걸쳐 나타난 기온 비 눈 바람 따위의 평균 상태

825) 然其五方之音各異, 邪正之辨紛紜。夫音非有異同, 人有異同, 人非有異同, 方有異同, 盖以地勢別而風氣殊, 風氣殊而呼吸異, 東南之齒唇, 西北之頰喉是已。遂使文軌雖通, 聲音不同焉。矧吾東方表裏山河, 自爲一區, 風氣已殊於中國, 呼吸豈與華音相合歟! 然則語音之所以與中國異者理之然也。至於文字之音則宜若與華音相合矣,
然其呼吸旋轉之間, 輕重翕闢之機, 亦必有自牽於語音者, 此其字音之所以亦隨而變也。……. 오방(五方)의 음(音)이 각각 다르므로 그르니 옳으니 하는 분변이 여러 가지로 시끄러웠다. 대저 음(音)이 같고 다름이 있는 것이 아니라, 사람이 같고 다름이 있고, 사람이 같고 다름이 있는 것이 아니라, 사람이 사는 방향이 같고 다름이 있나니, 대개 지세(地勢)가 다름으로써 기후와 풍습이 다르고, 기후와 풍습이 다르면 호흡하는 것이 다르니, 동쪽 사람은 치음(齒音)으로 발음하고 남쪽 사람은 순음(脣音)으로 발음하고, 서쪽 사람은 후음(喉音)으로 발음하고 북쪽 지방의 사람은 양 볼(頰)을 많이 써서 발음하는 것이 곧 이것이다. 드디어 글과 법도는 비록 통하게 하였을지라도 성음(聲音)으로는 같지 않은 것이다 하물며 우리 동방은 안팎 강산이, 저절로 한 구역이 되어, 풍습과 기질이 이미 중국에 다르니, 호흡이 어찌 중국 음과 서로 합치될 것이랴. 그러한즉, 말의 소리가 중국과 다른 까닭은 이치의 당연한 것이고, 문자의 음에 이르러서는 마땅히 중국 음과 서로 부합될 것 같으나, 호흡이 돌고 구르는 사이에, 가볍고 무거움과 열리고 닫힘의 조음(調音)이(그 발음이 흘러나오는 사이에 가볍고 무겁게 열리고 합하는 조음이)이 또한 반드시 말의 소리에 저절로 끌림이 있어서, 이것이 곧 또한 글자의 음이 따라서 변화게 된 까닭이니…….<東國正韻序>

盖外[826]國[827]之語。有其聲而無其字。假中國之字以通其用。是猶枘[828]鑿[829]之鉏[830]鋙[831]也。豈能達[832]而無礙[833]乎。

대개 나라 밖의 말은 그 소리는 있으나 글자가 없으니, 나라 가운데의 글자를 빌어서 그것을 사용하여 통하게 하니, 이는 마치 모난 자루를 둥근 구멍에 맞추어 넣은 것과 같이 틀어져서 어긋나는 것이니, 어찌 능히 통달하는데 막힘이 없을 수 있겠는가?

要°[834]皆各隨所°處[835]而安。不可强之使同也。

요컨대 다 각각 처해 있는 곳에 따라 편안하게 함이지, 억지로 같게 할 수는 없는 것이다.

---

826) 外 밖 외; 夕-총5획; [wài]밖, 바깥, 이전, 용의(容儀), 차림 *외外;일정한 범위나 한계를 벗어남을 나타내는 말 *외적外的;외부적인, 물질이나 겉모습에 관한 *외-;일부 명사 앞에 붙어 밖이나 바깥의 뜻을 더하는 접두사

827) 國나라 국;나라, 서울, 나라를 세우다 *외국外國;자기 나라가 아닌 다른 나라

828) 枘 장부 예; 木-총8획; [rùi]장부, 촉꽂이 *장부;한 부재(의 구멍에 끼울 수 있도록 다른 부재의 끝을 가늘고 길게 만든 부분 *촉꽂이;구멍에 꽂게 된 뾰족한 장부 *筝;笋 죽순 순; 艸-총8획; [sǔn]죽순, 대 싹, 초목 성하다 *촉;난초의 포기, 싹의 경상 방언 *순筍;나무의 가지나 풀의 줄기에서 새로 돋아 나온 연한 싹

829) 鑿 뚫을 착; 金-총28획; [záo]뚫다, 끊다, 열다, 끝까지 캐다, 끌, 나무에 구멍을 파는 연장, 경형(黥刑), 얼굴에 죄명(罪名)을 자자(刺字)하는 형벌 *예조枘鑿=방예원조方枘圓鑿;모난 자루와 둥근 구멍이라는 뜻으로, 사물이 서로 맞지 않음을 이르는 말

830) 鉏 호미 서; 金-총13획; [hú,zhū,zǔ]호미, 괭이, 김매다, 죽이다

831) 鋙 어긋날 어; 金-총15획; [wú]어긋나다 *서어鉏鋙;틀어져서 어긋남

832) 達 통달할 달; 辵-총13획; [dá,tà]통달하다, 다다르다, 미치다, 나오다, 꿰뚫다, 자라다, 깨닫다, 생기다, 정통하다, 통하게 하다, 길이 엇갈리다 *통달通達;막힘없이 환히 통함, 삼물의 이치나 지식 기술 따위를 훤히 알거나 아주 능란하게 함

833) 礙 거리낄 애; 石-총19획; [ài]거리끼다, 방해하다, 가로막다, 한정하다 *거리끼다;일이나 행동 따위를 하는 데에 걸려서 방해가 되다 *애;초조한 마음속, 몹시 수고로움 *애매曖昧하다;희미하여 분명하지 아니함, 희미하여 확실하지 못함

834) 要 구할 요; 襾-총9획; [yào,yāo]구하다, 요구하다, 원하다, 바라다, 잡다 *요점要點;가장 중요하고 중심이 되는 사실이나 관점 *요지要旨;말이나 글 따위에서 핵심이 되는 중요한 내용 *요要-컨대;중요한 점을 말하자면, 여러 말 할 것 없이

835) 處 살 처; 虍-총11획; [chù,chǔ]살다, 머물러 있다, 남아서 지키다, 묵다, 쉬다, 마음을 두다, 거처하다, 자리를 차지하고 있다, 집에 있다, 야(野)에 있다, 벼슬을 하지 않다, 두다, 자리 잡고 있다, 안정시키다, 저축하다 *처處하다;어떤 형편이나 처지處地(처하여 있는 사정이나 형편)에 놓이다

吾[836)]東方[837)]禮樂[838)]文章[839)]。侔[840)]擬[841)]華夏[842)]。但[843)]
方言[844)] 俚語[845)]。不與之同。

우리 동방은 예악과 문장은 화하(華夏)와 가지런하다. 다만 방언(方言) 이어(俚語)가 그와 더불어 같지 못하다.

學書[846)]者患[847)]其旨[848)]趣[849)]之難曉[850] 。治獄[851)]者病[852)]
其曲折之難通。

글자를 배우는 이는 그 뜻의 깨치기 어려움을 근심하고, 옥(獄)을 다스리는 사람은 그 곡절의 통하기 어려움을 걱정했다.

---

836) 吾나 오;口-총7획; [wú]나, 자신, 당신, 그대, 글 읽는 소리 *我나 아;戈-총7획; [wǒ]나, 우리, 외고집 *나;남이 아닌 자기 자신 *우리;말하는 이가 자기와 듣는 이 또는 가지와 듣는 이를 포함한 여러 사람을 가리키는 일인칭 대명사, 울타리, 짐승을 가두어 기르는 속 *아我;온갖 사물의 근원에 있으면서 개체를 지배하고 통일하는 독립 영원의 주체 *아우르다;여럿을 모아 한 덩어리나 한 판이 되게 하다
837) 동방東方;해가 뜨는쪽, 동쪽에 있는 지방 *西方;해가 지는 쪽, 서쪽의 지방 *國나라 국*東國;天帝의 나라 桓國 *東方(天下)=東國+中國+外國
患 근심 환; 心-총11획; [huàn]근심, 걱정, 고통, 재난, 병(病), 근심하다, 앓다, 병들다 *근심;해결되지 않은 일 때문에 속을 태우거나 우울해함
838) 예악禮樂;예절과 음악
839) 文글월 문;무늬, 채색, 얼룩, 문자, 글,〔언〕문장, 학문·문화·예술 등을 무(武)에 상대하여 이르는 말 *章글 장;글, 문장, 악곡의 절(節), 시문의 절(節), 문장을 몇 부분으로 크게 나눈 단락 *문장文章;한 나라의 문명을 이룬 예악과 제도 또는 그것을 적어 놓은 글
840) 侔 가지런할 모; 人-총8획; [móu]가지런하다, 힘쓰다, 취하다, 꾀하다 *가지런하다;여럿이 층이 나지 않고 고르게 되어 있다 *가지;나무나 풀의 원줄기에서 뻗어 나온 줄기,사물을 그 성질이나 특징에 따라 종류별로 낱낱이 헤아리는 말
841) 擬 헤아릴 의;[nǐ];헤아리다, 비기다, 비교하다, 본뜨다, 흉내 내다, 모방하다 *헤아리다;많은 수를 나타내거나 어느 수에 이르다, 짐작하여 가늠하거나 미루어 생각하다, 수량을 세다 *비기다;서로 비금비금하여 승부를 가리지 못하다, 서로 견주어 보다, 어떤 사물을 다른 사물에 빗대어 말하다
842) 화하華夏;화하족華夏族 보통은 '華'와 '夏'로 분리시켜 부른다. 華는 영(榮)을, 夏는 중국 사람, 즉 中原사람을 뜻한다. 춘추시대 이후에는 제하(諸夏)라고도 칭했다
843) 但 다만 단; 人-총7획; [dàn]다만, 무릇, 부질없이 *다만;다른 것이 아니라 오로지, 앞의 말을 받아 예외적인 사항이나 조건을 덧붙일 때 그 말머리에 쓰는 말
844) *방언方言;한 언어에서 사용 지역 또는 사회 계층에 따라 분화된 말의 체계, 사투리, 신약 시대에 성령에 힘입어 제자들이 자기도 모르는 외국 말을 하여

이방인을 놀라게 한 말 또는 황홀 상태에서 성령에 의하여 말해진다는 내용을 알 수 없는 말 *방언혼잡方言混雜;구약 성경에 있는 설화의 하나 노아의 홍수 이후 사람들이 자기들의 죄악은 생각하지 않고 바빌로니아 평야에 높은 탑을 쌓아 스스로 홍수의 난을 피하려 하자 하나님이 인간의 언어를 혼잡하게 하여 서로 뜻이 통하지 않도록 만들어 탑을 세우지 못하게 하였고 사람들을 뿔뿔이 흩어지게 하였다고 한다 *방언집석方言集釋方言;조선 정조 2년(1778)에 홍명복 등이 지은 외국어 학습서 낱말을 한자어로 적고 그 밑에 우리말로 근대 중국어 淸語 몽골어 일본어를 각각 써넣었다 *方言-섬;동일한 방언지격 안에서 고립하여 존재하는 특이한 언어 지역 *방언권方言圈;방언 구획에 의하여 나뉜 각 지역

845) 俚語=俚言;항간巷間에 떠돌며 쓰이는 속된 말, 常말;점잖지 못하고 상스러운 말 *이언俚諺;항간에 퍼져 있는 속담 *俚語는 정규적인 文語와는 구별되는 口語를 가리키는 말을 가리키는 것으로 주로 항간의 속된 구어 정도의 의미를 지닌 말이다, 文으로 표현할 수 없는 말 俚語는, 한글의 창제와 더불어 비로소 '정상적으로' 표기될 수 있게 되었다 *親制諺文二十八字…… 凡}于文字及本{國俚語 皆可得而書字雖簡要 轉換無窮 是謂訓民正音…….이달에 임금이 친히 언문 28자를 지었는데……. 무릇 문자에 관한 것과 본국의 이어에 관한 것을 모두 쓸 수 있고, 글자는 비록 간단하고 요약하지만 전환이 무궁하니, 이를 '훈민정음'이라고 하였다……. (是月 上 <세종실록>25년(1443) 12월 경술(30일)*方言은 地方의 언어라는 지역적 함의가 있는 용어로 볼 수 있고, 俚語는 지방의 언어라는 뜻과 함께 세간에서 쓰는 속된 언어라는 사회적 함의를 가진 것으로 볼 수 있으며, 俚語는 항간의 일상생활에서 사용하는 말 또는 구어정도의 의미로 사용되었다고 할 수 있다. 方言俚語는 方言이 가진 지역적 함의와 俚語가 가진 사회적 함의를 포괄 하는 것이다. 이와 같은 포괄적 의미에서 方言俚語는 결과적으로 중원어에 대한 상대어로서 우리말을 총칭하는 용어라 할 수 있다.

846) 書 쓸 서; 曰-총10획; [shū]쓰다, 글씨를 쓰다, 기록하다, 글자, 문자, 글씨, 서법 *쓰다;붓 펜 연필과 같이 선을 그을 수 있는 도구로 종이나 다른 편평한 면 위에 획을 그어서 일정한 글자의 모양이 이루어지게 하다, 머릿속의 생각을 종이 혹은 이와 유사한 대상 따위로 글로 나타내다 *글;어떤 생각이나 일 따위의 내용을 글자로 나타낸 기록 *글자(字);말을 적는 일정한 체계의 부호

847) 患 근심 환; 心-총11획; [huàn]근심, 걱정, 고통, 재난, 병(病), 근심하다, 앓다, 병들다 *근심;해결되지 않은 일 때문에 속을 태우거나 우울해함

848) 旨 맛있을 지; 日-총6획; [zhǐ]맛있다, 맛있는 음식, 아름답다, 선미(善美)하다 *맞다;문제에 대한 답이 틀리지 아니하다, 쏘거나 던지거나 한 물체가 어떤 물체에 닿다 *맛;음식 따위를 혀에 댈 때에 느끼는 감각 *맛있다;음식의 맛이 좋다

849) 趣 달릴 취; 走-총15획; [qù]달리다, 향하다, 미치다, 다다르다 *달리다;입맛이 당기도록 맛이 있다, 글이나 말에 설명 따위를 덧붙이거나 보태다*달리다;재물이나 기술의 따위가 모자라다, 달음질쳐 빨리 가거나 오다 *旨趣;어떤 일에 대한 깊은 맛 또는 그 일에 깃들여 있는 깊은 뜻 *취지趣旨;어떤 일의 근본이 되는 목적이나 긴요한 뜻

850) 曉 새벽 효; 日-총16획; [xiǎo]새벽, 동틀 무렵, 밝다, 환하다, 깨닫다, 환히 알다

851) 獄 옥 옥; 犬-총14획; [yù]옥, 감옥, 송사, 소송, 죄의 유무를 조사하여 처단하는 일 *옥獄;죄인을 가두어 두는 곳 *監獄감옥;죄인을 가두어 두는 곳, 대한 제국 때에 형벌의 집행에 관한 일을 맡아보던 관청 *곡절曲折;구불구불 꺾여 있는 상태, 복잡한 사정이나 이유 까닭

昔[853]新羅[854]薛聰[855]。始[856]作[857]吏讀[858]官府[859]民間[860]。至今[861]行之。

옛날 신라의 설총(薛聰)이, 비로소 이두(吏讀)를 지어서 시행하였는데, 관청과 민간에서는 이제까지도 그것을 쓰고 있다.

然皆假字而用。或[862]澁[863] 或窒[864]。

그러나 모두 글자를 빌어서 사용하므로, 혹은 껄끄럽기도 혹은 막히기도 한다.

非但[865]鄙陋[866]無稽[867]而已。至於言語[868]之間[869]。則不能達[870]其萬一[871]焉。

다만 너절하고 더럽고 뿌리가 없을 뿐만 아니라, 언어(言語)의 사용에 이르러서는 곧 능히 거의 그 뜻이 미치지 못했다.

---

852) 病 병 병; 疒-총10획; [bìng]병, 질병, 흠, 하자, 근심, 굳어진 좋지 않은 버릇, 괴로워하다, 어려워하다, 피곤하다, 원망하다, 괴롭히다, 비방하다, 욕보이다, 책망하다 *병病;생물체의 전신이나 일부분에 이상이 생겨 정상적으로 활동이 이루어지지 않아 괴로움을 느끼게 되는 현상

853) 昔 예 석; 日-총8획; [xī]예, 옛, 옛날, 오래다, 오래 되다, 접때, 앞서

854) 新 새 신; 斤-총13획; [xīn]새, 새로운, 처음, 처음으로, 새로, 새롭게 *羅 새그물 라{나}; 网-총19획; [luó]새그물, 깁, 벌다, 벌리다, 지남철

855) 薛 맑은대쑥 설; 艸-총17획; [xuē]맑은대쑥, 향부자(香附子), 주(周)나라의 제후 *聰 귀 밝을 총; 耳-총17획; [cōng]귀가 밝다, 총명하다, 듣다 *설총薛聰;신라 경덕왕(신라 제 35대 왕 -765)때 학자이자 東國 18현의 첫 賢人. 시호는 홍유후(弘儒侯). 할아버지는 나마 담날(談捺), 아버지는 원효대사 설서당(薛誓幢)이며 어머니는 태종 무열왕의 딸 요석공주(瑤石公主)이다. 자(字)는 총지(聰智)이며 경주 설씨 시조 호진(虎珍)의 후손으로, 설총은 경주 설씨의 중시조이다. 고대 한국어의 표기법인 이두(吏讀)를 정리하고 집대성하였으며, 신라에 유교를 확립시킨 뛰어난 유학자로 당대에 함께 활동했던 강수(强首), 후대의 최치원(崔致遠)과 함께 신라 삼현으로 추앙받았다

856) 始 처음 시; 女-총8획; [shǐ]처음, 비롯하다, 시작하다, 근본, 근원 *비로소;어느 한 시점을 기준으로 그 전까지 이루어지지 아니하였던 사건이나 사태가 이루어지거나 변화하기 시작함을 나타내는 말

857) 作 지을 작; 人-총7획; [zuó,zuō,zuò]짓다, 일어나다, 일으키다 *짓다;재료

를 들여 밥 옷 집 따위를 만들다, 이어져 온 일이나 말 따위의 결말이나 결정을 내다 *시작始作;어떤 일이나 행동의 처음 단계를 이룸 *시작되다;어떤 일이나 행동이 어떤 사건이나 장소에서 처음으로 발생되다

858) 吏 벼슬아치 리{이}; 口-총6획; [lì]벼슬아치, 다스리다, 벼슬아치로서 정사를 돌보다, 아전, 지방 관아의 속료(屬僚)*벼슬아치;관청에 나가서 나랏일을 맡아보는 사람 *아전衙前;조선 시대에 중앙과 지방의 관아에 속한 구실아치로 중앙 관서의 衙前을 京衙前 지방 관서의 아전을 外衙前이라고 하였다 *구실아치;조선 시대에 각 관아의 벼슬아치 밑에서 일을 보던 사람 *구실;자기가 마땅히 해야 할 맡은 바 책임 *讀 읽을 독; 言-총22획; [dú,dòu]읽다, 소리를 내어 글을 읽다, 문장 구절의 뜻을 해독하다, 풀다, 설명하다, 읽기, 읽는 법 *이두吏讀·吏頭;삼국 시대부터 한자(漢字)의 음과 뜻을 빌려 우리말을 적던 표기법, 이도(吏道). 이서(吏書). 이토(吏吐) *東京明期月良(이두표기)셔블 발기 다래(향가발음)서울 달이 밝을 때에(현대어 풀이)

859) 관부官府;정부나 관청, 조정이나 정부, 관아官衙(예전에 벼슬아치들이 모여 나랏일을 처리하던 곳)

860) 민간民間;일반 백성들 사이, 관청이나 정부 기관에 속하지 않음

861) 지금至今;'지우금(至于今)'의 준말 오늘에 이르기 까지

862) 或 혹 혹; 戈-총8획; [huò]혹, 혹은, 있다, 늘, 언제나, 혹시或是의 준말, 간혹間或의 준말 *或是;그럴리는 없지만 만일에, 어쩌다가, 어떠한 때에 *혹은;그렇지 아니하면 또는 그것이 아니라면, 더러는

863) 澁 떫을 삽; 水-총15획; [sè]떫다, 껄끄럽다, 말하기를 꺼리다, 말을 더듬다, 澀과 同字 *떫다;설익은 감의 맛처럼 거세고 텁텁한 맛이 있다, 하는 짓이나 말이 덜되고 못마땅하다 *떨떠름하다;떫은 맛이 있다, 흐리멍덩하여 어딘가 똑똑하지 않은 데가 있다 *떨떨하다;얼떨떨하다;뜻밖의 일로 당황하거나 여러 가지 일이 복잡하여 정신이 매우 얼떨하다, 머리가 몹시 울리고 어지럽다 *껄끄럽다;꺼끄러기 따위가 살에 닿아서 뜨끔거리는 느낌이 있다, 미끄럽지 못하고 껄껄하거나 꺼칠꺼칠하다

864) 窒 막을 질; 穴-총11획; [zhì]막다, 막히다, 차다, 가득 차다, 메이다, 통하지 아니하다 *막다;길 통로 따위가 다니지 못하도록 하다, 어떤 일이나 행동을 못하게 하다

865) 但 다만 단; 人-총7획; [dàn]다만, 무릇, 부질없이 *다만;다른 것이 아니라 오로지, 앞의 말을 받아 예외적인 사항이나 조건들 덧붙임 때 그 말머리에 쓰는 말 *非但;부정하는 말 앞에서 다만 오직의 뜻으로 쓰이는 말

866) 鄙다라울 비;다랍다, 인색(吝嗇)하다, 어리석음, 천하게 여기다, 행정구획 *다랍다;때가 찌꺼기 따위가 있어 조금 지저분하다 *더럽다;때나 찌꺼기 따위가 있어 지저분하다, 일이 잘 풀리지 않아 더럽다 *陋 좁을 루{누}; 阜-총9획; [lòu]좁다, 장소가 좁다, 견문이 좁고 적다, 낮다, 신분이 낮다, 키가 작다, 부피가 작다, 천하다, 미천하다*좁다;너비나 공간이 작다, 내용이나 범위 따위가 널리 미치지 아니하다 *누추陋醜하다;지저분하고 더럽다 *비루鄙陋하다;행동이나 성질이 너절하고 더럽다 *비루;개나 말 나귀 따위의 피부가 헐고 털이 빠지는 병 *비루먹다;개 말 나귀 따위의 피부가 헐어서 털리 빠지고 이런 현상이 차차 온몸에 번지는 병에 걸리다

867) 稽 머무를 계; 禾-총15획; [jī,qǐ]머무르다, 머무르게 하다, 쌓다, 저축하다 *무계無稽;무계하다의 어근=무근하다*무근無根하다;뿌리가 없다, 근거根據가 없다

癸亥冬。我[872)]

계해년(癸亥年) 세종 25년 1443년 겨울에, 우리

殿下[873)]創制[874)]正音[875)]二十八字。

전하께서 정음 스물 여덟 글자를 창제하시고

略[876)]揭[877)]例[878)]義[879)]以示 之。名曰訓民正音[880)]。

대략 본보기와 바른 뜻을 들어 보이시어, 이름을 훈민정음이라 하셨다.

---

868) 언어言語;음성 또는 문자를 수단으로 사상이나 감정을 표현하고 의사를 전달하는 수단 또는 그 음성이나 문자 따위의 사회 관습적인 체계 *언어적言語的;말로 하는 또는 그런 것

869) 間 틈 간; 門-총12획; [jiān,xián]틈, 閒의 俗字 *閒틈 한{사이 간};틈, 사이, 들이다, 받아들이다 *사이;한 곳에서 다른 곳까지 또는 한 물체에서 다른 물체까지의 거리나 공간, 서로 맺는 관계

870) 達 통달할 달; 辵-총13획; [dá,tà]통달하다, 다다르다, 미치다, 나오다, 꿰뚫다, 자라다, 깨닫다, 생기다, 정통하다, 통하게 하다, 길이 엇갈리다

871) 만일(萬一);일을지도 모르는 뜻밖의 경우=만약, 만 가운데 하나 정도로 아주 적은 양 *훈민정음의 창제는 국어를 표기하기에 불완전한 이두를 정음으로 대체하고자 한 것이 그 중요한 목적의 하나였다.

872) 我나 아;戈-총7획; [wǒ]나, 우리, 외고집 *나;남이 아닌 자기 자신 *우리;말하는 이가 자기와 듣는 이 또는 가지와 듣는 이를 포함한 여러 사람을 가리키는 일인칭 대명사, 울타리, 짐승을 가두어 기르는 속 *아我;온갖 사물의 근원에 있으면서 개체를 지배하고 통일하는 독립 영원의 주체 *아우르다;여럿을 모아 한 덩어리나 한 판이 되게 하다

873) 展 펼 전; 尸-총10획; [zhǎn]펴다, 늘이다, 발달하다 *전하(殿下);왕이나 왕비 또는 왕족을 높여 부르는 말

874) 創 비롯할 창; 刀-총12획; [chuàng,chuāng]비롯하다, 만들다, 혼이 나다, 데다 *창제(創制);전에 없던 것을 처음으로 만들거나 제정(制定) 제도나 법률 따위를 만들어 정함

875) 정음正音;한자의 바른 음을 뜻하는 관용어

876) 略 다스릴 략{약}; 田-총11획; [lüè]다스리다, 경륜하다, 둘러보다, 빼앗다 *약略;생략의 준말 *約 묶을 약; 糸-총9획; [yuē,yāo]묶다, 다발 짓다, 합치다, 따르다, 약속하다 *약約;대강 대략의 뜻으로 그 수량에 가까운 정도임은 나타내는 말*대략(大

略);대강의 줄거리 *생략(省略);전체에서 일부를 줄이거나 뺌
877) 揭 들 게; 手-총12획; [jiē]들다, 높이 들다, 걸다, 추다, 추어올리다, 현명(縣名) *들다;설명하거나 증명하기 위하여 사실을 가져다 대다
878) 例 법식 례{예}; 人-총8획; [lì]법식, 보기, 다, 대부분 *법식(法式);법도(法度)와 양식(樣式)을 아울러 이르는 말 *법도(法度);법률과 제도를 아울러 이르는 말 *양식(樣式);일정한 모양이나 형식 *보기;본보기;본을 받을 만한 대상, 어떤 사실을 설명하거나 증명하기 위하여 내세워 보이는 대표적인 것, 어떤 조치를 취하기 위하여 대표로 내세워 보이는 것
879) 義 옳을 의; 羊-총13획; [yì]옳다, 바르다, 평평하다 *義;글이나 글자의 뜻
880) 훈민정음=어제 서문+예의(例義) (초성 중성 종성 자형과 음가+표기 운용 규정) *훈민정음(訓民正音)은 백성에게 가르치는 한자의 바른 음이라는 뜻이다. 훈민정음은 언문으로 만들었습니다. 세종의 훈민정음 이전에 언문이 이미 존재하고 있었습니다. 고려 때부터 이미 동국(東國)에서는 언문(한글)이 한창 잘 사용되고 있었다. 우리말 표기에 언문이 사용되고 있었다. 이 언문을 한자의 발음표기에 이용한 것이 바로 훈민정음이다. 즉, 훈민정음은 한글과 전혀 별개의 것이다. 훈민정음이 만들어지고 나서 우리말을 훈민정음으로 표기한 것이 아니다. 지금 우리가 한글을 사용하는 것은 훈민정음 때문이 아니라 언문 때문입니다. 우리말을 표기하고 있던 한글(언문)을 한자의 발음표기에 사용하기 위해, 언문 27자에 ㆆ여린 히읗을 추가하여 28자로 만든 것이 훈민정음이다. 훈민정음은 당시까지 사용되고 있었던 한자의 발음표기법이었던, 반절의 불편함을 개선하기 위해 세종이 친히 기막힌 발상을 내놓은 정책을 가리키는 것이다. 즉, 기존의 반절법을 대체하여 언문으로 한자의 발음을 표기하게 하겠다는 것이 바로 세종의 훈민정음이다. 한자의 발음표기에 있어 이러한 혁명적인 발상은 세종 이전에 그 누구도 생각하지 못했다. 이것이 바로 세종의 창제(創制)이다. 세종은 언문을 이용하여 두 가지의 정책을 폈다. 언문으로 만든 훈민정음을 한자의 발음표기법으로 사용하는 정책과 관공서에서 사용하고 있는 이두를 대체하여, 이두 대신 언문을 사용하게 하겠다는 정책이다. 훈민정음은 문맹퇴치와는 관계가 없다. 문맹퇴치와 관계가 있는 것은 이두를 대체하여 언문을 사용하게 하겠다는 정책이다. 이두 대신 언문을 사용하는 정책은 세종이 처음 시행한 것이 아니라, 고려 때 이미 시행했었다.
881) 象 코끼리 상; 豕-총12획; [xiàng]코끼리, 상아(象牙), 모양, 그림 *像 형상 상; 人-총14획; [xiàng]형상, 본뜬 형상, 닮다 *상像;눈에 보이거나 마음에 그려지는 사물의 형체, 사람이나 물건의 형체를 본뜬 입체적 조형물이나 그림, 본보기, 광원에서 비치는 빛이 거울이나 렌즈에 의하여 반사하거나 굴절한 뒤에 다시 모여서 생긴 원래의 발광 물체의 형상 스크린 위에 비추어 낼 수 있는 실상實像과 허상虛像의 두가지가 있다 *본本-뜨다;무엇을 본보기로 삼아 그대로 좇아 하다, 이미 있는 대상을 본으로 삼아 그대로 좇아 만들다 *本밑 본;밑, 뿌리, 기초, 근본, 기원, 근원, 바탕, 소지(素地)*본;본보기, 버선이나 옷 따위를 만들 때에 쓰기 위하여 본보기로 만든 실물 크기의 물건 *뜨다;본을 받아 그와 같게 만들다*形 모양 형; 彡-총7획; [xíng]모양, 몸, 육체, 형세, 세력 *모양模樣;겉으로 나타나는 생김새나 모습, 어떠한 형편이나 되어 나가는 꼴 *형상形狀;=형상形象;사물의 생긴 모양이나 상태, 마음과 감각에 의하여 떠오르는 대상의 모습을 떠올리거나 표현함 *상형象形;어떤 물건의 형상을 본뜸 *상형설象形說;훈민정음 자모字母의 기원설의 하나 곧 훈민정음의 창제원리가 발음기관이나 삼재三才의 모양을 본뜬 것이라고 하는 설이다

象形[881]而字倣[882]古篆[883]。因聲而音叶[884]七調[885]。

모양을 본떴으나 글자는 옛 전서를 본떴고, 소리(聲)를 따랐으나 음(音)은 일곱 가락(七調)에 들어 맞다.

三極[886]之義。二氣之妙。莫不該[887]括[888]。

삼극의 뜻과, 음양의 묘가, 다 갖추지 아니함이 없는 것이다.

---

882) 倣 본뜰 방; 人-총10획; [fǎng]본뜨다, 준거하다, 의지하다

883)篆 전자 전; 竹-총15획; [zhuàn]전자, 진(秦)나라 이 사(李斯)가 만들었다고 함, 도장, 도장 글을 전자체로 쓰는 데서 이른다, 사람의 이름자 *소도경전: ...<유기(留記)>에 이르되 신획(神劃)이 일찍이 태백산의 푸른 바위의 벽에 있는데, 그 모양이 'ㄱ' 과 같으니 세상 사람들이 이르기를 신지 선인이 전한 바라 하며, 혹자는 '이것이 글자 만듦의 시초가 된다'라고 하는데, 그 획은 직일(直一)과 곡이(曲二)의 형상이며, 그 뜻은 관리, 통제 하에 형상대로 지었고, 그 형상과 그 소리 또한 자연의 뜻이 계산된 데서 나온 것이다.<蘇塗經典> ...留記云神劃曾在太白山靑岩之壁其形如ㄱ世稱神誌仙人所傳也或者以是爲造字之始則其劃直一曲二之形其義有管制之象其形其聲又似出於計意然者也... 위 <유기(留記)>에서 其形其聲이라 했으니 이 글자는 자연의 형상과 소리를 본 따 만들었다는 말이니, 상형 문자인 '뜻글인 동시에 소리글' 이라는 것이다*고전古篆;경자2년(BC2181)3세 가륵 단군 때 지방마다 말이 서로 다르고 상형문자(象形文字: Hieroglyphic, 뜻글자)인 진서(眞書: 배달국때 만들어진 녹도문으로 현재의 한자漢字의 전신)가 있다 해도 열가구(十家口)가 있는 마을에도 말이 통하지 않는 경우가 많고 백리 되는 땅의 나라에서도 글을 서로 이해하기 어려워 삼랑(三郎) 을보륵(乙普勒) 박사에게 국문정음(國文正音: 가림다문加臨多文 혹은 가림토加臨土글자라함) 38자를 만들게 했다 *전자篆字;세종대왕 때 집대성한 훈민정음은 가림다문加臨多文를 활용한 글이다 훈민정음의 모양은 옛 전자篆字를 모방하였다 즉 단군이 쓰던 신전神篆(=篆字)의 글자를 모방하였다. 한글의 子音(자음)은 원(○) 방(□) 각(△)에서 비롯되었고 母音(모음)에는 천天(.)지地(ㅡ) 인人(ㅣ) 으로 구성되어 있다 즉 天圓(천원) 地平(지평) 人立(인립)으로 되어있다 [檀奇古史]*훈민정음은 세종대왕이 사물의 모습에서가 아니라 사람이 소리를 낼 때의 모습에서 자음과 모음으로 나타낸 것이 된다. 훈민정음의 모태가 되는 고전(古篆)은 단군조선 시대 초기인 서기전2181년에 정립된 소리글자 즉 정음으로 불리는 가림토 38자를 가리키는 것이다.

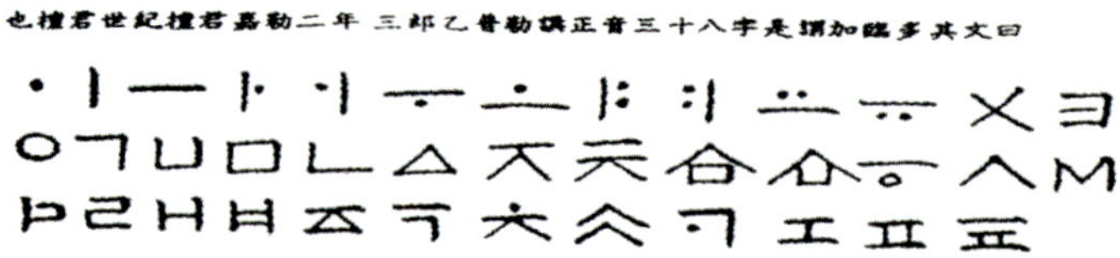

가림토 문자 38자

884) 叶화합할 협;화합하다, 맞다
885) 七調(칠조);《악학궤범》권 7에 의하면 평조와 계면조에는 각각 7조(key)가 있었는데, 일지(一指; 主音 姑洗), 이지(二指; 仲呂), 삼지(三指; 林鐘), 횡지(横指, 四指; 南呂)의 4조는 낙시조(樂時調)라 하고, 횡지(横指, 四指; 南呂), 우조(羽調, 五指; 主音 無射), 팔조(八調, 六指; 淸黃鐘),막조(邈調, 七指; 淸太簇)의 4조는 우조(羽調)로 대표하였다. 이 중 낙시조(樂時調)는 선조 이후로 평조(平調)로 바꾸어 썼으며 낮은 조라는 뜻이고, 우조(羽調)는 웃조의 한자 표기이다. 조선 초기 성종 때 사용된 향악의 악조에서 중심음의 높낮이를 나타내는 7가지 조. 아악에는 12조를 사용했으나 향악에서는 7조가 사용되었다. 평조와 계면조 두 선법에는 7조가 있었는데 7조란 일지·이지·삼지·사지·오지·육지·칠지를 말한다. 사지는 횡지, 오지는 우조, 육지는 팔조, 칠지는 막조라고도 불렸다. 조선 초기 향악의 7조는 사지까지 낙시조에 속하고 사지부터 칠지까지 우조로 구분했다. 즉 향악의 7조에 두 선법이 함께 쓰여 14가지 악조가 조선 성종 때 사용되었다. 임진왜란 후에는 4가지 악조만 쓰여 평조·우조·우조계면조·평계면조만 남았다. 그후 〈삼죽금보〉에는 우조·평계면조·계면조 3조만 쓰이다가 평계면조도 점차 쓰이지 않게 되어 오늘날에는 우조와 계면조의 2조로 줄어들었다.《악학궤범》의 '악조총의'(樂調總義, 제 1권 24쪽) 첫머리에서는 '俗樂則只用七調'(속악은 다만 칠조만 쓴다)라고 하였으므로 7조는 속악 즉, 향악에 사용한 조(調)의 이름이라고 할 수 있습니다. 그러므로 훈민정음 해설에서 향악의 원리가 사용되었다는 점을 알 수 있다.《악학궤범》은 성종 24년(1493)에 편찬된 것이지만, 그 내용은 세종대왕 당시의 음악 이론이 주도된 것으로 볼 때, 속악(향악) 칠조가 이미《훈민정음》정인지 꼬리글(세종 28년)에 언급된 것을 보면, 세종대왕 시기에 향악의 조(調)에 대한 이론이 정리되어 있었던 것이다.
886) 三極(삼극);세 가지 극이라는 뜻으로 이 세상의 세 가지 법칙을 통칭해서 부른다. 삼극의 요소로는 무극(無極), 태극(太極), 황극(皇極)이 있다
887) 該 그 해; 言-총13획; [gāi]그, 사물을 지사하는 말, 갖추다, 갖추어지다 *갖다;가지다(손이나 몸에 지니다)의 준말*갖은;골고루 다 갖춘 *갖추다;있어야 할 것을 골고루 준비하여 가지거나 차리다
888) 括 묶을 괄; 手-총9획; [guā,kuò]묶다, 감독하다, 단속하다, 담다, 담아서 싸다 *훈민정음은 오음칠조(五音七調), 天地人 三太極의 삼재(三才), 음양오행(陰陽五行)의 이치를 모두 담고 있다는 것이다.
889) 簡 대쪽 간; 竹-총18획; [jiǎn]대쪽, 종이가 없던 옛날에 글을 쓰는 데 씀, 글, 책, 편지 *簡單하다;단순하고 간략하다, 단순하고 손 쉽다 *簡略하다;간단하고 짤막하다
890) 要 구할 요; 襾-총9획; [yào,yāo]구하다, 요구하다, 원하다, 바라다, 잡다 *求하다;필요한 것을 찾거나 또는 그렇게 하여 얻다
891) 精 쓿은 쌀 정; 米-총14획; [jīng]쓿은 쌀, 정미, 쓿다, 찧다, 자세하다, 면밀하다
892) 通 통할 통; 辵-총11획; [tōng,tǒng]통하다, 꿰뚫다, 두루 미치다, 걷다, 보급되다, 탈 없이 통하다, 환히 비치다, 통하게 하다, 오가다, 왕래하다
893) 쉽게 지금 우리가 사용하고 있는 한글의 기본 자음과 기본 모음의 글자로 조합할 수 있는 글자만 하더라도 한 글자 즉 한 음절로서, 1,960개의 글자를 만들 수 있다. 초성기본자음 14개×중성기본모음10개×종성 기본자음14=1,960개 자음으로 ㄲ, ㄳ, ㄵ, ㄶ, ㄸ, ㄺ, ㄻ, ㄼ, ㄾ, ㅀ, ㅃ, ㅄ, ㅆ, ㅉ과 모음으로 ㅐ, ㅔ, ㅒ, ㅖ, ㅢ, ㅘ, ㅝ, ㅙ, ㅞ를 추가하여 조합하면 초성28×중성19개×종성28개=14,896개의 글자가 된다. 즉 자음과 모음을 조합하여 만들 수 있는 글자는 무한이라고 보면 된다.

以二十八字而轉換無窮。簡[889]而要[890]。精[891]而通[892]。
스물 여덟 글자로써 굴리고 바꾸면 궁함이 없어, 간단하고도 긴요함이 있고, 정묘하면서 두루 잘 통한다.[893]

故智者不終朝[894]而會[895]。愚者可浹[896]旬而學。
그러므로 지혜로운자는 아침나절이 끝나지 아니해서 깨칠 것이요, 어리석은 자라도 열흘이면 배울 수가 있다.

以是解[897]書[898]。可以知其義[899]。
이로써 글을 풀어 보면, 가히 그 뜻을 알 수가 있다.

以是聽[900]訟[901]。可以得[902]其情[903]。
이로써 송사(訟事)를 자세히 들을 수 있어, 가히 그 정황을 알 수가 있다.

字韻[904]則清濁[905]之能[906]辨[907]。樂歌[908]則律呂[909]之克[910]諧[911]。
글자의 운(韻)으로는 곧 청탁을 능히 가릴 수 있으며, 악곡의 노래는 곧 율여에 잘 맞는다.

---

894) 朝 아침 조; 月-총12획; [zhāo,cháo]아침, 처음, 시작의 때, 뵙다, 알현하다 *아침;날이 새면서 오전 반나절쯤까지의 동안
895) 會 모일 회; 曰-총13획; [huì,kuài]모이다, 모으다, 모임 *모으다;한데 합치다, 여러 사람을 한곳에 오게 하거나 한 단체에 들게 하다 *메지;일의 한가 지가 끝나는 단락 *메다;모이다의 경기 방언, 뚫려 있거나 비어 있던 곳이 묻히거나 막히다*메지다;메고 지다 *메치 다;메어치다의 준말 *메어치다;어깨 너머로 둘러메어 바닥에 힘껏 내리치다*이회理會;사리(事理)를 회득會得(마음 속으로 깨달아서 알아차림)함
896) 浹 두루 미칠 협; 水-총10획; [jiā]두루 미치다, 널리 퍼지다, 통하다, 사무치다, 젖다, 적시다
897) 解 풀 해; 角-총13획; [jiě,jiè,xiè]풀다, 가르다, 해부하다, 벗기다, 흩뜨리다, 열다, 용서하다, 놓아주다, 타이르다, 풀리다, 이해되다, 납득이 가다, 해이해지다, 떨어지다, 해지다, 화목해지다, 깨닫다, 또 깨달음 *풀다;묶이거나 감기거나 얽히거나 합

쳐진 것 따위를 그렇지 아니한 상태로 되게 하다
898) 書 쓸 서; 曰-총10획; [shū]쓰다, 글씨를 쓰다, 기록하다, 글자, 문자, 글씨, 서법 *서書;서경 書經;삼경(三經) 또는 오경(五經)의 하나. 중국의 요순(堯舜) 때부터 주나라 때까지의 정사(政事)에 관한 문서를 수집해서 공자(孔子)가 편찬한 책 *글;어떤 생각이나 일 따위의 내용을 글자로 나타낸 기록, 글자 *글자;말을 적는 일정한 체계의 부호
899) 義 옳을 의; 羊-총13획; [yì]옳다, 바르다, 평평하다 *의義;글이나 글자의 뜻 *뜻;말이나 글 또는 어떠한 행동 따위로 나타내는 속내
900) 聽 들을 청; 耳-총22획; [tīng]듣다, 자세히 듣다, 기다리다, 받다, 받아들이다 *듣다;사람이나 동물이 소리를 감각 기관을 통해 알아차리다, 눈물 빗물 따위의 액체가 방울져 떨어지다
901) 訟 송사할 송; 言-총11획; [sòng]송사하다, 재물을 다투다, 죄.시비곡절을 다투다, 글로 하소연하다, 호소하다, 송사, 논쟁 *송사訟事;백성끼리 분쟁이 있을 때 관부에 호소하여 판결을 구하던 일
902) 得 얻을 득; 彳-총11획; [dé,dė,děi]얻다, 이익, 이득, 덕
903) 情 뜻 정; 心-총11획; [qíng]뜻, 정, 본성(本性) *뜻;말이나 글 또는 어떠한 행동 따위로 나타내는 속내 *정황情況;일의 사정과 형편
904) 韻 운 운; 音-총19획; [yùn]운, 음운(音韻), 울림, 음성의 동화, 소리의 여음(餘音), 소리, 음향*운韻;운자韻字(한시의 운으로 다는 글자), 한자의 음절에서 성모(聲母)를 제외한 부분 또는 그것을 종류에 따라 나눈 것 성조의 차이에 따라 평성 상성 거성 입성의 사성으로 나누고 이를 다시 그 유사성에 따라 분류한 것을 이른다 예전에는 200여운이었으나 뒤에 정리되어 100여 운이 되었다
905) 청탁淸濁;청음과 탁음을 아울러 이르는 말
906) 能능할 능;능하다, 잘하다, 보통 정도 이상으로 잘하다, 미치다
907) 辨 분별할 변; 辛-총16획; [biàn]분별하다, 분명히 하다, 나누다 *분별分別하다; 서로 다른 일이나 사물을 구별하여 가름
908) 악가(樂歌);악곡(樂曲) 음악의 곡조 곧 성악곡 기악곡 관현악곡 따위를 통틀어 이르는 말, 고조를 나타낸 부호 또는 악장樂章에 따라 부르는 노래 *악장가사(樂章歌詞);고려시대부터 조선 초기까지의 속악(俗樂)과 가곡(歌曲)을 수록한 책 처용가 한림별곡 청산별곡 서경별곡 만전춘 따위의 24편의 시가詩歌가 실려 있다 *악장樂章;조선 초기에 발생한 시가 형태의 하나 나라의 제전(祭典)이나 연례(宴禮)와 같은 공식 행사 때 궁중 음악에 맞추어 불렀으며 주로 조선 왕조의 개국과 변영을 송축하였다 용비어천가 문덕곡 따위가 여기에 속한다
909) 律 법 률{율}; 彳-총9획; [lǜ]법, 법령, 정도, 비율, 자리, 지위, 등급, 가락 *율律;육률(십이율 가운데 양성(陽聲) 십이율 가운데 봉(鳳)의 울음을 상징한 육률(六律)의 소리에 속하는 여섯 가지 소리 황종 태주 고선 유빈 이칙 무역 *呂 음률 려{여}; 口-총7획; [lǚ]음률, 등뼈, 등골의 뼈, 나라 이름, 땅 이름 *여呂; 육려(六呂);십이율 가운데 음성(陰聲) 십이율 가운데 육려(六呂)에 속하는 여섯 음)의 소리에 속하하는 여섯 가지 소리 대려 협종 중려 임종 남려 응종 *율려(律呂);국악에서 음악이나 음성의 가락을 이르는 말 율의 음과 여의 음이라는 뜻에서 나온 말이다, 육률과 육려를 아울러 이르는 말
910) 克이길 극;이기다, 능하다,
911) 능히 諧 화할 해; 言-총16획; [xié]화하다, 화합하다, 조화되다, 잘 어울리다, 고르게 하다

無所用[912]而不備[913]。無所往[914]而不達[915]。

쓰임은 갖추어지지 않은 바가 없고, 가는데 마다 통하지 않음 바가 없다.

雖風聲鶴唳[916]。鷄鳴狗[917]吠[918]。皆可得[919]而書[920]矣。遂[921]

비록 바람소리와 학의 울음소리, 닭소리와 개 짖는 소리라도 모두 얻어 쓸 수 있다. 마침내

命[922]詳[923]加解釋[924]。以喩[925]諸[926]人。

세종께서 저희들에게 자세한 풀이를 더해서 사람들에게 그것을 깨우치시라 명하셨다.

於是。臣與集賢殿應°教臣崔恒。副校理臣朴彭年。臣申叔舟。修撰臣成三問。敎寧府注簿臣姜希顔。行集賢殿副修撰臣李塏。臣李善老等。

이에, 신 집현전 응교 종 4품 신 최항(崔恒)과, 부교리 종 5품 신 박팽년(朴彭年), 신 신숙주(申叔舟), 수찬 종 6품 신 성삼문(成三問)과, 돈녕부 주부(돈녕부의 6품에서 8품까지의 벼슬) 신 강희안(姜希顔)과, 행 집현전 부수찬 종 6품의 집현전 부수찬 신 이개(李塏), 신 이선로(李善老) 등과 더불어

---

912) 用 쓸 용; 用-총5획; [yòng]쓰다, 베풀다, 부리다, 등용하다, 행하다, 다스리다, 들어 주다, 작용, 능력, 용도 *쓰다;어떤 일을 하는 데에 재료나 도구 수단을 이용하다 *이용(利用);대상을 필요에 따라 이롭게 씀

913) 備 갖출 비; 人-총12획; [bèi]갖추다, 갖추어지다, 준비 *갖추다;있어야 할 것을 골고루 준비하여 가지거나 차리다
914) 往 갈 왕; 彳-총8획; [wǎng]가다, 옛, 예, 이따금 *가다;한 곳에서 다른 곳으로 장소를 이동하다, 일정한 대상에 미치어 작용하다, 말이나 소식 따위가 알려지거나 전하여지다
915) 達 통달할 달; 辵-총13획; [dá,tà]통달하다, 다다르다, 미치다, 나오다, 꿰뚫다, 자라다, 깨닫다, 생기다, 정통하다, 통하게 하다, 길이 엇갈리다
916) 唳 울 려{여}; 口-총11획; [lì]울다, 학이 울다, 새소리, 새가 울다
917) 狗 개 구; 犬-총8획; [gǒu]개, 강아지, 역(易)에서 간(艮)에 해당한다
918) 吠 짖을 폐; 口-총7획; [fèi]짖다, 개가 짖다
919) 得 얻을 득; 彳-총11획; [dé,dė,děi]얻다, 이익, 이득, 덕(德) *얻다;거저 주는 것을 받아 가지다, 사위 며느리 자식 남편 아내 등을 맞다, 일꾼이나 일손 따위를 구하여 쓸 수 있게 되다
920) 書 쓸 서; 曰-총10획; [shū]쓰다, 글씨를 쓰다, 기록하다, 글자, 문자, 글씨, 서법 *쓰다;붓 펜 연필과 같이 선을 그을 수 있는 도구로 종이나 다른 편평한 면 위에 획을 그어서 일정한 글자의 모양이 이루어지게 하다, 머릿속의 생각을 종이 혹은 이와 유사한 대상 따위에 글로 나타내다
921) 遂 이를 수; 辵-총13획; [suì,suí]이르다, 성취하다, 마치다, 끝내다, 미치다, 통달하다, 자라다, 뻗다, 다하다, 따르다, 순응하다, 맞다, 적합하다 *드디어;무엇으로 말미암아 그 결과로, 결국, 마침내 *드디어 마지막에는 *마치다;어떤 일이나 과정 절차 따위가 끝나다 또는 그렇게 하다 *결국結局;일이 마무리되는 마당이나 일의 결과가 그렇게 돌아감을 이르는 말, 어떤 일이 벌어질 형편이나 국면을 완전히 갖춤
922) 命 목숨 명; 口-총8획; [mìng]목숨, 운수, 운, 명하다, 명령을 내리다 *명하命下다;명령을 내림 *명령命令;윗사람이나 상위조직이 아랫사람에게나 하위 조직에 무엇을 하게함 또는 그런 내용
923) 詳 자세할 상; 言-총13획; [xiáng]자세하다, 자세히 보다, 자세히 알다, 자세히 이야기하다, 자세히 밝히다, 자세함, 두루 갖추어짐 *자세仔細하다;사소한 부분까지 아주 구체적이고 분명하다
924) 解 풀 해; 角-총13획; [jiě,jiè,xiè]풀다, 가르다, 해부하다, 벗기다, 흩뜨리다, 열다, 용서하다, 놓아주다, 타이르다, 풀리다, 이해되다, 납득이 가다, 해이해지다, 떨어지다, 해지다, 화목해지다, 깨닫다, 또 깨달음 *釋 풀 석; 釆-총20획; [shì]풀다, 풀리다, 내버리다 *풀다;묶이거나 감기거나 얽히거나 합쳐진 것 따위를 그렇지 아니한 상태로 되게 하다, 모르거나 복잡한 문제 따위를 알아내거나 해결하다, 어려운 것을 알기 쉽게 바꾸다 *해석解釋;문장이나 사물 따위로 표현된 내용을 이해하고 설명함 또는 그 내용
925) 喩 깨우칠 유; 口-총12획; [yù]깨우치다, 깨닫다, 깨우쳐 주다, 고하다, 이르다 *깨우치다;깨달아 알게 하다 *깨다;술기운 따위가 사라지고 온전한 정신 상태로 돌아오다, 생각이나 지혜 따위가 사리를 가릴 수 있게 되다, 잠 꿈 따위에서 벗어나다, 단단한 물체를 쳐서 조각이 나게 하다
926) 諸 모든 제; 言-총16획; [zhū]모든, 여러, 어조사, 어세 강조 발어사, -은.는, 이(대명사'之'와 같다), -에게, -에서, 간수하다, 갈무리하다

謹[927]作[928]諸解及[929]例[930]。以敍[931]其梗槪[932]。

삼가 여러 풀이와 보기를 짓고, 그것에 대한 줄거리를 서술하였다.

庶[933]使觀[934]者[935]不師[936]而自悟[937]。

뭇 사람들이 보는 사람들로 하여금 스승이 없어도 스스로 깨우치도록 함이다.

若[938]其淵[938]源[939]精[940]義之妙。則非臣等[941]之所能發揮[942]也。恭[943]惟[945]我[946]

그 깊은 연원이나 정밀한 뜻의 묘함은 신들이 능히 펴서 나타낼 수 있는 바가 아니다. 공손히 생각하옵건대 우리

殿下[947]。天縱[948]之聖[949]。制度[950]施[851]爲[952]超越[953]百王[954]。

전하께서는 하늘이 내신 성인으로서 제도와 베푸심이 모든 임금에 초월하셨다.

---

927) 謹 삼갈 근; 言-총18획; [jǐn]삼가다, 경계하다, 금지하다, 엄하게 하다, 공손하게 하다, 청렴.정직하게 하다, 삼가는 일, 삼가, 정중하게 *삼가;겸손하고 조심하는 마음으로 정중하게 *삼가다;몸가짐이나 언행을 조심하다

928) 作 지을 작; 人-총7획; [zuó,zuō,zuò]짓다, 일어나다, 일으키다*짓다;시 소설 편지 노래 가사 따위와 같은 글을 쓰다

929) 及 미칠 급; 又-총4획; [jí]미치다, 이르다, 미치게 하다, 끼치다, 및, 와

930) 例 법식 례{예}; 人-총8획; [lì]법식, 보기, 다, 대부분 *법식法式;법도法度와 양식樣式을 아울러 이르는 말 *법도法度;법률과 제도를 아울러 이르는 말 *양식樣式;일정한 모양이나 형식 *보기;본보기;본을 받을 만한 대상, 어떤 사실을 설명하거나 증명하기 위하여 내세워 보이는 대표적인 것, 어떤 조치를 취하기 위하여 대표로 내세워 보이는 것

931) 敍 차례 서; 攴-총11획; [xù]차례, 차례를 매기다, 순서를 정하다, 차례대로 행하다, 차례가 정하여지다 *서술敍述;사건이나 생각 따위를 차례대로 말하거나 적음

932) 梗 대개 경; 木-총11획; [gěng]대개, 대강, 가시나무, 가시가 있는 나무, 산에 저절로 나는 느릅나무 *槪 평미레 개; 木-총15획; [gài]평미레, 평목(平木), 평미레질하다, 누르다, 억압하다 *경개梗槪;전체의 내용을 간단하게 정리한 줄거리*줄거리;잎이 다 떨어진 나뭇가지, 사물의 군더더기를 다 떼어 버린 나머지의 골자 *대강大綱;자세

하지 않은 기본적인 부분만을 따 낸 줄거리
933) 庶 여러 서; 广-총11획; [shù]여러, 많다, 살찌다*뭇;수효가 매우 많은
934) 觀 볼 관; 見-총25획; [guān,guàn]보다, 자세히 보다, 보이다, 나타내 보이다, 드러내다, 명시하다 *보다;대상의 내용이 상태를 알기 위하여 살피다
935) 者놈 자;놈, 사람, 것, 일을 가리켜 이른다, 물건을 가리켜 이른다, 곳
936) 師 스승 사; 巾-총10획; [shī]스승, 전문적인 기예를 닦는 사람, 스승으로 삼다 *스승;자기를 가르쳐서 인도하는 사람
937) 悟 깨달을 오; 心-총10획; [wù]깨닫다, 도리를 알다, 진리를 체득하다, 깨달음, 총명하다
938) 若 같을 약; 艸-총9획; [ruò,rě]같다, 너, 만일 *같다;다른 것과 비교하여 그것과 다르지 않다, ~라면의 듯을 나타내는 말, 그런 부류에 속한다는 뜻을 나타내는 말
939) 淵 못 연; 水-총11획; [yuān]못, 소, 물건이 많이 모이는 곳, 깊다
940) 源 근원 원; 水-총13획; [yuán]근원, 물이 끊이지 않고 흐르는 모양, 사물이 잇닿은 모양
941) 精 쓿은 쌀 정; 米-총14획; [jīng]쓿은 쌀, 정미, 쓿다, 찧다, 자세하다, 면밀하다 정 (精) *정밀精密;아주 정교하교 치밀하여 빈틈이 없고 자세함
942) 等 가지런할 등; 竹-총12획; [děng]가지런하다, 가지런히 하다, 등급, 계단, 구분하다, 차별, 계급, 등급, 무리, 부류
943) 發 쏠 발; 癶-총12획; [fā]쏘다, 가다, 떠나다, 보내다, 파견하다 *揮 휘두를 휘; 手-총12획; [huī]휘두르다, 떨치다, 지휘하다, 지시하다 *발휘發揮;재능, 능력 따위를 떨치어 나타냄
944) 恭 공손할 공; 心-총10획; [gōng]공손하다, 삼가다, 조심하다, 섬기다, 직분을 다하다
945) 惟 생각할 유; 心-총11획; [wéi]생각하다, 도모하다, 꾀하다, 늘어서다, 벌여 놓다
946)我 나 아; 戈-총7획; [wǒ]나, 우리, 외고집
947) 殿 큰 집 전; 殳-총13획; [diàn]큰 집, 궁궐, 천자의 거처, 절, 불사(佛寺) *전하殿下;왕이나 왕비 또는 왕족을 높여 부르는 말
948) 縱 늘어질 종; 糸-총17획; [zòng]늘어지다, 용서하다, 놓다, 활을 쏘다, 풀다, 쫓다, 불을 놓다 *서다;처져 있던 것이 똑바로 위를 향하여 곧게 회다, 사람이나 동물이 발을 땅에 대고 다리를 쭉 뻗으며 몸을 곧게 하다, 나라나 기관 따위가 처음으로 이루어 지다, 사람이 어떤 위치나 처지에 있게 되거나 놓이다, 어떤 역할을 맡아서 하다 *천종天縱;하늘이 허락하여 무엇이든 마음대로 하게 한다는 뜻으로 하늘에서 준 덕(德)을 갖춤. 또는 그런 성격
949) 聖 성스러울 성; 耳-총13획; [shèng]성스럽다, 성인, 한 방면에 대하여 더할 수 없이 뛰어난 사람
950) 制 마를 제; 刀-총8획; [zhì]마르다, 자료를 필요한 규격대로 베거나 자르다, 만들다, 짓다, 누르다, 억제하다 *度 법도 도; 广-총9획; [dù,duó]법도, 제도, 기량, 국량 *제도制度;관습·도덕·법률 등의 규범이나 사회 구조의 체계
951) 施 베풀 시; 方-총9획; [shī]베풀다, 퍼지다, 널리 전하여지다, 행하다
952) 爲 할 위; 爪-총12획; [wéi,wèi]하다, 만들다, 베풀다, 간주하다, 인정하다, 되다, 성취하다, 이루다, 바뀌다, 다스리다, 정치를 하다, 병을 고치다, 해설하다, 배우다 *시위施爲;어떤 일을 베풀어 이룸

正音之作。無所祖述[955]。而成於自然。
정음을 지으심도 어떤 선인(先人)의 설(說)을 이어 받으심이 없이 자연에서 이룩하신 것이다.

豈以其至理之無所不在。而非人爲之私也。
어찌 그 이치가 이르지 않는 데가 없다고 하여 사람이 이룩한 개인의 업적이 아니라 하랴!

夫[956]東方有國。不爲不久[957]。而開[958]物[959]成務[960]之
대저 이 동방의 땅에 나라가 있음이, 오래되지 않음이 아니지만, 만물을 열어시고 힘써 일을 이룩하신

大智[961]。盖[962]有待於今日也歟[963]。
큰 지혜가 대개 오늘을 기다리고 있었던 것이 아니든가.

正統[964]十一年九月上澣[965]。
정통 11년 세종 28년 1446년 9월 상한에

資憲大夫[966]禮曹判書[967]集賢殿[968]大提學[969]知春秋館事[970]
자헌대부 예조판서 집현전 대제학 지춘추관사

世子[971]右賓客臣鄭麟趾拜手稽首[972]謹書
세자 우빈객 신 정인지(鄭麟趾)는 두 손 모아 엎드려 절하고 머리를 조아리고 삼가 쓰옵니다.

訓民正音·훈민 · 졍음
백성을 가르치는 바른 소리

953) 超 넘을 초; 走-총12획; [chāo]넘다, 뛰어 넘다, 밟고 넘다, 지나가다, 멀어지다, 뛰어나다, 오르다, 나아가다, 멀다, 높다 *越 넘을 월; 走-총12획; [yuè]넘다, 건너다, 앞지르다, 거치다, 달아나다, 멀어지다, 어긋나다, 빼어나다, 밟다, 멀다, 사정에 어둡다, 잃다 *초월超越;어떤 한계나 표준을 뛰어넘음
954) 백왕百王;여러 임금, 백대百代의 임금
955) 祖 조상 조; 示-총10획; [zǔ]조상, 사당, 할아비 *述 지을 술; 辵-총9획; [shù]짓다, 글로 표현하다, 말하다, 설명하다, 해석하다, 잇다, 좇다 *조술 祖述;선인(先人)의 설(說)을 본받아서 서술하여 밝힘
956) 夫 지아비 부; 大-총4획; [fū]지아비, 사나이, 장정, 시중하는 사람 *대저大抵;대체로 보아서 *무릇;대체로 헤아려 생각하건대 *대체大體로;요점만 말해서, 전제로 보아서
957) 久 오랠 구; 丿-총3획; [jiǔ]오래다, 변하지 아니하다, 오래 기다리다
958) 開 열 개; 門-총12획; [kāi]열다, 열리다, 통하다, 통달하다, 비롯하다, 꽃이 피다, 개간하다, 말하다, 사라지다, 소멸하다, 끓다, 비등(沸騰)하다
959) 物 만물 물; 牛-총8획; [wù]만물, 일, 무리, 종류 *만물萬物;세상에 있는 모든 것
960) 務 일 무; 力-총11획; [wù]일, 힘쓰다, 힘써 하다, 힘쓰게 하다, 권장하다
961) 智 슬기 지; 日-총12획; [zhì]슬기, 지혜, 슬기롭다, 지혜롭다, 꾀, 모략(謀略) *슬기;사물의 이치를 밝혀 시비를 가리고 사물을 정확하게 처리해 내는 재능 *지혜智慧;사물의 이치를 빨리 깨닫고 사물을 정확하게 처리하는 정신적 능력
962) 盖 덮을 개; 皿-총11획; [gài,gě]덮다, 덮개, 뚜껑, 숭상하다, 맞추다, 蓋의 俗字 *蓋 덮을 개; 艸-총14획; [gài,gě]덮다, 덮어씌우다, 덮개, 이엉 덮개, 뚜껑, 용기의 아가리 덮개 *대개大蓋;일의 큰 원칙으로 말하건대
963) 歟 어조사 여; 欠-총18획; [yú]어조사
964) 統 큰 줄기 통; 糸-총12획; [tǒng]큰 줄기, 본 가닥의 실, 혈통, 핏줄, 실마리 *정통正統;바른 계통, 사물의 중심이 되는 요긴한 부분, 조금도 드팀이 없이 바로 *正統;중국 명나라 영종 때의 연호(1436-1449)
965) 澣 빨 한; 水-총16획; [hàn]빨다, 빨래하다, 발을 씻다, 열흘, 당대(唐代) 관리에게 열흘마다 하루씩 목욕 휴가를 준 데서 유래 *상한上澣;상순上旬;한 달 가운데 초하루부터 초열흘까지의 사이
966) 자헌대부資憲大夫;문신 정2품 하계의 품계명
967) 예조판서禮曹判書;예조의 정이품 으뜸벼슬
968) 집현전集賢殿;조선 초에 경적(經籍)·전고(典故)·진강(進講) 등을 맡아보던 관아
969) 대제학大提學;조선 때, 홍문관·예문관의 정이품의 으뜸 벼슬. 문형(文衡). 주문(主文)대제학
970) 지춘추관사知春秋館事;고려시대에 둔 춘추관의 겸임 벼슬 이품이상의 벼슬아치가 맡았다, 조선시대에 둔 정이품 벼슬
971) 세자世子;왕세자;왕위를 이을 왕자 *세자우빈객世子右賓客;고려시대에 동궁에 속한 종이품 벼슬 공양왕 2년(1390)에 둔 것으로 좌우사의 다음이다 조선시대에 세자시강원에 속한 정이품 문관 벼슬
972) 稽 머무를 계; 禾-총15획; [jī,qǐ]머무르다 *계수稽首;구배의 하나 머리가 땅에 닿도록 몸을 굽혀 하는 절이다

타. 훈민정음혜례본 가로본

訓民正音

훈민졍음

國之語音。異乎中國。與文字。不相流通。故。愚民。有
국지어음。이호중국。여문자。불상유통。고。우민。유
所欲言。而終不得伸其情
소욕언。이종부득신기졍
者。多矣。予。爲此憫然。新制二十八字。欲使人人易習
자。다의。여。위차민연。신제이십팔자。욕사인인이습
。便於日用耳。
。편어일용이。

ㄱ。牙音。如君字初發聲。
ㄱ。아음。여군자초발성。
並書。如虯字初發聲。
병서。여규자초발성。
ㅋ。牙音。如快字初發聲。
ㅋ。아음。여쾌자초발성。
ㄷ。舌音。如斗字初發聲。
ㄷ。설음。여두자초발성。
並書。如覃字初發聲。
병서。여담자초발성。
ㅌ。舌音。如呑字初發聲。
ㅌ。설음。여탄자초발성。

ㄴ。舌音。如那字初發聲。
ㄴ。설음。여나·자초발·성。
ㅂ。脣音。如彆字初發聲。
ㅂ。순음。여볋·자초발·성。
並書。如步字初發聲。
병서。여보·자초발·성。
ㅍ。脣音。如漂字初發聲。
ㅍ。순음。여표·자초발·성。
ㅁ。脣音。如彌字初發聲。
ㅁ。순음。여미·자초발·성。
ㅈ。齒音。如卽字初發聲。
ㅈ。치음。여즉·자초발·성。
並書。如慈字初發聲。
병서。여자·자초발·성。
ㅊ。齒音。如侵字初發聲。
ㅊ。치음。여침·자초발·성。
ㅅ。齒音。如戌字初發聲。
ㅅ。치음。여숧·자초발·성。
並書。如邪字初發聲。
병서。여사·자초발·성。
ㆆ。喉音。如挹字初發聲。
ㆆ。후음。여음·자초발·성。
ㅎ。喉音。如虛字初發聲。
ㅎ。후음。여허·자초발·성。
並書。如洪字初發聲。
병서。여홍·자초발·성。

ㅇ。喉音。如欲字初發聲。
ㅇ。후음。여욕자초발성。
ㄹ。半舌音。如閭字初發聲。
ㄹ。반설음。여려자초발성。
ㅿ。半齒音。如穰字初發聲。
ㅿ。반치음。여양자초발성。

ㆍ。如呑字中聲。
ㆍ。여탄자중성。
ㅡ。如卽字中聲。
ㅡ。여즉자중성。
ㅣ。如侵字中聲。
ㅣ。여침자중성
ㅗ。如洪字中聲。
ㅗ。여홍자중성。
ㅏ。如覃字中聲。
ㅏ。여담자중성。
ㅜ。如君字中聲。
ㅜ。여군자중성。
ㅓ。如業字中聲。
ㅓ。여업자중성。
ㅛ。如欲字中聲。
ㅛ。여욕자중성。
ㅑ。如穰字中聲。
ㅑ。여양자중성。
ㅠ。如戌字中聲。
ㅠ。여술자중성。

ㅕ。如彆字中聲。

ㅕ。 여별자중성。

終聲。復用初聲。ㅇ連書唇音之下。則爲唇輕音。初聲合
종성。 복용초성。 ㅇ연서순음지하。 즉위순경음。 초성합
用則並書。終聲同。
용즉병서。 종성동。
ㆍ ㅡ ㅗ ㅜ ㅛ ㅠ。附書初發聲之下。ㅣ ㅏ ㅓ ㅑ ㅕ。
ㆍ ㅡ ㅗ ㅜ ㅛ ㅠ。 부서초발성지하。 ㅣ ㅏ ㅓ ㅑ ㅕ。
附書於右。凡字必
부서어우。 범자필

合而成音。左加一點則去聲。二則上聲。無則平聲。入聲
합이성음。 좌가일점즉거성。 이즉상성。 무즉평성。 입성
。加點同而促急。
。 가점동이촉급。

訓民正音解例
훈민정음해례

制字解
제자해

天地之道。一陰陽五行而已。坤復之間爲太極。而動靜之
천지지도。일음양오행이이。곤복지간위태극。이동정지
後爲陰陽。凡有生類在
후위음양。범유생유재
天地之間者。捨陰陽而何之。故人之聲音。皆有陰陽之理
천지지간자。사음양이하지。고인지성음。개유음양지리
。顧人不察耳。今正音
。고인불찰이。금정음
之作。初非智營而力索。但因其聲音而極其理而已。理旣
지작。초비지영이력색。단인기성음이극기리이이。이기
不二。則何得不與天地
불이。즉하득주여천지
鬼神同其用也。正音二十八字。各象其形而制之。初聲凡
귀신동기용야。정음이십팔자。각상기형이제지。초성범
十七字。牙音ㄱ。象舌
십칠자。아음ㄱ。설음
根閉喉之形。舌音ㄴ。象舌附上齶之形。脣音ㅁ。象口形
근폐후지형。설음ㄴ。상설부상악지형。순음ㅁ。상구형
。齒音ㅅ。象齒形。喉
。치음ㅅ。상치형。후

音ㅇ。象喉形。ㅋ比ㄱ。聲出稍厲。故加畫。ㄴ而ㄷ。ㄷ
음ㅇ。상후형。ㅋ비ㄱ。성출초려。고가획。ㄴ이ㄷ。ㄷ
而ㅌ。ㅁ而ㅂ。ㅂ而ㅍ。ㅅ
이ㅌ。ㅁ이ㅂ。ㅂ이ㅍ。ㅅ
而ㅈ。ㅈ而ㅊ。ㅇ而ㆆ。ㆆ而ㅎ。其因聲加劃之義皆同。
이ㅈ。ㅈ이ㅊ。ㅇ而ㆆ。ㆆ이ㅎ。기인성가획지의개동。
而唯ㆁ爲異。半舌音ㄹ。半
이유ㆁ위이。반설음ㄹ。반
齒音ㅿ。亦象舌齒之形而異其體。無加劃之義焉。夫人之
치음ㅿ。역상설치지형이이기체。무가획지의언。부인지
有聲本於五行。故合四
유성본어오행。고합사
時而不悖。叶之五音而不戾。喉邃而潤。水也。聲虛而通
시이불패。협지오음이불려。후수이윤。수야。성허이통
。如水之虛明而流通
。여수지허명이유통
也。於時爲冬。於音爲羽。牙錯而長。木也。聲似喉而實
야。어시위동。어음위우。아착이장。목야。성사후이실
。如木之生於水而有形
。여목지생어수이유형
也。於時爲春。於音爲角。舌銳而動。火也。聲轉而颺。
야。어시위춘。어음위각。설예이동。화야。성전이양。
如火之轉展而揚揚也。
여화지전전이양양야。
於時。爲夏。於音爲徵。齒剛而斷。金也。聲屑而滯。如
어시。위하。어음위치。치강이단。금야。성설이체。여

金之屑瑣而鍛成也。於
금지설쇄이단성야。어
時爲秋。於音爲商。脣方而合。土也。聲含而廣。如土之
시위추。어음위상。순방이합。토야。성금이광。여토지
含蓄萬物而廣大也。於
함축만물이광대야。어
時爲季夏。於音爲宮。然水乃生物之源。火乃成物之用。
시위계하。어음위궁。연수내생물지원。화내성물지용。
故五行之中。水火爲大。
고오행지중。수화위대。
喉乃出聲之門。舌乃辨聲之管。故五音之中。喉舌爲主也
후내출성지문。설내변성지관。고오음지중。후설위주야
。喉居後而牙次之。北東
。후거후이아차지。북동
之位也。舌齒又次之。南西之位也。脣居末。土無定位而
지위야。설치우차지。남서지위야。순거말。토무정위이
寄旺四季之義也。是則
기왕사계지의야。시즉
初聲之中。自有陰陽五行方位之數也。又以聲音淸濁而言
초성지중。자유음양오행방위지수야。우이성음청탁이언
之。ㄱ ㄷ ㅂ ㅈ ㅅ
지。ㄱ ㄷ ㅂ ㅈ ㅅ
ㆆ。爲全淸。ㅋ ㅌ ㅍ ㅊ ㅎ。爲次淸。ㄲ ㄸ ㅃ ㅉ ㅆ
ㆆ。위전청。ㅋ ㅌ ㅍ ㅊ ㅎ。위차청。ㄲ ㄸ ㅃ ㅉ ㅆ
ㆅ。爲全濁。ㆁ ㄴ ㅁ
ㆅ。위전탁。ㆁ ㄴ ㅁ
ㅇ ㄹ ㅿ。爲不淸不濁。ㄴ ㅁ ㅇ。其聲最不厲。故次序
ㅇ ㄹ ㅿ。위불청불탁。ㄴ ㅁ ㅇ。기성최불려。고차서

雖在於後。而象形制字則
수재어후。이상형제자즉
爲之始。ㅅ ㅈ雖皆爲全淸。而ㅅ比ㅈ。聲不厲。故亦爲
위지시。ㅅ ㅈ수개위전청。이ㅅ비ㅈ。성불려。고역위
制字之始。唯牙之ㆁ。雖
제자지시。유아지ㆁ。수
舌根閉喉聲氣出鼻。而其聲與ㅇ相似。故韻書疑與喩多相
설근폐후성기출비。이기성여ㅇ상사。고운서의여유다상
混用。今亦取象於喉。而
혼용。금역취상어후。이
不爲牙音制字之始。蓋喉屬水而牙屬木。ㆁ雖在牙而與ㅇ
불위아음제자지시。개후속수이아속목。ㆁ수재아이여ㅇ
相似。猶木之萌芽生於
상사。유목지맹아생어
水而柔軟。尙多水氣也。ㄱ木之成質。ㅋ木之盛長。ㄲ木
수이유연。상다수기야。ㄱ목지성질。ㅋ목지성장。ㄲ목
之老壯。故至此乃皆取象
지노장。고지차내개취상
於牙也。全淸幷書則爲全濁。以其全淸之聲凝則爲全濁也
어아야。전청병서즉위전탁。이기전청지성응즉위전탁야
。唯喉音次淸爲全濁
。유후음차청위전탁
者。蓋以ㆆ聲深不爲之凝。ㅎ比ㆆ聲淺。故凝而爲全濁也
자。개이ㆆ성심불위지응。ㅎ비ㆆ성천。고응이위전탁야
。ㅇ連書脣音之下。則爲
。ㅇ연서순음지하。즉위
脣輕音者。以輕音脣乍合而喉聲多也。中聲凡十一字。ㆍ
순경음자。이경음순사합이후성다야。중성범십일자。ㆍ

舌縮而聲深。天開於子
설축이성심。천개어자
也。形之圓。象乎天也。ㅡ舌小縮而聲不深不淺。地闢於
야。형지원。상호천야。ㅡ설소축이성부심불천。지벽어
丑也。形之平。象乎地
축야。형지평。상호지
也。ㅣ舌不縮而聲淺。人生於寅也。形之立。象乎人也。
야。ㅣ설불축이성천。인생어인야。형지입。상호인야。
此下八聲。一闔一闢。
차하팔성。일합일벽。
ㅗ與ㆍ同而口蹙。其形則ㆍ與ㅡ合而成。取天地初交之義
ㅗ여ㆍ동이구축。기형즉ㆍ여ㅡ합이성。취천지초교지의
也。ㅏ與ㆍ同而口張。其形
야。ㅏ여ㆍ동이구장。기형
則ㅣ與ㆍ合而成。取天地之用發於事物待人而成也。ㅜ與
즉ㅣ여ㆍ합이성。취천지지용발어사물대인이성야。ㅜ여
ㅡ同而口蹙。其形則ㅡ
ㅡ동이구축。기형즉ㅡ
與ㆍ合而成。亦取天地初交之義也。ㅓ與ㅡ同而口張。其
여ㆍ합이성。역취천지초교지의야。ㅓ여ㅡ동이구장。기
形則ㆍ與ㅣ合而成。亦取
형즉ㆍ여ㅣ합이성。역취
天地之用發於事物待人而成也。ㅛ與ㅗ同而起於ㅣ。ㅑ與
천지지용발어사물대인이성야。ㅛ여ㅗ동이기어ㅣ。ㅑ여
ㅏ同而起於ㅣ。ㅠ與
ㅏ동이기어ㅣ。ㅠ여

ㅜ同而起於ㅣ。ㅕ與ㅓ同而起於ㅣ。ㅗ ㅏ ㅜ

ㅜ동이기어ㅣ。ㅕ여ㅓ동이기어ㅣ。ㅗ ㅏ ㅜ

ㅓ始於天地。爲初出也。ㅛ ㅑ

ㅓ시어천지。위초출야。ㅛ ㅑ

ㅠ ㅕ起於ㅣ而兼乎人。爲再出也。ㅗ ㅏ ㅜ

ㅠ ㅕ기어ㅣ이겸호인。위재출야。ㅗ ㅏ ㅜ

ㅓ之一其圓者。取其初生之義也。

ㅓ지일기원자。취기초생지의야。

ㅛ ㅑ ㅠ ㅕ之二其圓者。取其再生之義也。ㅗ ㅏ ㅛ

ㅛ ㅑ ㅠ ㅕ지이기원자。취기재생지의야。ㅗ ㅏ ㅛ

ㅑ之圓居上與外者。以其

ㅑ지원거상여외자。이기

出於天而爲陽也。ㅜ ㅓ ㅠ

출어천이위양야。ㅜ ㅓ ㅠ

ㅕ之圓居下與內者。以其出於地而爲陰也。ㆍ之貫

ㅕ지원거하여내자。이기출어지이위음야。ㆍ지관

於八聲者。猶陽之統陰而周流萬物也。ㅛ ㅑ ㅠ

어팔성자。유양지통음이주류만물야。ㅛ ㅑ ㅠ

ㅕ之皆兼乎人者。以人爲萬物

ㅕ지개겸호인자。이인위만물

之靈而能參兩儀也。取象於天地人而三才之道備矣。然三

지령이능참양의야。지상어천지인이삼재지도비의。연삼

才爲萬物之先。而天

재위만물지선。이천

又爲三才之始。猶ㆍ ㅡ ㅣ三字爲八聲之首。而ㆍ又

우위삼재지시。유ㆍ ㅡ ㅣ삼자위팔성지수。이ㆍ우

爲三字之冠也。ㆍ初生於天。天
위삼자지관야。ㆍ초생어천。천
一生水之位也。ㅏ次之。天三生木之位也。ㅜ初生於地。
일생수지위야。ㅏ차지。천삼생목지위야。ㅜ초생어지。
地二生火之位也。ㅓ次
지이생화지위야。ㅓ차
之。地四生金之位也。ㆍ再生於天。天七成火之數也。ㅑ
지。지사생금지위야。ㆍ재생어천。천칠성화지수야。ㅑ
次之。天九成金之數
차지。천구성금지수
也。ㅠ再生於地。地六成水之數也。ㅕ次之。地八成木之
야。ㅠ재생어지。지육성수지수야。ㅕ차지。지팔성목지
數也。水火未離乎氣。
수야。수화미리호기。
陰陽交合之初。故闔。木金陰陽之定質。故闢。ㆍ天五生
음양교합지초。고합。목금음양지정질。고벽。ㆍ천오생
土之位也。ㅡ地十成土之
토지위야。ㅡ지십성토지
數也。ㅣ獨無位數者。盖以人則無極之眞。二五之精。妙
수야。ㅣ독무위수자。개이인칙무극지진。이오지정。묘
合而凝。固未可以定位成
합이응。고미가이정위성
數論也。是則中聲之中。亦自有陰陽五行方位之數也。以
수논야。시칙중성지중。역자유음양오행방위지수야。이
初聲對中聲而言之。
초성대중성이언지。
陰陽。天道也。剛柔。地道也。中聲者。一深一淺一闔一
음양。천도야。강유。지도야。중성자。일심일천일합일

闢。是則陰陽分而五行之
벽。시칙음양분이오행지
氣具焉。天之用也。初聲者。或虛或實或颺或滯或重若輕
기구언。천지용야。초성자。혹허혹실혹양혹체혹중약경
。是則剛柔著而五行之
。시칙강유저이오행지
質成焉。地之功也。中聲以深淺闔闢唱之於前。初聲以五
질성언。지지공야。중성이심천합벽창지어전。초성이오
音淸濁和之於後。而爲
음청탁화지어후。이위
初亦爲終。亦可見萬物初生於地。復歸於地也。以初中終
초역위종。역가견만물초생어지。복귀어지야。이초중종
合成之字言之。亦有動
합성지자언지。역유동
靜互根陰陽交變之義焉。動者。天也。靜者。地也。兼乎
정호근음양교변지의언。동자。천야。정자。지야。겸호
動靜者。人也。蓋五行
동정자。인야。개오행
在天則神之運也。在地則質之成也。在人則仁禮信義智神
재천칙신지운야。재지칙질지성야。재인칙인예신의지신
之運也。肝心脾肺腎質
지운야。간심비폐신질
之成也。初聲有發動之義。天之事也。終聲有止定之義。
지성야。초성유발동지의。천지사야。종성유지정지의。
地之事也。中聲承初之
지지사야。중성승초지

生。接終之成。人之事也。蓋字韻之要。在於中聲。初終

생。접종지성。인지ᄉᆞ야。개ᄌᆞ운지요。재어중성。초종

合而成音。亦猶天地生成

합이성음。역유천지생성

萬物。而其財成輔相則必賴乎人也。

만물。이기재성보상칙필뢰호인야。

終聲之復°用初聲者。以其動而陽者乾也。靜

종성지복°용초성ᄌᆞ。이기동이양ᄌᆞ건야。정

而陰者亦乾也。乾實分陰陽而無不君宰也。

이음ᄌᆞ역건야。건실분음양이무불군재야。

一元之氣。周流不窮。四時之運。循

일원지기。주유불궁。ᄉᆞ시지운。순

環無端。故貞而復°元。冬而復春。初聲之復°爲終。

환무단。고정이복°원。동이복춘。초성지복°위종。

終聲之復°爲初。亦此義也。

종성지복°위초。역ᄎᆞ의야。

吁。正音作而天地萬物之理咸備。其神矣哉。是殆天啓聖心

우。정음작이천지만물지리함비。기신의재。시태천계성심

而假手焉者乎。訣曰

이가수언ᄌᆞ호。결왈

天地之化本一氣

천지지화본일기

陰陽五行相始終

음양오행상시종

物於兩間看形聲
물어양간간형성
元本無二理數通
원본무이이수통
正音制字尙其象
정음제자·상기상
因聲之厲每加畫
인성지려매가·화
音出牙舌脣齒喉
음출아·설순치후
是爲初聲字十七
시위초성자·십칠
牙取舌根閉喉形
아·취설근폐후형
唯業似欲取義別
유업사·욕취의별
舌迺象舌附上齶
설내상·설부상·악
脣則實是取口形
순칙실시취구형
齒喉直取齒喉象
치후직취치후상
知斯五義聲自明
지사·오의성자·명
又有半舌半齒音
우유반·설반·치음

取象同而體則異
취상동이체칙이
那彌戌欲聲不厲
나미술욕성불려
次序雖後象形始
차서수후상형시
配諸四時與冲氣
배제사시여충기
五行五音無不協
오행오음무불협
維喉爲水冬與羽
유후위수동여우
牙迺春木其音角
아내춘목기음각
徵音夏火是舌聲
징음하화시설성
齒則商秋又是金
치칙상추우시금
脣於位數本無定
순어위수본무정
土而季夏爲宮音
토이계하위궁음
聲音又自有淸濁
성음우자유청탁
要於初發細推尋
요어초발세추심

全淸聲是君斗彆
전청성시군두별
卽戌挹亦全淸聲
즉술읍역전청성
若迺快呑漂侵虛
약내쾌탄표침허
五音各一爲次淸
오음각일위차청
全濁之聲虯覃步
전탁지성규담보
又有慈邪亦有洪
우유자사역유홍
全淸並書爲全濁
전청병서위전탁
唯洪自虛是不同
유홍자허시부동
業那彌欲及閭穰
업나미욕급려양
其聲不淸又不濁
기성불청우불탁
欲之連書爲脣輕
욕지연서위순경
喉聲多而脣乍合
후성다이순사합
中聲十一亦取象
중성십일역취상

精義未可容易觀
정의미가용이관
呑擬於天聲最深
탄의어천성최심
所以圓形如彈丸
소이원형여탄환
即聲不深又不淺
즉성불심우불천
其形之平象乎地
기형지평상호지
侵象人立厥聲淺
침상인입궐성천
三才之道斯爲備
삼재지도사위비
洪出於天尙爲闔
홍출어천상위합
象取天圓合地平
상취천원합지평
覃亦出天爲已闢
담역출천위이벽
發於事物就人成
발어사물취인성
用初生義一其圓
用初生義一기원
出天爲陽在上外
출천위양재상외

欲穰兼人爲再出
욕양겸인위재출
二圓爲形見其義
이원위형견기의
君業戌彆出於地
군업술별출어지
據例自知何須評
거례자·지하·회평
呑之爲字貫八聲
탄·지위자·관·팔·성
維天之用徧流行
유천지용편유행
四聲兼人亦有由
사·성겸인역유유
人參天地爲最靈
인참·천지위최영
且就三聲究至理
차·취삼·성구지이
自有剛柔與陰陽
자·유강·유여음양
中是天用陰陽分
중시천용음양분
初迺地功剛柔彰
초내지공강·유창·
中聲唱之初聲和
중성창·지초성화·

天先乎地理自然

천선호지이자·연

和者爲初亦爲終

화·자·위초역위종

物生復歸皆於坤

물생복귀개어곤

陰變爲陽陽變陰

음변위양양변음

一動一靜互爲根

일동일정호위근

初聲復有發生義

초성복유발·생의

爲陽之動主於天

위양·지동주어천

終聲比地陰之靜

종성비지음지정

字音於此止定焉

자·음어차·지정언

韻成要在中聲用

운성요재중성용

人能輔相天地宜

인능보상·천지의

陽之爲用通於陰

양·지위용통어음

至而伸則反而歸

지이신칙반·이귀

初終雖云分兩儀
초종수운분양의
終用初聲義可知
종용초성의가지
正音之字只廿八
정음지자지입팔
探賾錯綜窮深幾
탐정착종궁심기
指遠言近牖民易
지원언근유민이
天授何曾智巧爲
천수하증지교위

初聲解
초성해

正音初聲◦卽韻書之字母也。聲音由此而生◦故曰母。如
정음초성◦즉운서지자모야。성음유차이생◦고왈모。여
牙音君字初聲是ㄱ◦ㄱ
아음군자초성시ㄱ◦ㄱ
與而爲군。快字初聲是ㅋ◦ㅋ與ㅙ而爲:쾡字初聲是ㄲ
여이위군。쾌자초성시ㅋ◦ㅋ여ㅙ이위쾡。규자초성시ㄲ
◦ㄲ與ㆌ而爲뀨。業
◦ㄲ여ㆌ이위뀨。업
字初聲是ㆁ◦ㆁ與而爲업之類。舌之斗呑覃那◦脣之彆漂
자초성시ㆁ◦ㆁ여이위업지유。설지두탄담나◦순지별표

步彌。齒之卽侵慈戌
보미。치지즉침자술
邪。喉之挹虛洪欲。半舌半齒之閭穰。皆倣此。訣曰
사。후지읍허홍욕。반설반치지려양。개방차。결왈

君快虯業其聲牙
군쾌규업기성아
舌聲斗呑及覃那
설성두탄급담나
彆漂步彌卽是脣
별표보미즉시순
齒有卽侵慈戌邪
치유즉침자술사
挹虛洪欲迺喉聲
읍허홍욕내후성
閭爲半舌穰半齒
려위반설양반치
二十三字是爲母
이십삼자시위모
萬聲生生皆自此
만성생생개자차

中聲解
중성해

中聲者。居字韻之中。合初終而成音。如呑字中聲是ㆍ。
중성자。거자운지중。합초종이성음。여탄자중성시ㆍ。
ㆍ居ㅌ ㄴ之間而爲
ㆍ거ㅌ ㄴ지간이위
。即字中聲是ㅡ。ㅡ居ㅈ ㄱ之間而爲즉。侵字中聲是ㅣ。
。즉자중성시ㅡ。일거ㅈ ㄱ지간이위즉。침자중성시ㅣ。
ㅣ居ㅊ ㅁ之間而
ㅣ거ㅊ ㅁ지간이
爲침之類洪覃君業欲穰戌彆。皆倣此。二字合用者。
위침지유홍담군업욕양술별。개방차。이자합용자。
ㅗ與ㅏ同出於ㆍ。故合而爲
ㅗ여ㅏ동출어ㆍ。고합이위
ㅘ。ㅛ與ㅑ又同出於ㅣ。故合而爲ㆇ。ㅜ與ㅓ同出於ㅡ。
ㅘ。ㅛ여ㅑ우동출어ㅣ。고합이위ㆇ。ㅜ여ㅓ동출어ㅡ。
故合而爲ㅝ。ㅠ與ㅕ
고합이위ㅝ。ㅠ여ㅕ
又同出於ㅣ。故合而爲ㆊ。以其同出而爲類。故相合而不
우동출어ㅣ。고합이위ㆊ。이기동출이위유。고상합이불
悖也。一字中聲之與ㅣ
패야。일자중성지여ㅣ
相合者十。ㆎ ㅢ ㅚ ㅐ ㅟ ㅔ ㆉ ㅒ ㆌ ㅖ 是也。二字
상합자십。ㆎ ㅢ ㅚ ㅐ ㅟ ㅔ ㆉ ㅒ ㆌ ㅖ 시야。이자
中聲之與ㅣ相合者四。
중성지여ㅣ상합자사。
ㅙ ㅞ ㆈ ㆋ 是也。ㅣ於深淺闔闢之聲。並能相隨者。以
ㅙ ㅞ ㆈ ㆋ 시야。ㅣ어심천합벽지성。병능상수자。이
其舌展聲淺而便於開
기설전성천이편어개

口也。亦可見人之參贊開物而無所不通也。訣曰
구야。역가견인지참찬개물이무소불통야。결왈

母字之音各有中
모자지음각유중
須就中聲尋闢闔
수취중성심벽합
洪覃自呑可合用
홍담자탄가합용
君業出卽亦可合
군업출즉역가합
欲之與穰戍與彆
욕지여양술여별
各有所從義可推
각유소종의가추
侵之爲用最居多
침지위용최거다
於十四聲編相隨
어십사성편상수

終聲解
종성해

終聲者。承初中而成字韻。如卽字終聲是ㄱ。ㄱ居즈終而
종성ᄒᆞᆫ。승초중이성자운。여즉자종성시ㄱ。ㄱ거즈종이
爲즉。洪字終聲是ㆁ。
위즉。홍자종성시ㆁ。

ㆁ居 終而爲 之類。舌脣齒喉皆同。聲有緩急之殊。故平°上

ㆁ거호ᇰ 종이위ᅘᅩᇰ지유。설순치후개동。성유완급지수。고평°상

去其終聲不類入

거기종성불유입

聲之促急。不淸不濁之字。其聲不厲。故用於終則宜於平

성지촉급。불청불탁지자。기성불려。고용어종칙의어평

上去。全淸次淸全濁之

상거。전청차청전탁지

字。其聲爲厲。故用於終則宜於入。所以ㆁ ㄴ ㅁ ㅇ ㄹ

자。기성위려。고용어종칙의어입。소이ㆁ ㄴ ㅁ ㅇ ㄹ

ㅿ 六字爲平°上여ᇫ:聲

ㅿ 육자위평°상거성

之終。而餘皆爲入聲之終也。然ㄱ ㆁ ㄷ ㄴ ㅂ ㅁ ㅅ ㄹ

지종。이여개위입성지종야。연ㄱ ㆁ ㄷ ㄴ ㅂ ㅁ ㅅ ㄹ

八字可足用也。如

팔자가족용야。여

ᄇᆡᆺ곶 爲梨花。여ᇫ의갗爲狐皮而ㅅ字可以通用。故只用ㅅ。

ᄇᆡᆺ곶 위리화。여ᇫ의갗위호피이ㅅ자가이통용。고지용ㅅ。

字。且ㅇ聲淡而虛

자。차ㅇ성담이허

。不必用於終。而中聲可得成音也。ㄷ如볃爲彆。ㄴ如군

。불필용어종。이중성가득성음야。ㄷ여볃위별。ㄴ여군

爲君。ㅂ如업爲業。ㅁ如

위군。ㅂ여업위업。ㅁ여

ᄯᅡᆷ爲覃。ㅅ如諺語·옷爲衣。ㄹ如諺語:실爲絲之類。五音

ᄯᅡᆷ위담。ㅅ여언어·옷위의。ㄹ여언어:실위사지유。오음

之緩急。亦各自爲對。

지완급。역각자위대。

如牙之ㆁ與ㄱ爲對。而ㆁ促呼則變爲ㄱ而急。ㄱ舒出則變
여아지ㆁ여ㄱ위대。이ㆁ촉호칙변위ㄱ이급。ㄱ서출칙변
爲ㆁ而緩。舌之ㄴㄷ。
위ㆁ이완。설지ㄴㄷ。
脣之ㅁㅂ。齒之ㅿㅅ。喉之ㅇㆆ。其緩急相對。亦猶是
순지ㅁㅂ。치지ㅿㅅ。후지ㅇㆆ。기완급상대。역유시
也。且半舌之ㄹ。當用於諺。
야。차반설지ㄹ。당용어언。
而不可用於文。如入聲之彆字。終聲當用ㄷ。而俗習讀
이불가용어문。여입성지별자。종성당용ㄷ。이속습독
ㄹ。盖ㄷ變而爲輕也。若
ㄹ。盖ㄷ변이위경야。약
用ㄹ爲彆之終。則其聲舒緩。不爲入也。訣曰
용ㄹ위별지종。칙기성서완。불위입야。결왈

不淸不濁用於終
불청불탁용어종
爲平°上去不爲入
위평°상거불위입
全淸次淸及全濁
전청차청급전탁
皆是爲入聲促急
개시위입성촉급
初作終聲理固然
초작종성이고연
只將八子用不窮
지장팔자용불궁

唯有俗聲所當處
유유쇽셩소당쳐
中聲成音亦可通
즁셩셩음역가통
若書卽字終用君
약서즉자종용군
洪彆亦以業斗終
홍별역이업두종
君業覃終又如何
군업담종우여하
以那彆彌次第推
이나별미차제추
六聲通乎文與諺
육셩통호문여언
戌閭用於諺衣絲
술려용어언의사
五音緩急各自對
오음완급각자대
君聲迺是業之促
군셩내시업지촉
斗彆聲緩爲那彌
두별셩완위나미
穰欲亦對戌與挹
양욕역대술여읍
閭宜於諺不宜文
려의어언불의문
斗輕爲閭是俗習
두경위려시쇽습

合字解

합자해

初中終三聲。合而成字。初聲或在中聲之上。或在中聲之左。

초중종삼성。합이성자。초성혹재중성지상。혹재중성지좌。

如君字ㄱ在ᅮ上。

여군자ㄱ재ᅮ상。

業字ㆁ在ᅥ左之類。中聲則圓者橫者在初聲之下。ㆍ ㅡ

업자ㆁ재ᅥ좌지유。중성칙원자횡자재초성지하。ㆍ ㅡ

ᅩ ᅭ ᅮ ᅲ 是也。

ᅩ ᅭ ᅮ ᅲ 시야。

縱者在初聲之右。ㅣ ㅏ ㅑ ㅓ ㅕ 是也。如呑字ㆍ在ㅌ下

종자재초성지우。ㅣ ㅏ ㅑ ㅓ ㅕ 시야。여탄자ㆍ재ㅌ하

。即字ㅡ在ㅈ下。侵字

。즉자ㅡ재ㅈ하。침자

ㅣ在ㅊ右之類。終聲在初中之下。如君字ㄴ在구下。業字

ㅣ재ㅊ우지유。종성재초중지하。여군자ㄴ재구하。업자

ㅂ在ㆁㅓ 下之類。初

ㅂ재ㆁㅓ 하지유。초

聲二字三字合用並書。如諺語·ᄯᅡ爲地。ᄧᅡᆨ爲隻。·ᄢᅳᆷ爲

성이자삼자합용병서。여언어·ᄯᅡ위지。ᄧᅡᆨ위척。·ᄢᅳᆷ위

隙之類。各自竝書。如諺

극지유。각자병서。여언

語·혀爲舌而·爲引。괴·여爲我愛人而괴·ᅇᅧ爲人愛我

어·혀위설이·위인。괴·여위아애인이괴·ᅇᅧ위인애아

。소·다爲覆物而쏘

。소·다위복물이쏘

·다爲射之之類。 中聲二字三字合用。如諺語·과爲琴柱
·다위사지지유。 중성이자삼자합용。여언어·과위금주
。·홰爲炬之類。 終聲
。·홰위거지유。 종성
二字三字合用。如諺語爲土。·낛爲釣。·ᄢᅢ爲酉時之
이자삼자합용。여언어위토。·낛위조。·ᄢᅢ위유시지
類。 其合用並書。自
유。 기합용병서。자
左而右。初中終三聲皆同。 文與諺雜用則有因字音而補以
좌이우。초중종삼성개동。 문여언잡용칙유인자음이보이
中終聲者。如孔子ㅣ魯
중종성자。여공자ㅣ노
ㅅ:사之類。 諺語平°上去入。如활爲弓而其聲平。:돌爲石
ㅅ:사지유。 언어평°상거입。여활위궁이기성평。:돌위석
而其聲°上。·갈爲
이기성°상。·갈위
刀而其聲去。붇爲筆而其聲入之類。 凡字之左。加一點爲
도이기성거。붇위필이기성입지류。 범자지좌。가일점위
去聲。二點爲°上聲。無
거성。이점위°상성。무
點爲平聲。 而文之入聲。與去聲相似。 諺之入聲無定。或
점위평성。 이문지입성。여거성상사。 언지입성무정。혹
似平聲。如긷爲柱。녑爲
사평성。여긷위주。녑위
脅。或似°上聲。如:낟爲穀。:깁爲繒。 或似去聲。如·몯爲
협。혹사°상성。여:낟위곡。:깁위증。 혹사거성。여·몯위
釘。·입爲口之類。 其
정。·입위구지유。 기

加點則與平°上去同平聲安而和。春也。萬物舒泰。°上聲和
가점칙여평°상거동평성안이화。춘야。만물서태。°상성화
而擧。夏也。萬物漸
이거。하야。만물점
盛。去聲擧而壯。秋也。萬物成熟。入聲促而塞。。冬也。
성。거성거이장。추야。만물성숙。입성촉이색。。동야。
萬物閉藏。初聲之ㆆ與
만물폐장。초성지ㆆ여
ㅇ相似。於諺可以通用也。半舌有輕重二音。然韻書字母
ㅇ상사。어언가이통용야。반설유경중이음。연운서자모
唯一。且國語雖不分
유일。차국어수불분
輕重。皆得成音。若欲備用。則依脣輕例。ㅇ連書ㄹ下。
경중。개득성음。약욕비용。칙의순경례。ㅇ연서ㄹ하。
爲半舌輕音。舌乍附上
위반설경음。설사부상
齶。・ 一起ㅣ聲。於國語ᄀᆝᄀᆜ。兒童之言。邊野之語。或
악。・ 一기ㅣ성。어국ᄋᄀᆝᄀᆜ·。아동지언。변야지어。혹
有之。當合二字而用。如
유지。당합이자이용。여
之類。其先縱後橫。與他不同。訣曰
지유。기선종후횡。여타부동。결왈

初聲在中聲左上
초성재중성좌상
挹欲於諺用相同
읍욕어언용상동

中聲十一附初聲
중성십일부초성
圓橫書下右書縱
원횡서하우서종
欲書終聲在何處
욕서종성재하처
初中聲下接着寫
초중성하접착사
初終合用各並書
초종합용각병서
中亦有合悉自左
중역유합실자좌
諺之四聲何以辨
언지사성하이변
平聲則弓上則石
평성칙궁상칙석
刀爲去而筆爲入
도위거이필위입
觀此四物他可識
관차사물타가식
音因左點四聲分
음인좌점사성분
一去二上無點平
일거이상무점평
語入無定亦加點
어입무정역가점
文之入則似去聲
문지입칙사거성

方言俚語萬不同

방언리어만부동

有聲無字書難通

유성무자서난통

一朝

일조

制作侔神工

제작모신공

大東千古開矇矓

대동천고개몽롱

用字例

용자예

初聲ㄱ。如:감爲柿。・　爲蘆。ㅋ。如우・케爲未舂

초성ㄱ。여:감위시。・골위노。ㅋ。여우・케위미용

稻。콩爲大豆。ㆁ。如러・울

도。콩위대두。ㆁ。如러・울

爲獺。서・爲流澌。ㄷ。如・뒤爲茅。・담爲墻。ㅌ。如

위달。서・위유시。ㄷ。골ㅣ・뒤위모。・담위장。ㅌ。여

고・티爲繭。두텁爲

고・티위견。두텁위

蟾。ㄴ。如노로爲獐。납爲猿。ㅂ。如爲臂。:爲蜂。ㅍ。

섬。ㄴ。여노로위장。납위원。ㅂ。여위비。:위봉。ㅍ。

如・파爲葱。・爲

여・파위총。・위

蠅。ㅁ。如:뫼爲山。・마爲薯蕷。ㅸ。如사・爲蝦。드・爲

승。ㅁ。여:뫼위산。・마위서서。ㅸ。여사・위하。드・위

瓠。 ㅈ◦如·자爲尺◦
호。 ㅈ◦여·자위척◦
죠·爲紙。 ㅊ◦如·체爲簏◦·채爲鞭。 ㅅ◦如·손爲手◦:
죠·위지。 ㅊ◦여·체위사◦·채위편。 ㅅ◦여·손위수◦:
셤爲島。 ㅎ◦如·부헝
셤위도。 ㅎ◦여·부헝
爲鵂鶹◦· 힘爲筋。 ㅇ◦如·비육爲鷄雛◦·얌爲蛇。 ㄹ
위휴류◦· 힘위근。 ㅇ◦여·비육위계추◦·얌위사。 ㄹ
◦如·무뤼爲雹◦어·
◦여·무뤼위박◦어·
름爲氷。 ㅿ◦如아爲弟◦:너ᅀᅵ爲鴇。 中聲·◦如·爲頤◦
름위빙。 ㅿ◦여아위제◦:너ᅀᅵ위보。 중성·◦여·위이◦
·爲小豆◦리爲
·위소두◦리위
橋◦래爲楸。 ㅡ ◦如·믈爲水◦·발·측爲跟◦그력爲鴈
교◦래위추。 ㅡ ◦여·믈위수◦·발·측위근◦그력위안
◦드·레爲汲器。 ㅣ◦如
◦드·레위급기。 ㅣ◦여
·깃爲巢◦:밀爲蠟◦·피爲稷◦·키爲箕。 ㅗ◦如·논爲
·깃위소◦:밀위랍◦·피위직◦·키위기。 ㅗ◦여·논위
水田◦·톱爲鉅◦호·爲
수전◦·톱위거◦호·위
鉏◦벼·로爲硯。 ㅏ◦如·밥爲飯◦·낟爲鎌◦이·아爲
서◦벼·로위연。 ㅏ◦여·밥위반◦·낟위겸◦이·아위
綜◦사·爲鹿。 ㅜ◦如숫
종◦사·위록。 ㅜ◦여숫

爲炭。·울爲籬。누·에爲蚕。구리爲銅。 ㅓ。如브爲竈

위탄。·울위리。누·에위잠。구리위동。 ㅓ。如브위조

。:널爲板。서·리爲霜。

。:널위판。서·리위상。

버·들爲柳。 ㅛ。如:죵爲奴。·고욤爲梬。·쇼爲牛。삽

버·들위류。 ㅛ。여:죵위노。·고욤위영。·쇼위우。삽

됴爲蒼朮菜。 ㅑ。如남샹

됴위창출채。 ㅑ。여남샹

爲龜。약爲鼅鼊。다·야爲匜。쟈감爲蕎麥皮。 ㅠ。如율믜

위구。약위구벽。다·야위이。쟈감위교맥피。 ㅠ。여율믜

爲薏苡。쥭爲飯甬。슈·룹

위의이。쥭위반삽。슈·룹

爲雨繖。쥬련爲帨。 ㅕ。如·엿爲飴糖。뎔爲佛寺。벼爲

위우산。쥬련위세。 ㅕ。여·엿위이당。뎔위불사。벼위

稻。:져비爲燕。終聲ㄱ。

도。:져비위연。종성ㄱ。

如닥爲楮。독爲甕。 ㆁ。如:굼爲蠐螬。올爲蝌蚪。 ㄷ。如

여닥위저。독위옹。 ㆁ。여:굼위제조。올위과두。 ㄷ。여

갇爲笠。싣爲楓。

갇위립。싣위풍。

ㄴ。如·신爲屨。·반되爲螢。 ㅂ。如섭爲薪。·굽爲

ㄴ。여·신위리。·반되위형。 ㅂ。여섭위신。·굽위

蹄。 ㅁ。如:범爲虎。:爲

제。 ㅁ。여:범위호。:위

泉。 ㅅ。如:잣爲海松。·못爲池。 ㄹ。如爲月。:별爲星之類。

천。 ㅅ。여:잣위해송。·못위지。 ㄹ。여위월。:별위성지유。

鄭麟趾序
정인지서

有天地自然之聲◦則必有天地自然之文。所以古人因聲制
유천지자연지성◦칙필유천지자연지문。소이고인인성제
字◦以通萬物之情◦以
자◦이통만물지정◦이
載三才之道◦而後世不能易也。然四方風土區別◦聲氣亦
재삼재지도◦이후세불능역야。연사방풍토구별◦성기역
隨而異焉。蓋外國之語
수이이언。개외국지어
◦有其聲而無其字。假中國之字以通其用◦是猶枘鑿之鉏
◦유기성이무기자。가중국지자이통기용◦시유예착지서
鋙也◦豈能達而無礙
어야◦기능달이무애
乎。要°皆各隨所°處而安◦不可强之使同也。東方禮樂文章
호。요°개각수소°처이안◦부가강지사동야。동방예악문장
◦侔擬華夏。但方
◦모의화하。단방
言俚語◦不與之同。學書者患其旨趣之難曉◦治獄者病其
언리어◦부여지동。학서자환기지취지난효◦치옥자병기
曲折之難通。昔新羅薛
곡절지난통。석신라설
聰◦始作吏讀官府民間◦至今行之。然皆假字而用◦或澁
총◦시작이두관부민간◦지금행지。연개가자이용◦혹삽
或窒非但鄙陋無稽而已◦
혹질비단비루무계이이◦

至於言語之間。則不能達其萬一焉。癸亥冬。我
지어언어지간。칙불능달기만일언。계해동。아
殿下創制正音二十八字。略揭例義以示之。名曰訓民正音。
전하창제정음이십팔자。약게예의이시지。명왈훈민정음。
象形而字倣古篆。因
상형이자방고전。인
聲而音叶七調。三極之義。二氣之妙。莫不該括。
성이음협칠조。삼극지의。이기지묘。막불해괄。
以二十八字而轉換無窮。簡而
이이십팔자이전환무궁。간이
要。精而通。故智者不終朝而會。愚者可浹旬而學。以是
요。정이통。고지자부종조이회。우자가협순이학。이시
解書。可以知其義。以
해서。가이지기의。이
是聽訟。可以得其情。字韻則清濁之能辨。樂歌則律呂之
시청송。가이득기정。자운칙청탁지능변。악가칙율여지
克諧。無所用而不備。
극해。무소용이불비。
無所往而不達。雖風聲鶴唳。鷄鳴狗吠。皆可得而書矣。
무소왕이부달。수풍성학려。계명구폐。개가득이서의。
遂命詳加解釋。以喻諸
수명상가해석。이유제
人。於是。臣與集賢殿應°教臣崔恒。副校理臣朴彭年。臣
인。어시。신여집현전응°교신최항。부교이신박팽년。신
申叔舟。修撰臣成三問
신숙주。수찬신성삼문

◦敦寧府注簿臣姜希顔◦行集賢殿副修撰臣李塏◦臣李善
◦**돈녕부주부신강희안◦행집현전부수찬신이개◦신이선**
老等◦謹作諸解及例◦以
로등◦근작제해급예◦이
敍其梗槪。庶使觀者不師而自悟。若其淵源精義之妙◦則
서기경개。서사관자불사이자오。약기연원정의지묘◦칙
非臣等之所能發揮
비신등지소능발휘
也。恭惟我殿下◦天縱之聖◦制度施爲超越百王。正音之
야。공유아전하◦천종지성◦제도시위초월백왕。정음지
作◦無所祖述◦而成於自
작◦무소조술◦이성어자
然。豈以其至理之無所不在◦而非人爲之私也。夫東方有
연。기이기지이지무소부재◦이비인위지사야。부동방유
國◦不爲不久◦而開物
국◦불위불구◦이개물
成務之大智◦盖有待於今日也歟。正統十一年九月上澣。
성무지대지◦개유대어금일야여。정통십일년구월상한。
資憲大夫禮曹判書集
자헌대부예조판서집
賢殿大提學知春秋館事世子右賓客臣鄭麟趾拜手°稽首謹書
현전대제학지춘추관사세자우빈객신정인지배수°계수근서

訓民正音
훈민정음

파. 훈민정음혜례본 가로본 풀이

나라의 말소리가 중국에 다르고, 문자와도 서로 잘 맞지 아니하니라. 이런 까닭으로 어린 백성이 니르고자 하는 바가 있어도 마침내 제 뜻을 실어 펴지 못하는 놈이, 많으니라. 내, 이를 위하여 불쌍히 여기어, 새로 스물여덟 글자를 만드나니, 사람마다 하여금 쉽게 익혀, 날로 씀에 편안케 하고자 할 따름이니라.

ㄱ는 엄소리니, 군君 글자 처음 펴아나는 소리 같으니
ㄱ을 나란히 쓰면(ㄲ), 뀨虯 글자 처엄 펴어나는 소리와 같으니라.
ㅋ는, 엄소리니, 쾡快 글자 처음 펴어나는 소리와 같으니라.
ㆁ는, 엄소리니, 업業 글자 처음 펴어나는 소리와 같으니라.
ㄷ는, 혓소리니, 둥斗 글자 처음 펴어나는 소리와 같으니라.
ㄸ을 나란히 쓰면(ㄸ), 땀覃 글자 처음 펴어나는 소리와 같으니라.
ㅌ는, 혓소리니, 툰呑 글자 처음 펴어나는 소리와 같으니라.
ㄴ는, 혓소리니, 낭那 글자 처음 펴어나는 소리와 같으니라.
ㅂ는, 입시울소리니, 볋彆 글자 처음 펴어나는 소리와 같으니.
ㅂ을 나란히 쓰면(ㅃ), 뽕步 글자 처음 펴어나는

소리와 ᄀᆞᇀ으니라.

ㅍ는 입시ᄫᅮᆯ소리니 표ᇦ漂 글자 처음 펴어나는 소리와 ᄀᆞᇀ으니라.

ㅁ는 입시ᄫᅮᆯ소리니, 밍彌 글자 처음 펴어나는 소리와 ᄀᆞᇀ으니라.

ㅈ는, 닛소리니, 즉卽 글자 처음 펴어나는 소리와 ᄀᆞᇀ으니.

ㅈ을, 나란--쓰면(ㅉ), ᄍᆞᆼ慈 글자 처음 펴어나는 소리와 ᄀᆞᇀ으니라.

ㅊ는, 닛소리니, 침侵 글자 처음 펴어나는 소리와 ᄀᆞᇀ으니라.

ㅅ는, 닛소리니, 슗戌 글자 처음 펴어나는 소리와 ᄀᆞᇀ으니.

ㅅ을, 나란히 쓰면(ㅆ) 썅邪 글자 처음 펴어나는 소리와 ᄀᆞᇀ으니라.

ㆆ는, 목소리니, ᅙᅳᆸ挹 글자 처음 펴어나는 소리와 ᄀᆞᇀ으니라.

ㅎ을, 나란히 쓰면(ㆅ) ᅘᅩᆼ洪 글자 처음 펴어나는 소리와 ᄀᆞᇀ으니라.

ㄹ는, 혓소리니, 령閭 글자 처음 펴어나는 소리와 ᄀᆞᇀ으니라.

ㅿ는, 반닛소리 ᅀᅣᆼ穰 글자 처음 펴어나는 소리와 ᄀᆞᇀ으니라.

ㆍ는, ᄐᆞᆫ呑 글자 가운뎃소리와 ᄀᆞᇀ으니라.

ㅡ는, 즉卽 글자 가운뎃소리와 ᄀᆞᇀ으니라.

ㅣ는, 침侵 글자 가운뎃소리와 ᄀᆞᇀ으니라.

ㅗ는, ᅘᅩᆼ洪 글자 가운뎃소리와 ᄀᆞᇀ으니라.

ㅜ는, 군君 글자 가운뎃소리와 같으니라.
ㅓ는, 업業 글자 가운뎃소리와 같으니라.
ㅛ는, 욕欲 글자 가운뎃소리와 같으니라.
ㅑ는, ᅀᅣᆼ穰 글자 가운뎃소리와 같으니라.
ㅠ는, 슗戌 글자 가운뎃소리와 같으니라.
ㅕ는, 볋彆 글자 가운뎃소리와 같으니라.

끝소리에는, 다시 첫소리를 쓰느니라. ㅇ를 입시울소리 아래에 잇어 쓰면, 입술가벼운소리가 되느니라. 첫소리를 어우러 쓰려면 나란히 쓰라. 나중의 소리도 한가지라. ㆍ와 ㅡ와 ㅗ와 ㅜ와 ㅛ와 ㅠ와는 첫소리 아래에 붙여 쓰고, ㅣ와 ㅏ와 ㅓ와 ㅑ와 ㅕ와는, 오른쪽에 붙여 쓰라. 무릇 글자는 모름지기 어우러야 소리가 일어나니, 왼쪽에 한 점을 더하면 아주 높은 소리(去聲)오, 점이 둘이면 상성上聲)이오, 점이 없으면 평성(平聲)이오, 입성(入聲)은, 점이 더하는 것은 같으나 빠르니라. 한음(漢音)의 소리에 닛소리(齒音)는 치두(齒頭)와 정치(正齒)에 구별(區別)됨이 있나니, 엄소리와 혓소리와 입시울소리와 목소리 글자는 한음(漢音) 소리에 통해 쓰느니라.

글자를 만든 풀이

천지의 도는 오로지 음양오행일 뿐이다. 곤괘(坤卦 ☷)와 복괘(復卦 ☷) 사이에서 태극이 생겨나서 태극이 움직이고 멈춘 다음에 음양이 생겨나는 것이다. 무릇 생명을 가진 무리들로 하늘과 땅의 사이에 있는 것들은 음양을 버리고 어찌 존재할 수 있겠는가? 그런 까닭으로 사람의 소리는 모두 음양의 이치가 있는데, 돌아보건데 사람들이 살펴서 깨닫지 못한 것일 뿐이다. 이제와서 정음(正音)을 만드는 것은 처음부터 지혜를 짜내고 애써 찾아낸 것이 아니라, 다만 그 성음(聲音)으로 그 이치를 다한 것일 따름일 뿐이다. 이치가 이미 둘이 아니니, 곧 어찌 천지의 귀신과 그 작용함이 같이 하지 않을 수 있겠는가? 정음(正音) 스물 여덟 글자도 각각 그 모양을 본떠서 그것을 만들었다. 첫소리는 모두 열 일곱(17) 글자이다. 엄소리 ㄱ는 혓뿌리가 목구멍을 막는 모양을 본떴다. 혓소리 ㄴ는 혀(끝)가 윗 잇몸에 붙는 모양을 본떴다. 입시울소리 ㅁ는 입 모양을 본떴다. 닛소리 ㅅ는 이빨 모양을 본떴다. 목소리 ㅇ는 목구멍의 모양을 본떴다. ㅋ은 ㄱ에 비하여 소리가 조금 빠르게 나기 때문에 획을 더하였다. ㄴ에서 ㄷ, ㄷ에서 ㅌ, ㅁ에서 ㅂ, ㅂ에서 ㅍ, ㅅ에서 ㅈ, ㅈ에서 ㅊ, ㅇ에서 ㆆ, ㆆ에서 ㅎ, 그 소리(세기, 빠르기)를 바탕으로 획은 더한 뜻은 모두 같으나 오직 ㆁ이 된 것은 다르다. 반혓소리 ㄹ과, 반닛소리 ㅿ은 역시 혀와 이의 모양을 본떠서 그 모양을 달리했지만 획을 더한 의미는 없다. 무릇 사람이 소리를 내는 것은 오행에 근본이 있는 것이므로, 4계절에 어울려 보아도 어그러짐이 없고, 오음에 맞춰 보아도 어그러지지 않는다. 목구멍은 깊숙하여 물기에 젖어 있으니 오행의 물(水)이다. 소리가 허하고 통하니 물의 허하고 밝아 잘 흘러 통하는 것과 같다. 4계절로는 겨울에 속하고, 오음으로는 우(羽) 음에 속한다. 엄(牙)은 섞이어 자람이니, 오행의 나무(木)이다. 소리는 목소리와 비슷해도 실하기 때문에 나무가 물에서 생겨나지만 형체가 있는 것과 같다. 사계절로는 봄에 속하고, 오음으로는 각(角) 음에 속한다. 혀는 날카로아 잘 움직여서 오행의 불(火)에 해당한다. 소리가 구르고 날리는 것은 불이 굴러 펴지며 이글거리어 활활 타오르는 것과 같다. 사계절로는 여름에 속하고, 오음으로는 치(徵) 음에 속한다. 이는 단단하여 끊으니, 오행의 쇠(金)에 해당한다. 소리가 부스러지고 막힘은 쇠의 부스러기를 모아 불에 달구어 단단하게 이루는 것과 같다. 사계절로는 가을에 속하고, 오음으로는 상(商) 음에 속한다. 입술은 모나지만 합해지므로, 오행의 흙(土)에 해당한다. 소리가 머금고 넓은 것은 흙이 만물을 함축하여 광대함과 같다. 사계절로는 늦여름에 속하고, 오음으로는 궁(宮) 음에 속한다. 그러나 물은 이에 생물의 근원이요, 불은 이에 생물을 이루는데 쓰인다. 그렇기 때문에 오행 가운데 물과 불이 큰 것이 되다. 목구멍은 곧 소리가 나가는 문이요, 혀는 곧 소리를 구별하는 고동(鼓動) 관(管)이므로 오음(아牙 설舌 순脣 치齒 후喉) 가운데, 목소리와 혓소리가 주가 된다. 목구멍은 뒤에 있고 엄(牙)은 그 다음에 있으니 목소리는 북쪽 엄소리는 동쪽이다. 혀와 니가 또 그 다음에 있으니 혓소리는 남쪽 닛소리는 서쪽이다. 입술은 맨 끝에 있으니 흙은 정해진 자리가 없어 사계절에 붙어서 왕성하게 한다는 뜻이다. 이런 즉 첫소리의 가운데 스스로 음양 오행 방위의 수가 있다. 또한 소리의 맑고 흐린 것으로 첫소리를 이르고자 한다. ㄱ ㄷ ㅂ ㅈ ㅅ ㆆ는 전청이 되고, ㅋ ㅌ ㅍ ㅊ ㅎ는 차청이 되고, ㄲ ㄸ ㅃ ㅉ ㅆ ㆅ는 전탁이 되고, ㆁ ㄴ ㅁ ㅇ ㄹ ㅿ는 불청불탁이 된다. ㄴ ㅁ ㅇ은 그 소리가 가장 빠르지 않아 그런 까닭으로 차례는 비록 뒤에 있지만 모양을 본떠서 글자를 만드는 시초로 삼았다. ㅅ ㅈ은 비록 모두 전청이지만 ㅅ이 ㅈ에 비하여 소리가 빠르지 않아, 또한 ㅅ을 글자 만드는 처음으로 삼았다. 다만 엄소리의 ㆁ은 비록 혀뿌리가 목구멍을 막아 소리의 기운이 코로 나오지만 그 소리가 ㅇ과 더불어 서로 비슷하여 때문에 운서에서도 엄소리의 불청불탁음인 ㆁ가 첫소리인 잉疑 글자와 목소리의 불청불탁음 ㅇ이 첫소리인 융喩 글자가 자주 서로 섞여 사용하나, 지금은 또한 ㆁ를 목구멍에서 본떠 취하였으나, 엄소리의 글자를 만드는 처음으로 삼지 않은 것은 대개 목구멍은 오행의 물(水)에 속하고 어금니는 나무(木)에 속하여, ㆁ은 비록 어금니에 속해 있으면서 ㅇ과 더불어 서로 비슷하여 마치 나무의 싹이 물에서 나지만, 부드러워서 오히려 물기운이 많음과 같기 때문이다. ㄱ는 나무가 바탕을 이룬 것이고, ㅋ는 나무가 무성하게 자란 것이고, ㄲ는 나무가 늙어 굳어지는 것이므로, 이에 이르기까지 모두 엄(牙)에서 본뜬 것을 취한 것이다. 전청을 나란히 쓰면 전탁이 되는 것은 전청 소리가 느려지면 전탁이 되기 때문이다. 오직 목소리의 차청인 ㅎ이 나란히 써서 전탁이 되는 것은 대개 ㆆ은 소리가 깊어서 ㅎ에 비해 빠르고, ㅎ은 ㆆ에 비해 소리가 얕으므로 느려져 전탁이 되는 것이다. ㅇ을 입시울소리 아래에 이어 쓰면, 입시울가벼운소리가 되는 것은 가벼운 소리로써 입술이 잠깐 닿았다가 입술을 떼기 때문에 목소리가 많기 때문이다. 가운뎃소리는 모두 열 한(11) 글자이다. • 는 혀가 오그라들고 소리가 깊으니, 하늘이 자시(子時)에 열리는 것과 같음이다. 꼴이 둥근 것은 하늘을 본뜬 것이다. ㅡ는 혀가 조금 오그라들고 소리가 깊지도 얕지도 않으니 땅은 축시(丑時)에 열리는 것과 같다. 꼴이 평평한 것은, 땅을 본뜬 것이다. ㅣ는 혀가 오그라지지 않고 소리가 얕으니 사람이 인시(寅時)에서 나는 것과 같다. 꼴이 서 있는 것은 사람이 서 있는 것을 본뜬 것이다. 이 밑의 여덟 소리는 하나는 합(闔) 입술이 오므려지며, 혀가 오그라지는 모음이고 하나는 벽(闢) 혀가 펴지는 모음이다. ㅗ는 •와 같으나 입술이 오므려지며, 그 꼴은 •와 ㅡ가 합하여 이루어진 것이니 하늘과 땅이 처음 사귀는 뜻을 취하였다. ㅏ는 •와 같으나 입이 펴지며, 그 꼴은 ㅣ와 •가 합하여 이루어진 것이니 하늘과 땅의 작용이 사물에서 피어나되 사람을 기다려 이루어짐을 취하였다. ㅜ는 ㅡ와 같으나 입이 오므려지며, 그 꼴은 ㅡ와 •가 합하여 이루어진 것이니 역시 하늘과 땅이 처음 사귀는 뜻을 취하였다. ㅓ는 ㅡ와 같으나 입술 펴지며, 그 꼴은 •와 ㅣ가 합하여 이루어진 것이니, 역시 하늘과 땅의 작용은 사물에서 피어나되 사람을 기다려 이루어짐을 취하였다. ㅛ와 ㅗ는 같으나 ㅣ에서 일어난다. ㅑ와 ㅏ는 같으나 ㅣ에서 일어난다. ㅠ와 ㅜ는 같으나 ㅣ에서 일어나고, ㅕ와 ㅓ는 같으나 ㅣ에서 일어난다. ㅗ ㅏ ㅜ ㅓ는 하늘과 땅에서 비롯되어, 처음으로 생긴 것이다. ㅛ ㅑ ㅠ ㅕ는 ㅣ에서 일어나 사람을 겸하여 두 번째로 생긴 것이다. ㅗ ㅏ ㅜ ㅓ가 둥근 것을 하나로 함은 처음에 생긴 뜻을 취함이다. ㅛ ㅑ ㅠ ㅕ가 둥근 것을 둘로 함은 두 번째로 생긴 뜻을 취함이다. ㅗ ㅏ ㅛ ㅑ의 둥근 것이 위나 밖에 있는 것은 그것이 하늘에서 생겨나 양이 되기 때문이다. ㅜ ㅓ ㅠ ㅕ의 둥근 것이 아래나 안에 있는 것은 그것이 땅에서 생겨나 음이 되기 때문이다. ㆍ가 여덟 소리에 꿰어 있는 것은 마치 양이 음을 거느려서 온갖 사물에 두루 흐름과 같다. ㅛ ㅑ ㅠ ㅕ가 모두 사람을 겸하고 있는 것은 사람은 만물의 영장(靈長)으로 능히 음양에 참여할 수 있기 때문이다. 하늘과 땅과 사람에서 모양을 취하여서 삼재(三才)의 도를 갖추었다. 그러나 삼재(三才)가 만물의 먼저가 되고, 하늘은 삼재(三才)의 시작이 되는 것은 마치 ㆍ ㅡ ㅣ의 세 글자가 여덟 소리의 머리가 되며, 또 ㆍ가 세 글자의 갓이 되는 것과 같다. ㅗ는 하늘에서 처음으로 나니, 천수(天數) 1은 물(水)을 낳는 자리이다. ㅏ는 그 다음이니, 천수(天數) 3은 나무(木)를 낳는 자리이다. ㅜ는 땅에서 처음으로 나니, 지수(地數) 2는 불(火)을 낳는 자리이다. ㅓ는 그 다음이니 지수(地數) 4는 쇠(金)를 낳는 자리이다. ㅛ는 하늘에서 두 번째로 나니 천수(天數) 7은 불(火)을 이루는 수(數)이다. ㅑ는 그 다음이니, 천수(天數) 9는 쇠(金)를 이루는 수(數)이다. ㅠ는 땅에서 두 번째로 나니, 지수(地數) 6은 물(水)을 이루는 수(數)이다. ㅕ는 그 다음이니 지수(地數) 8은 나무(木)를 이루는 수(數)이다. 물(水)과 불(火)은 아직 태극의 기에서 떠나지 못하여 음과 양이 서로 어우르는 시초이므로 오므라진다. 나무(木)와 쇠(金)는 음양이 고정된 바탕이니 펴진다. •는 천수(天數) 5로, 흙(土)을 낳는 자리이다. ㅡ는 지수(地數) 10으로 흙을 이루게 하는 수이다. ㅣ에만 홀로 자리 수가 없음은 대개 사람은 무극의 참으로, 음양오행의 정기가 묘하게 합하여 엉긴 것으로, 본래 정위(定位)나 성수(成數)가 논해질 수 없다. 이는 곧 가운뎃소리의 가운데, 또한 스스로 음양, 오행, 방위의 자리 수가 있기 때문이다. 첫소리에 대하여 가운뎃소리로써 말하면, 음양은, 하늘의 이치요, 강유(剛柔)는, 땅의 이치라. 가운뎃소리는 한편으로 깊으면 다른 한편은 얕고 또 한편이 오므러지면이면 다른 한편은 펴짐이니, 이는 곧 음양으로 나뉘나 오행의 기운이 갖추고 있는 것이니, 하늘의 작용이다. 첫소리는, 혹은 비어있고 혹은 알맹이가 있고 혹은 날리고 혹은 엉기고 혹은 무겁고 만약 가벼움은 이는 곧 강유(剛柔)가 나타나 오행의 바탕이 이루어진 것이니, 땅의 공(功)이다. 가운뎃소리가 깊음 얕음 오므림 펴짐으로 앞에서 첫소리를 부르면 첫소리는 오음의 청음 탁음으로 뒤에서 가운뎃소리에 서로 어우러지는데, 첫소리가 되기도 하고 또한 끝소리가 되기도 한다. 역시 만물이 땅에서 처음 나서 다시 땅으로 돌아가는 것을 볼 수 있다. 첫소리 가운뎃소리 끝 소리가 어울려 이루는 글자에 대해 말하자면, 또한 움직임과 고요함이 서로 뿌리가 되고 음과 양이 서로 변하는 뜻이 있음이다. 움직이는 것은 하늘이다. 고요한 것은 땅이다. 움직임과 고요함을 겸한 것은 사람이다.

대개 오행은 하늘에 있어서는 즉 신의 운행이요, 땅에 있어서는 즉 질(質)을 이룸이다. 사람에게 있어서는 곧 인 예 신 의 지는 신의 운행이요, 간장 심장 비장 폐장 신장은 질(質)의 이룸이다. 첫소리는 피어나고 움직이는 뜻이 있으니 이는 하늘이 하는 일이다. 끝소리에는 그쳐서 정하는 뜻이 있으니 이는 땅이 하는 일이다. 가운뎃소리는 첫소리의 나는 것을 이어 끝소리의 이룸에 접하니, 사람이 하는 일이다. 대개 자운(字韻)의 중요함은 가운뎃소리에 있는데, 첫소리와 끝소리를 합하여 소리를 이룬다. 이는 또한 하늘과 땅이 만물을 생성하되, 모아서 이루고 도와 서리게 하는 것은 반드시 사람에 힘입음과 같다. 끝소리에 첫소리를 다시 쓰는 것은, 그것이 움직여 양이 된 것도 건(乾)이요, 고요하여 음이 된 것도 또한 건(乾)이요, 건(乾)은 실(實)하여 음양으로 나뉘어 주재(主宰)하여 다스리지 않음이 없기 때문이다. 태초의 기운이, 두루 흘러 다하지 않으매, 사계절 운행이, 순환하여 끝이 없다. 그런 까닭으로 정(貞)에서 다시 원(元)이 되고, 겨울이 다시 봄이 되니, 첫소리가 다시 끝소리가 되고, 끝소리가 다시 첫소리가 됨도, 역시 이와 같은 뜻이다. 아! 정음이 만들어져 천지 만물의 이치를 모두 갖추니, 그 신이로움이여! 이는 아마도 하늘이 성군(聖君) 세종대왕의 마음을 여시고, 그 솜씨를 빌려주신 것이 아니겠는가? 칠언절구로 간추려서 말하면

▹ 천지의 조화(造化)는 본래 하나의 기운이니
▹ 음양과 오행은 서로 시작과 끝이 되어 끝없이

순환하네

▷ 하늘과 땅 사이 만물은 모양과 소리를 볼 수 있다

▷ 이치가 원래 둘이 아니니 우주 스물 여덟 수의 운행 원리와 통하네

▷ 정음의 글자도 천문의 운행 원리에 맞추어 각각 모양을 본떠서 만들었네

▷ 소리의 세기로 말미암아 획을 더하였네

▷ 음은 아牙 설舌 순脣 치齒 후喉에서 나고

▷ 이것이 첫소리 열 일곱(17) 글자가 되네

▷ 엄소리 혓뿌리가 목구멍을 닫는 형상을 취하나

▷ 오직 ㆁ業은 ㅇ欲과 비슷하여 뜻의 다름을 취하였네

▷ 혓소리는 이에 혀가 웃 잇몸에 닿는 모양이고

▷ 입시울소리는 그야말로 입의 모양 취했네

▷ 닛소리와 목소리는 바로 이와 목구멍의 모양을 취했네

▷ 이 다섯 뜻을 알면 소리 절로 알겠네

▷ 또 반혓소리(ㄹ)와 반닛소리(ㅿ)가 있으니

▷ 모양의 같음을 취함이나 그 몸체는 곧 다르네

▷ ㄴ那 ㅁ彌 ㅅ戌 ㅇ欲은 소리가 빠르지 않으므로

▷ 차례로는 뒤에 있으나 본뜬 것은 먼저이네

▷ 사계절은 충만한 기운과 함께 그것을 짝을 지어도

▷ 오행과 오음에 어울려 보아도 맞지 않음이 없네

▷ 목구멍은 오행으로 물이 되고 사시로는 겨울이 되며 오음으로는 우(羽)가 된다

▷ 엄(牙)은 이에 봄과 목(木)이며 그 소리는 각(角)이요

▷ 치(徵) 소리는 여름과 불(火)이요 이는 혓소리요

▷ 닛소리는 상(商)과 가을이며 또 금(金)이요

▷ 입시울소리는 본래 정해진 자리와 수가 없으니
▷ 토(土)이며 늦여름이며 궁음(宮音)이네
▷ 소리에는 또 스스로 맑고 탁(濁)한 음이 있으니
▷ 첫소리 피어남을 자세히 살펴야 하네
▷ 전청 소리는 ㄱ君 ㄷ斗 ㅂ彆이며
▷ ㅈ卽 ㅅ戌 ㆆ挹 또한 전청 소리이네
▷ ㅋ快 ㅌ呑 ㅍ漂 ㅊ侵 ㅎ虛같은 것은
▷ 오음이 모두 다 차청이네
▷ 전탁의 소리는 ㄲ虯 ㄸ覃 ㅃ步이며
▷ 또 ㅉ慈 ㅆ邪이 있으며 ㆅ洪도 있네
▷ 전청을 나란히 쓰면 전탁이 되지만
▷ 오직 ㆅ洪은 차청인 ㅎ虛에서 된 것만이 같지 않네
▷ ㆁ業 ㄴ那 ㅁ彌 ㅇ欲과 ㄹ閭 ㅿ穰은
▷ 그 소리가 맑지도 흐리지도 않네
▷ ㅇ은 이어 쓰면 입시울가벼운소리가 되니
▷ 목소리가 많으며 입술은 잠깐 붙었다 떨어지네
▷ 가운뎃소리 열 한 글자 역시 형상을 취하니
▷ 정교(精巧)한 뜻을 다 관찰하기에 쉽지 않네
▷ ·는 하늘을 본떠 소리가 가장 깊으니
▷ 이른바 둥근 모양으로 탄환과 같네
▷ ㅡ는 깊지도 않고 얕지도 않으니
▷ 그 모양이 평평함은 땅을 본뜬 것이네
▷ ㅣ는 사람이 서있는 모양을 본떴으며 소리가 얕으니
▷ 삼재(三才)의 도가 이에 다 갖추어졌네
▷ ㅗ는 하늘에 나서 오므라지니
▷ 둥근 하늘과 땅의 평평함을 합한 형상을 취하였네
▷ ㅏ 역시 하늘에서 나서 펴지니

▷ 사물에서 피어나되 사람이 이룸을 취하였네
▷ 처음 나는 뜻을 써서 그 둥근 꼴이 하나요
▷ 하늘에서 나와 양이 되어 위와 밖(오른쪽)에 있네
▷ ㅛ ㅑ는 사람을 겸하여 두 번째 나니
▷ 둥근 꼴을 둘로 하여 그 뜻을 나타냈네
▷ ㅜ君 ㅓ業 ㅠ戌 ㅕ彆은 땅에서 나니
▷ 본보기에 근거하면 스스로 알 수 있으니 무엇을 이르리요
▷ ㆍ는 여덟 소리(ㅗ ㅏ ㅜ ㅓ ㅛ ㅑ ㅠ ㅕ)에 꿰었으니
▷ 하늘의 작용이 두루 흐름이라
▷ 네 소리(ㅛ ㅑ ㅠ ㅕ)가 사람을 겸한 것도 역시 까닭이 있으니
▷ 사람이 하늘과 땅에 참여하여 가장 신령한 존재가 되기 때문일세
▷ 또 세 소리 ㆍ ㅡ ㅣ를 취하여 지극한 이치를 연구하면
▷ 저절로 강함 부드러움과 음양이 있네
▷ 가운뎃소리는 하늘의 작용이라 음양으로 나뉘고
▷ 첫소리는 이에 땅의 공로라 강함과 부드러움으로 드러나네
▷ 가운뎃소리가 부르메 첫소리가 화(和)하니
▷ 하늘이 땅보다 앞섬이 자연의 이치일세
▷ 화(和)하는 것이 첫소리가 되고 끝소리도 되니
▷ 만물이 나서 결국은 자연인 땅으로 되돌아가는 이치 같음이라
▷ 음이 변해 양이 되고 양이 변해 음이 되니

▹ 한번 움직이고 한번 고요함이 서로 뿌리가 되고

▹ 첫소리는 다시 피어나는 뜻을 지니고 있으니

▹ 양이 되어 움직이니 하늘에 주가 되고

▹ 끝소리는 땅에 비유하여 음의 고요함이니

▹ 글자의 소리 여기서 그쳐 정해지도다

▹ 자운(字韻)의 긴요(緊要)함이 가운뎃소리의 작용에 있으니

▹ 하늘과 땅이 만물을 생성하나 모아서 이루고 돕는 것은 사람이네

▹ 양의 쓰임이 음에 통하니

▹ 극에 도달하면 다시 돌아오네

▹ 첫소리와 끝소리가 두 가지의 거동(擧動)으로 나누어지나

▹ 끝소리에 첫소리를 쓰는 뜻 알겠네

▹ 정음 글자 스물 여덟 글자 뿐이지만

▹ 여러 가지 섞여 어지러움 찾아내어 깊은 조짐(兆朕) 다하였네

▹ 정음 만든 뜻 이렇듯 깊으나 쓰기에는 편하여 백성들이 깨우치기 쉬우니

▹ 하늘의 섭리를 따랐을 뿐 어찌 꾀와 재주로 하였으리요

첫소리 풀이

정음의 첫소리는 곧 운서의 자모이다. 소리가 이로 말미암아 나므로 어미이다. 엄소리는 군君 글자의 첫소리인 ㄱ인데, ㄱ이 ㅜ과 어울려 군이 된다. 쾌快 글자의 첫소리는 ㅋ이니 ㅋ이 ㅙ와 어울려 쾌가 된다.

뀽虯 글자의 첫소리는 ㄲ인데 ㄲ이 ㅠ와 어울려 뀽가 된다. 업業 글자의 첫소리는 ㆁ인데 ㆁ이 ᅥᆸ과 어울려 업이 되는 따위와 같은 것이다. 혓소리 ㄷ斗 ㅌ呑 ㄸ覃 ㄴ那, 입술소리 ㅂ彆 ㅍ漂 ㅃ步 ㅁ彌, 잇소리 ㅈ即 ㅊ侵 ㅉ慈 ㅅ戌 ㅆ邪, 목소리 ㆆ挹 ㅎ虛 ㆅ洪 ㅇ欲, 반혓소리 ㄹ閭, 반잇소리 ㅿ穰도 모두 이를 따른다. 칠언절구로 간추리면,

▷ ㄱ君 ㅋ快 ㄲ虯 ㆁ業은 엄소리요
▷ 혓소리는 ㄷ斗 ㅌ呑 ㄸ覃 ㄴ那이네
▷ ㅂ彆 ㅍ漂 ㅃ步 ㅁ彌는 입시울소리요
▷ 닛소리로는 ㅈ即 ㅊ侵 ㅉ慈 ㅅ戌 ㅆ邪이네
▷ ㆆ挹 ㅎ虛 ㆅ洪 ㅇ欲은 이에 목소리요
▷ ㄹ閭은 반혓소리요 ㅿ穰은 반잇소리네
▷ 스물 세 글자 이것이 자모(字母)가 되니
▷ 모든 소리가 다 이로부터 나네

가온뎃소리 풀이

가온뎃소리란, 자운(字韻)의 가운데에서 첫소리와 끝소리를 합하여 소리를 이루는 것이다. ᄐᆞᆫ(呑) 글자의 가온뎃소리가 ㆍ이니, ㆍ가 ㅌ과 ㄴ사이에 있어서 ᄐᆞᆫ이 된다. 즉即 글자의 가온뎃소리는 ㅡ이니 ㅡ가 ㅈ과 ㄱ사이에 있어서 즉이 된다. 침侵 글자의 가온뎃소리는 ㅣ이니 ㅣ가 ㅊ과 ㅁ사이에 있어서 침이 되는 따위와 같다. ᅘᅩᇰ洪 땀覃 군君 업業 욕欲 샹穰 ᄉᆑᇙ戌 ᄇᆑᇙ彆도 모두 이와 같다. 두 글자가 합하여져서 쓰는 것은, ㅗ와 ㅏ는 똑같이 ㆍ에서 나므로, 합하여 ㅘ가 된다. ㅛ와

ㅑ는 또한 다같이 ㅣ에서 나므로, 합하여 ㆇ가 된다. ㅜ와 ㅓ는 다같이 ㅡ에서 나므로 합하여 ㅝ가 된다. ㅠ와 ㅕ는 또한 다같이 ㅣ에서 나므로 합하여 ㆊ가 된다. 그것은 모두 똑같이 나와 같은 무리가 되므로 서로 합하여 어긋나지 않기 때문이다. 한 글자로 된 가운뎃소리가 ㅣ와 서로 합한 것이 열이니, ㆎ ㅢ ㅚ ㅐ ㅟ ㅔ ㆉ ㅒ ㆌ ㅖ가 이것이다. 두 글자로 된 가운뎃소리가 ㅣ와 서로 합한 것이 넷이니, ㅙ ㅞ ㆈ ㆋ가 이것이다. ㅣ가 깊고 얕고 오므리고 펴지는 소리에 아울러 능히 서로 잘 따르는 것은, 그것은 혀가 펴지고 소리가 얕아 입을 열기에 편하기 때문이다. 또한 사람이 만물을 여는 데 참여하고 도와서 통하지 않음이 없음을 볼 수 있다. 칠언절구로 간추리면

▷ 첫소리가 각각 가운뎃소리에 있으니

▷ 모름지기 가운뎃소리를 취하여 펴지고 오므림을 찾아야 하네

▷ ㅗ洪 ㅏ覃은 ㆍ呑에서 난 것이니 합하여 쓸 수 있으며

▷ ㅜ君 ㅓ業은 ㅡ卽에서 난 것이니 또한 합하여 쓸 수 있네

▷ ㅛ欲는 ㅑ穰와 ㅠ戌는 ㅕ彆와 더불어

▷ 각각 따르는 바 있으니 뜻을 미루어 보면 알 것이네

▷ ㅣ 글자의 쓰임이 가장 많이 있으니

▷ 열네 소리에 두루 서로 따르네

끝소리 풀이

끝소리란 첫소리와 가운뎃소리를 이어받아 음절을 이루는 것이니. 가령 즉卽 글자의 끝소리가 ㄱ이니, ㄱ은 즈의 끝에 있어서 즉이 된다. ᅘᅩᇰ洪 글자의 끝소리는 ㆁ이니, ㆁ이 의 끝에 있어서 ᅘᅩᇰ이 되는 것 부류와 같다. 혓소리 입술소리 잇소리 목소리도 모두 마찬가지이다. 소리에는 느리고 빠른 다름이 있으므로, 평성 상성 거성은 그 끝소리가 입성의 빠름의 갈래가 아니다. 불청불탁의 글자는, 그 소리가 빠르지 않는 까닭에, 끝소리에 쓰이면 평성 상성 거성에 마땅하다. 전청 차청 전탁의 글자는, 그 소리가 빠르므로, 끝소리에 쓰이면 입성에 마땅하다. 그러므로 ㆁ ㄴ ㅁ ㅇ ㄹ ㅿ 여섯 글자는 평성 상성 거성의 끝소리가 되고, 그 나머지는 다 입성의 끝소리가 된다. 그러나 ㄱ ㆁ ㄷ ㄴ ㅂ ㅁ ㅅ ㄹ 여덟 글자로 충분히 쓸 수 있다. 예를들면 ᄇᆡᆺ곶 梨花과, ᅀᅧᇫ의갗狐皮에서 처럼 ㅈ ㅊ을 ㅅ자로 통용할 수 있으므로 오직 ㅅ 글자로 쓰는 것이다. 또 ㅇ은 소리가 맑고 비어, 반드시 끝소리에 쓰지 않아도, 가운뎃소리만으로 음을 이룰 수 있다. ㄷ은 볃彆, ㄴ은 군君, ㅂ은 업業, ㅁ은 땀覃, ㅅ은 언어(諺語)로 ·옷衣, ㄹ은 언어(諺語)로 :실絲의 갈래와 같다. 오음의 느림과 빠름이, 또한 저절로 짝이 된다. 엄소리인 ㆁ은 ㄱ과 더불어 짝이 되어, ㆁ을 빨리 부르면 변하여 ㄱ이 되어 빨라, ㄱ를 느리게 내면 ㆁ이 되어 느리게 되는 것과 같다. 혓소리의 ㄴ ㄷ, 입술소리의 ㅁ ㅂ, 잇소리의 ㅿ ㅅ, 목소리의 ㅇ ㆆ은, 그 느림과 빠름이 서로 짝이 되는 것이, 또한 이와 같다. 또 반혓소리 ㄹ은,

마땅히 뜻말(諺)에 쓰일 것이며, 글말(文)에는 쓸 수가 없다. 마치 입성의 볃彆 글자는 마땅히 ㄷ를 써야 하는 것이다. 그러나 세속의 풍습에는 ㄹ로 읽으니, 대부분 ㄷ이 변하여 가볍게 된 것이다. ㄹ이 볃彆 글자의 끝소리에 사용하면, 곧 그 소리가 느슨하고 느려져서, 입성이 되지 않는 것과 같다. 칠언절구로 간추리면,

▷ 불청불탁을 끝소리에 쓴다면

▷ 평성, 상성, 거성이 되고 입성이 되지 않으며

▷ 전청과 차청 및 전탁은

▷ 모두 다 입성이 되어 촉급하다

▷ 첫소리를 끝소리로 쓰는 원래 이치는 그렇지만

▷ 다만 ㄱ ㆁ ㄷ ㄴ ㅂ ㅁ ㅅ ㄹ 여덟 글자 만 써도 궁하지 않네

▷ 오직 ㅇ 소리만은 마땅히 처해야 할 곳에

▷ 가운뎃소리로만 음을 이루어도 또한 통할 수 있네

▷ 만약 즉자를 쓰려면 끝에 ㄱ을 쓰고

▷ 홍洪과 볃彆은 또한 ㆁ과 ㄷ으로 끝 마치네

▷ 군君 업業 땀覃 글자의 끝소리는 또 어떠한가?

▷ 낭那 ㄴ 볃彆 ㅂ 밍彌 ㅁ으로 차례에 따라 미루어 알겠네

▷ ㄱ ㆁ ㄷ ㄴ ㅂ ㅁ 여섯 글자는 글과 더불어 뜻(諺)에 두루 통하고

▷ 슗戌 ㅅ과 령閭 ㄹ은 뜻(諺)인 옷衣과 실絲에 쓰이네

▷ 다섯 음의 느리고 급한 것이 각각 스스로 대가 되니

▷ ㄱ소리는 이에 ㆁ소리를 빠르게 낸 것이요

▷ ㄷ과 ㅂ소리가 늘어지면 ㄴ과 ㅁ이 되고

▷ㅿ과 ㅇ소리 또한 ㅅ과 ㆆ의 대가 되네

▷ㄹ은 뜻말(諺)에 마땅히 쓰니 글말(文)에는 맞지 않으니

▷ㄷ를 가볍게 내어 ㄹ이 되기도 함은 세속의 풍습일세

합한 글자의 풀이

첫소리 가운뎃소리 끝소리 세 소리가, 합해져야 글자를 이룬다. 첫소리는 혹 가운뎃소리의 위에 있고, 혹 가운뎃소리의 왼쪽에 있다. 마치 군君 글자의 ㄱ이 ㅜ 위에 있고, 업業 글자의 ㆁ이 ㅓ 왼쪽에 있는 따위와 같다. 가운뎃소리에서 곧 둥근 것과 가로로 된 것은 첫소리의 아래에 놓이는데, ㆍ ㅡ ㅗ ㅛ ㅜ ㅠ가 이것이다. 세로로 된 것은 첫소리의 오른쪽에 놓이는데, ㅣ ㅏ ㅑ ㅓ ㅕ가 이것이다. 마치 ᄐᆞᆫ呑 글자의 ㆍ는 ㅌ의 아래에 위치하고, 즉卽 글자의 ㅡ는 ㅈ의 아래에 위치하며, 침侵 글자의 ㅣ는 ㅊ의 오른쪽에 있는 것과 같은 부류이다. 끝소리는 첫소리와 가운뎃소리의 아래에 있다. 마치 군君 글자의 ㄴ이 구의 아래에 있고, 업業 글자 ㅂ이 어 의 아래에 있는 것과 같은 종류이다. 첫소리는 두 글자나 세 글자로 합하여 쓸 때에는 나란히 쓰니, 마치 입말(諺語)의 ·ᄯᅡ地, ᄧᅡᆨ隻, ·ᄢᅳᆷ隙의 부류와 같다. 각각 같은 글자를 나란히 쓸 때에는, 입말(諺語)의 ·혀舌에서 ·ᅘᅧ引, 괴·여我愛人에서 괴·ᅇᅧ人愛我, 소·다覆物에서 쏘다射之의 부류와 같다.

가·운뎃소리의 두 글자나 세 글자로 합하여 쓸 때에는 뜻말(諺語)의·과琴柱,·홰炬의 부류와 같다. 끝소리를 두 글자나 세 글자로 합하여 쓸 때에는 뜻말(諺語)의 ᄒᆞᆰ 土,·낛釣, ᄃᆞᇌ·때酉時의 부류와 같다. 합하여 나란히 쓸 때에는, 왼쪽으로 부터 오른쪽이니, 첫소리 가운뎃소리 끝소리 세 소리에 있어서도 모두 같다. 글말(文語)와 입말(諺語)을 섞어 쓸 때는 곧 글자의 소리로 말미암아 가운뎃소리나 끝소리로 보충하는 것이 있으니, 마치 '孔子ㅣ魯ㅅ:사ᄅᆞᆷ'의 부류와 같다. 입말(諺語)의 평성 상성 거성 입성은, 활弓의 그 소리는 평(平)이며, :돌石의 그 소리는 상(上)이며, ·갈刀의 그 소리는 거(去)이며, 붇筆의 그 소리가 입(入)이 되는 부류와 같다. 무릇 글자의 왼쪽에, 한 점을 더하면 거성이 되고, 두 점이면 상성이 되고, 점이 없으면 평성이 된다. 글말(文語)의 입성은, 거성과 서로 비슷하다. 입말(諺語)의 입성은 정한 것이 없어서 혹 평성과 비슷하니, 긷柱, 녑脅이 되는 것과 같고, 혹 상성과 비슷하니, :낟穀, :깁繒이 되는 것과 같고, 혹 거성과 비슷하니, ·몯 釘, ·입□이 되는 종류와 같다. 그 점 찍기는 평성 상성 거성과 같다. 평성은 편안하고 화평하니, 봄이다, 만물이 피어나 자라고, 상성은 화평하고 드니, 여름이라, 만물이 점점 무성해지고, 거성은 들어 굳세니, 가을이며, 만물의 성숙이며, 입성은 빠르고 막히니, 겨울이며, 만물이 닫히고 감추어진다. 첫소리 ㆆ과 ㅇ은 서로 비슷하여 입말(諺)에서 통용될 수 있다. 반혓소리 ㄹ에는 가볍고 무거운 두 소리가 있다. 그러나 운서의 자모(字母)에서는 구별하지 않고 오직 하나 ㄹ뿐이다.또한 나라말(國語)에서는 비록 가벼운 소리와 무거운 소리를 나누지 않고, 모두 소리를 이룰 수 있다. 만약 갖추어 쓰고자 한다면, 입시울가벼운소리의 보기에 따라서, ㅇ을 ㄹ아래에 연이어 쓰면, 반입술가벼운소리가 되는데, 혀가 잠깐 윗잇몸에 닿는 것이다. ·와 ㅡ가 ㅣ에서 일어난 소리는 나라말(國語)에서는 쓰임이 없다. 어린이 말이나, 시골의 말에, 간혹 있기도 하는데, 마땅히 두 글자를 어울려 쓸 것이니, ᄀᆝ ᄀᆜ의 부류와 같다. 그 세로를 먼저 쓰고 가로를 뒤에 쓰는 것이 다른 글자(가로를 먼저 쓰고, 세로를 뒤에 쓴다)와 같지 않다. 칠언절구로 다시 정리하면

▷ 첫소리는 가운뎃소리의 왼쪽과 위에 있고
▷ ㆆ과 ㅇ은 입말(諺)에 서로 같이 쓰이네
▷ 가운뎃소리 열 한 글자가 첫소리에 붙을 때
▷ 둥근 글자 ·와 가로된 글자 ㅡ는 ㅗ ㅛ ㅜ ㅠ는 첫소리 아래에 쓰고 둥 근 글자 ·와 세로된 글자 ㅣ는 ㅏ ㅑ ㅓ ㅕ는 첫소리 우측에 쓴다
▷ 끝소리를 쓰려면 어느 곳에 쓸 것인가
▷ 첫소리와 가운뎃소리 아래에 붙여 쓰면 될 것이네
▷ 첫소리와 끝소리를 합쳐 쓸 땐 각각 나란히 쓰고
▷ 가운뎃소리 또한 합하려면 다 왼쪽으로부터 쓰네
▷ 입말(諺)의 사성은 어떻게 판별할까
▷ 평성은 곧 활弓이요 상성은 곧 :돌石이며
▷ ·갈刀은 거성이요 붇筆은 입성이니

▹ 이 네 가지를 살펴보면 다른 것도 알 수 있네

▹ 소리는 왼쪽의 점으로 인하여 사성으로 나누어지니

▹ 한 점은 거성이요 두 점이면 상성이요 점이 없으면 평성이라

▹ 입말(諺語)의 입성은 일정함이 없으니 역시 점을 더하네

▹ 글말(文語)의 입성은 거성과 비슷하네

▹ 다른 지역의 사투리와 속된 말이 중원의 말과 만가지로 같지 않아서

▹ 소리는 있으나 글자가 없어 써서 통하기 어렵더니

▹ 처음 조정(朝廷)이래로

▹ 지으심이 신의 조화(造化)와 같으시니

▹ 대동이(大東夷)의 수천년 동안 몽롱(朦朧)함을 열어셨네

글자를 사용한 예시

첫소리 ㄱ은, :감柹, ·ᄀᆞᆯ蘆의 ㄱ됨과 같다. ㅋ은, 우·케未舂稻, 콩大豆의 ㅋ됨과 같다. ㆁ은, 러·울獺, 서·ᅌᅦ流凘의 ㆁ됨과 같다. ㄷ은, ·뒤茅, ·담墻의 ㄷ됨과 같다. ㅌ은, 고·티繭, 두텁蟾의 ㅌ됨과 같다. ㄴ은, 노로獐, 납猿의 ㄴ됨과 같다. ㅂ은, 볼臂, :벌蜂 의 ㅂ됨과 같다. ㅍ은, ·파葱, ·ᄑᆞᆯ蠅의 ㅍ됨과 같다. ㅁ은 :뫼山, ·마薯藇의 ㅁ됨과 같다. ㅸ은 사·ᄫᅵ蝦, 드·ᄫᅴ瓠의 ㅸ됨과 같다. ㅈ은, ·자尺, 죠·ᄒᆡ紙의 ㅈ됨과 같다. ㅊ은, ·체籭, ·채鞭의 ㅊ됨과 같다. ㅅ은·손手, :셤島의 ㅅ됨과 같다. ㅎ은, ·

부헝鵂鶹, ·힘筋의 ㅎ됨과 같다. ㅇ은, ·비육鷄雛, ·ᄇᆞ얌 蛇의 ㅇ됨과 같다. ㄹ은, ·무뤼雹, 어·름氷의 ㄹ됨과 같다. ㅿ은, 아ᅀᆞ弟, :너ᅀᅵ鴇의 ㅿ됨과 같다. 가운데소리(中聲)는, ·ᄐᆞᆨ 頤, ·ᄑᆞᆺ小豆, ᄃᆞ리橋, ᄀᆞ래楸의 ㆍ됨과 같다. ㅡ는, ·믈水, 발·측跟, 그력鴈, 드·레汲器의 ㅡ됨과 같다. ㅣ는, ·깃巢, :밀蠟, ·피稷, ·키箕의 ㅣ됨과 같다. ㅗ는, ·논水田, ·톱鉅, 호·ᄆᆡ鉏, 벼·로硯의 ㅗ됨과 같다. ㅏ는, ·밥飯, ·낟鎌, 이·아 綜, 사·ᄉᆞᆷ鹿의 ㅏ됨과 같다. ㅜ는, ᄉᆞᆺ炭, ·울籬, 누·에蠶, 구·리銅의 ㅜ됨과 같다. ㅓ는, 브ᅀᅥᆸ 竈, :널板, 서·리霜, 버·들柳의 ㅓ됨과 같다. ㅛ는, :죵奴, ·고욤梬, ·쇼牛 삽됴蒼朮菜의 ㅛ됨과 같다. ㅑ는, 남샹龜, 약鼅鼊, 다·야匜, 쟈감蕎麥皮의 ㅑ됨과 같다. ㅠ는, 율믜薏苡, 쥭飯臿, 슈·룹雨繖, 쥬련帨의 ㅠ됨과 같다. ㅕ는, ·엿飴糖, 뎔佛寺, 벼稻, :져비燕의 ㅕ됨과 같다. 끝소리는 ㄱ은, 닥楮, 독甕의 ㄱ됨과 같다. ㆁ은, :굼벵 蠐螬, 올창 蠐螬의 ㆁ됨과 같다. ㄷ은, 갇笠, 싣楓의 ㄷ됨과 같다. ㄴ은, ·신屨, ·반되螢의 ㄴ됨과 같다. ㅂ은, 섭薪, ·굽蹄의 ㅂ됨과 같다. ㅁ은, :범虎, :ᄉᆡᆷ泉의 ㅁ됨과 같다. ㅅ은, :잣海松, ·못池의 ㅅ됨과 같다. ㄹ은, ᄃᆞᆯ月, :별星의 ㄹ됨과 같은 부류이다.

정인지 서문

천지자연의 소리가 있으면, 곧바로 반드시 천지자연한

글이 있는 것이다.그러므로 옛 사람은 소리로 말미암아 글자를 만들어서, 이로써 만물의 뜻과 통하게 하고, 이로써 삼재(三才)의 도를 싣게 하니, 후세의 사람들이 능히 이를 바꿀 수 없는 까닭이다. 그러나 사방의 기후와 토질이 구역으로 나누어져 다르고, 소리의 기운 또한 이에 따라 서로 달라졌다. 대개 나라 밖의 말은, 그 소리는 있으나 글자가 없으니, 나라 가운데의 글자를 빌어서 그것을 사용하여 통하게 하니, 이는 마치 모난 자루를 둥근 구멍에 맞추어 넣은 것과 같이 틀어져서 어긋나는 것이니, 어찌 능히 통달하는데 막힘이 없을 수 있겠는가? 요컨대 다 각각 처해 있는 곳에 따라 편안하게 함이지, 억지로 같게 할 수는 없는 것이다. 우리 동방은 예악과 문장은 화하(華夏)와 가지런하다. 다만 방언(方言) 이어(俚語)가, 그와 더불어 같지 못하다. 글자를 배우는 이는 그 뜻의 깨치기 어려움을 근심하고, 옥(獄)을 다스리는 사람은 그 곡절의 통하기 어려움을 걱정했다. 옛날 신라의 설총(薛聰)이, 비로소 이두(吏讀)를 지어서 시행하였는데, 관청과 민간에서는, 이제까지도 그것을 쓰고 있다. 그러나 모두 글자를 빌어서 사용하므로, 혹은 껄끄럽기도 혹은 막히기도 한다. 다만 너절하고 더럽고 뿌리가 없을 뿐만 아니라, 언어(言語)의 사용에 이르러서는, 곧 능히 거의 그 뜻이 미치지 못했다.

계해년(癸亥年) 세종 25년 1443년 겨울에, 우리 전하께서 정음 스물 여덟 글자를 창제하시고 대략 본보기와 바른 뜻을 들어 보이시어, 이름을 훈민정음이라 하셨다. 모양을 본떴으나 글자는 옛 전서를 본떴고, 소리(聲)를 따랐으나 음(音)은 일곱 가락(七調)에 들어 맞다. 삼극의 뜻과, 음양의 묘가, 다 갖추지 아니함이 없는 것이다. 스물 여덟 글자로써 굴리고 바꾸면 궁함이 없어, 간단하고도 긴요함이 있고, 정묘하면서 두루 잘 통한다. 그러므로 지혜로운자는 아침나절이 끝나지 아니해서 깨칠 것이요, 어리석은 자라도 열흘이면 배울 수가 있다. 이로써 글을 풀어 보면, 가히 그 뜻을 알 수가 있다. 이로써 송사(訟事)를 자세히 들을 수 있어, 가히 그 정황을 알 수가 있다. 글자의 운(韻)으로는 곧 청탁을 능히 가릴 수 있으며, 악곡의 노래는 곧 율여에 잘 맞는다. 쓰임은 갖추어지지 않은 바가 없고, 가는데 마다 통하지 않음 바가 없다. 비록 바람소리와 학의 울음소리, 닭소리와 개 짖는 소리라도 모두 얻어 쓸 수 있다. 마침내 세종께서 저희들에게 자세한 풀이를 더해서 사람들에게 그것을 깨우치시라 명하셨다.

이에, 신 집현전 응교 종 4품 신 최항(崔恒)과, 부교리 종 5품 신 박팽년(朴彭年), 신 신숙주(申叔舟), 수찬 종 6품 신 성삼문(成三問)과, 돈녕부 주부(돈녕부의 6품에서 8품까지의 벼슬) 신 강희안(姜希顔)과, 행 집현전 부수찬 종 6품의 집현전 부수찬 신 이개(李塏), 신 이선로(李善老) 등과 더불어, 삼가 여러 풀이와 보기를 짓고, 그것에 대한 줄거리를 서술하였다. 뭇 사람들이 보는 사람들로 하여금 스승이 없어도 스스로 깨우치도록 함이다. 그 깊은 연원이나 정밀한 뜻의 묘함은 신들이 능히 펴서 나타낼 수 있는 바가 아니다. 공손히 생각하옵건대 우리 전하께서는 하늘이 내신 성인으로서 제도와 베푸심이 모든 임금에 초월하셨다. 정음을 지으심도 어떤 선인(先人)의 설(說)을 이어 받으심이 없이 자연에서 이룩하신 것이다. 어찌 그 이치가 이르지 않는 데가 없다고 하여 사람이 이룩한 개인의 업적이 아니라 하랴! 대저 이 동방의 땅에 나라가 있음이, 오래되지 않음이 아니지만, 만물을 열어시고 힘써 일을 이룩하신 큰 지혜가, 대개 오늘을 기다리고 있었던 것이 아니든가. 정통 11년 세종 28년 1446년 9월 상한에자헌대부 예조판서 집현전 대제학 지춘추관사 세자 우빈객 신 정인지는 두 손 모아 엎드려 절하고 머리를 조아리고 삼가 쓰옵니다.

·훈민·졍흠

〈부록 1〉 한글해득 교수·학습 프로그램

2015. 개정교육과정에 제시된 한글문해 관련 성취기준

한글문해 관련 성취기준
[2국01-04] 듣는 이를 바라보며 바른 자세로 자신 있게 말한다.
[2국01-06] 바르고 고운 말을 사용하여 말하는 태도를 지닌다.
[2국02-01] 글자, 낱말, 문장을 소리 내어 읽는다.
[2국02-02] 문장과 글을 알맞게 띄어 읽는다.
[2국01-05] 읽기에 흥미를 가지고 즐겨 읽는 태도를 지닌다.
[2국03-01] 글자를 바르게 쓴다.
[2국03-03] 주변의 사람이나 사물에 대해 짧은 글을 쓴다.
[2국03-05] 쓰기에 흥미를 가지고 즐겨 쓰는 태도를 지닌다.
[2국04-01] 한글 자모의 이름과 소릿값을 알고 정확하게 발음하고 쓴다.
[2국04-02] 소리와 표기가 다를 수 있음을 알고 낱말을 바르게 읽고 쓴다.
[2국04-04] 글자, 낱말, 문장을 관심 있게 살펴보고 흥미를 가진다.
[2국05-01] 느낌과 분위기를 살려 그림책, 시나 노래, 짧은 이야기를 들려주거나 듣는다.
[2국05-03] 여러 가지 말놀이를 통해 말의 재미를 느낀다.

한글교육과 직접적으로 관련 있는 국어과 단원

학년	단원	학습 내용	학년	단원	학습 내용
1학년	2. 재미있게 ㄱㄴㄷ	자음자 익히기	2학년	3. 마음을 나누어요	마음을 나타내는 말 알기
1학년	3. 다 함께 아야어여	모음자 익히기	2학년	4. 말놀이를 해요	말의 재미 느끼기
1학년	4. 글자를 만들어요	글자 짜임 알기	2학년	4. 말놀이를 해요	주변의 여러 가지 낱말 관심가지기
1학년	6. 받침이 있는 글자	받침 익히기	2학년	7. 친구들에게 알려요	받침이 뒷말 첫소리가 되는 낱말
1학년	8. 소리 내어 또박또박 읽어요	쌍자음 익히기	2학년	9. 생각을 생생하게 나타내요	문장 만들기 놀이

이상의 교육과정을 분석한 결과 교육과정에서 한글교육은 1, 2학년에서 연속적으로 이루어진다는 것을 알 수 있었다. 하지만 1학년 시기에 한글을 해득하지 못한 경우 2학년 교육과정을 제대로 이수할 수 없다. 이에 본 교사는 2학년 국어과 전체를 재구성하여 62시간을 한글 해득을 위한 차시로

구성하고 그 외에 시간 교과 성취기준을 달성할 수 있도록 재구성하였다. 또한 62차시 이후 읽기유창성을 기를 수 있도록 지속적으로 한글 해득프로그램을 진행하도록 한다.

재구성 내용

재구성 내용			
차시	**주요 내용 및 활동**	**차시**	**주요 내용 및 활동**
1-3	자음 ㄱ ㅋ ㄲ 배우기	43	복잡한 모음이 들어간 단어 읽기
4-7	자음 ㄴ ㄷ ㅌ ㄸ 배우기	44-45	받침 ㅁ ㅂ 배우기
8-11	자음 ㅁ ㅂ ㅍ ㅃ 배우기	46-47	받침 ㅇ ㄱ 배우기
12-16	자음 ㅅ ㅈ ㅊ ㅉ ㅆ 배우기	48-49	받침 ㄴ ㄹ 배우기
17-19	자음 ㅇ ㅎ ㄹ 배우기	50	받침 ㄷ 배우기
20-21	모음 ㅡ ㅣ 배우기	51	받침이 들어간 단어 읽기
22-23	모음 ㅏ ㅓ 배우기	52	대표받침 ㄱ과 같은 소리 나는 받침 배우기
24-25	모음 ㅗ ㅜ 배우기	53	대표받침 ㅂ과 같은 소리 나는 받침 배우기
26-27	글자 만들기	54	대표받침 ㄷ과 같은 소리 나는 받침 배우기
28	받침 없는 단어 읽기	55	대표받침 7가지 배우기
29-30	모음 ㅑ ㅕ 배우기	56	ㄱ소리 나는 받침단어 읽기
31-32	모음 ㅛ ㅠ 배우기	57	ㅂ소리 나는 받침단어 읽기
33-34	모음 ㅐ ㅔ 배우기	58	ㄷ소리 나는 받침단어 읽기
35-36	모음 ㅖ ㅒ 배우기	59	ㄴ ㅁ ㅇ ㄹ 소리 나는 받침단어 읽기
37-38	모음 ㅘ ㅝ 배우기	60-61	겹받침 단어 배우기
39-40	모음 ㅟ ㅢ 배우기	62	겹받침 단어 읽기
41-42	모음 ㅞ ㅙ ㅚ 배우기		

이와 같이 재구성된 과정은 다음과 같은 기본 원리를 적용하였다

첫째, 자음자를 5종류로 나누어 익힐 수 있도록 하였다. 특히 자음자의 경우 글자가 만들어진 원리를 통해 자연스럽게 소리와 모양을 익힐 수 있도록 한다. 또한, 자음자의 이름보다는 내는 소리에 집중하여 지도한다. 예를 들어 ㄱ의 경우 '기역'이라고 가르치지 않고 '기'라고 가르친다. 글자의 이름은 받침(끝소리)지도와 연계하여 지도한다

둘째, 모음자의 경우 천지인의 원리보다는 모음이 주는 소리에 집중하여 지도할 수 있도록 한다. 또한, 각각의 모음을 발음할 때 입 모양이 어떻게 변하는지를 학생들이 느낄 수 있도록 한다.

셋째, 자모음의 소리를 알고 그 모양을 익힐 때는 소리와 모양이 주는 느낌만으로 글자를 익힐 수 있도록 한다. 글자의 소리와 모양을 익힌 후 단어를 제시하여 지도한다.

넷째, 단어를 제시할 때는 교과서를 분석하여 교과서에서 빈도수가 높은 순서와 각 글자의 성질 및 느낌을 나타내는 대표 단어를 선정하여 반복 지도한다. 또한, 단어를 읽을 때 단어의 의미도 함께 알 수 있도록 한다.

위에서 제시한 재구성 내용을 바탕으로 훈민정음의 제자원리를 이용한 한글해득 교수·학습 프로그램을 구안하였다.

<table>
<tr><th>차시</th><th colspan="3">배움 주제</th></tr>
<tr><th>차시</th><th colspan="2">주요 배움 내용 및 활동</th><th>배움 전략</th></tr>
<tr><td rowspan="3">1-19
/62
1-19
/62
1-19
/62</td><td colspan="3">첫소리 배우기</td></tr>
<tr><td colspan="2">• 자음자 이야기 듣기 • 자음자의 소리와 모양 알기 • 각 자음자가 주는 느낌 알아보기
• 자음자 몸으로 표현하기 • 단어에서 자음자 찾아보기
• 노래로 첫소리의 발음 정확하게 알기 • 자음자 쓰기</td><td rowspan="2">-조음기관에 따라 묶어 지도한다.
-소리가 어디에서 나는지 생각할 수 있도록 한다.
-각 글자의 모양이 주는 느낌을 통해 글자를 이해할 수 있도록 한다.
-이체자(ㄹ)는 소리가 나는 위치보다 글자의 모양과 소리가 주는 느낌으로 지도한다.

-조음기관에 따라 묶어 지도한다.
-소리가 어디에서 나는지 생각할 수 있도록 한다.
-각 글자의 모양이 주는 느낌을 통해 글자를 이해할 수 있도록 한다.
-이체자(ㄹ)는 소리가 나는 위치보다 글자의 모양과 소리가 주는 느낌으로 지도한다.</td></tr>
<tr><td>훈민정음 운해에 드러난 발음원리</td><td>- 엄소리(ㆁ ㄱ ㅋ ㄲ): 소리가 목젖 주변에서 난다. 혀를 움츠려 들여 뛰어 올리며, 이를 벌리고 입술을 내밀면 앞으로 평평하게 나간다.
- 혓소리(ㄴ ㄷ ㅌ ㄸ ㄹ): 소리가 혀에 이르러 나는데, 이는 합하고 입술을 열고 완만하게 올려 더디게 펴다가 번갈아 떨쳐 일으켜 저절로 어그러져 내려서 낸다.
- 닛소리(ㅅ ㅈ ㅊ ㅆ ㅉ ㅿ): 소리가 이에 이르러 난다. 입을 열고 잇몸을 베풀어 위로 올렸다가 가운데로 되돌린다.
- 입시울소리(ㅁ ㅂ ㅍ ㅃ): 소리가 입술에 이르러 난다. 이를 벌리고 입술을 모아 맑으며 미묘하게 밝게 들리다가, 회오리바람이 떨쳐 일어나듯 들어 올리나 머무는 듯 사라지는 것처럼 한다.
- 목소리(ㅇ ㆆ ㅎ ㆅ): 소리가 목에서 난다. 입을 미세하게 합하여 통하게 하여, 거칠고 크게 가라앉고 웅그리어 혀가 곧 가운데 들게 하여 깊은 곳으로부터 곧게 오른다.</td></tr>
</table>

<table>
<tr><td rowspan="3">20-25
/62
20-25
/62
20-25
/62</td><td colspan="3">가운뎃소리 배우기</td></tr>
<tr><td colspan="2">• 모음자 이야기 듣기 • 모음자의 소리와 모양 알기 • 각 모음자가 주는 느낌 알아보기
• 모음자 몸으로 표현하기 • 단어에서 모음자 찾아보기
• 노래 부르며 가운뎃소리 발음 정확하게 알기 • 모음자 쓰기</td><td rowspan="2">-모음을 지도할 때는 입모양이 어떻게 달라지는 지를 지도한다.
-신체표현을 통해 글자의 모양을 몸으로 익힌다.
-양성모음과 음성모음의 소리 차이를 통하여 모음이 주는 느낌과 발음원리를 알 수 있도록 한다.
-모음을 지도할 때는 입모양이 어떻게 달라지는 지를 지도한다.
-신체표현을 통해 글자의 모양을 몸으로 익힌다.
-양성모음과 음성모음의 소리 차이를 통하여 모음이 주는 느낌과 발음원리를 알 수 있도록 한다.</td></tr>
<tr><td>훈민정음 운해에 드러난 발음원리</td><td>- ㅡ은 혀를 평평히 하고 위에 올리지도 않고 아래에 내리지도 않으며, 입술을 조금 열되, 열지도 않고 합하지도 않는다.
- ㅣ은 혀를 위로부터 아래로 움직이고 입술을 미미하게 빗긴다.
- ㅗ는 혀를 말고 입술은 오므리어 안으로 향한다.
- ㅜ는 혀를 내밀고 입술을 뾰족하게 하여 밖으로 내민다.
- ㅓ는 혀와 입술이 비스듬히 열리고 조금 합한다.
- ㅏ는 혀와 입술이 비스듬히 열리고 또 열린다.</td></tr>
<tr><td rowspan="3">26-28
/62
26-28
/62
26-28
/62</td><td colspan="3">글자 만들고 읽기</td></tr>
<tr><td colspan="2">• 자음 + 단순모음(ㅏ,ㅓ,ㅗ,ㅜ, ㅡ, ㅣ) 글자 만들기 • 한글 큐브를 이용하여 글자 만들기
• 무의미 단어 만들고 읽기 • 교사가 제시하는 단어 읽기
• 단어와 그림 연결하기 • 글자 완성해보기</td><td rowspan="2">-한글 큐브를 이용하여 학생들이 직접 글자를 만들어 보게 한다.
-자기가 만든 글자를 소리내어 읽어볼 수 있도록 한다.
-읽기의 원리를 터득하여 자신감을 가질 수 있도록 한다.
-한글 큐브를 이용하여 학생들이 직접 글자를 만들어 보게 한다.
-자기가 만든 글자를 소리내어 읽어볼 수 있도록 한다.
-읽기의 원리를 터득하여 자신감을 가질 수 있도록 한다.</td></tr>
<tr><td>훈민정음 해례에 드러난 합자원리</td><td>ㅡ, ㅗ, ㅜ, ㅛ, ㅠ 는 첫소리 아래에 붙여 쓰고, ㅣ, ㅏ, ㅓ, ㅑ, ㅕ는 오른쪽에 붙여 쓰라. 무릇 글자는 모름지기 어우러야 소리가 일어난다.</td></tr>
</table>

<table>
<tr><td rowspan="3">29-43
/62
29-43
/62
29-43
/62</td><td colspan="3">복잡한 가운뎃소리 배우기</td></tr>
<tr><td colspan="2">• 모음자의 합성 알아보기[예) ㅏ + ㅣ → ㅐ] • 입모양과 혀의 위치 변화 알아보기
• 소리의 차이 비교하기(비슷한 모음끼리) • 모음자 친구와 함께 몸으로 표현하기
• 주어진 자음자에 이중모음을 써서 글자 만들기 • 노래 부르며 발음 정확하게 알기
• 모음자 단어 읽기</td><td rowspan="2">-이중모음의 제자원리(ㅣ + ㅏ → ㅑ)를 이해하고 입모양과 혀의 위치가 어떻게 달라지는지 느낄 수 있도록 지도한다.
-기본모음(ㅏ ㅓ ㅗ ㅜ)와 비교하여 이중모음(ㅑ ㅕ ㅛ ㅠ)의 소리와 모양을 지도한다.
-ㅔ와 ㅐ의 소리는 입모양에 따라 달라짐을 알 수 있도록 한다.
-비슷한 소리를 내는 이중모음끼리 묶어 입모양의 차이를 느낄 수 있게 한다.
-이중모음의 제자원리(ㅣ + ㅏ → ㅑ)를 이해하고 입모양과 혀의 위치가 어떻게 달라지는지 느낄 수 있도록 지도한다.
-기본모음(ㅏ ㅓ ㅗ ㅜ)와 비교하여 이중모음(ㅑ ㅕ ㅛ ㅠ)의 소리와 모양을 지도한다.
-ㅔ와 ㅐ의 소리는 입모양에 따라 달라짐을 알 수 있도록 한다.
-비슷한 소리를 내는 이중모음끼리 묶어 입모양의 차이를 느낄 수 있게 한다.</td></tr>
<tr><td>훈민정음 운해에 드러난 발음원리</td><td>- ㅛ는 혀를 말고 입술은 오므리어 안으로 향한다.
- ㅠ는 혀를 내밀고 입술을 뾰족하게 하여 밖으로 내민다.
- ㅕ는 혀와 입술이 비스듬히 열리고 조금 합한다.
- ㅑ는 혀와 입술이 비스듬히 열리고 또 열린다.</td></tr>
<tr><td rowspan="3">44-51
/62
44-51
/62
44-51
/62</td><td colspan="3">기본 끝소리 배우기</td></tr>
<tr><td colspan="2">• 기본받침 알기(ㅁ,ㅂ,ㅇ,ㄱ,ㄴ,ㄹ,ㄷ) • 받침소리 시범보이기 • 받침소리 읽어보기
• 첫소리와 끝소리의 차이점 알아보기 • 한글큐브를 이용하여 받침 만들어보기
• 받침 단어 찾아쓰기 • 기본 받침단어 읽기 • 노래 부르며 받침소리 익히기</td><td rowspan="2">-받침을 배우면서 자음의 소리값이름을 함께 지도한다. (기역, 니은 등)
-첫소리와 끝소리는 발음하는 원리가 반대이기 때문에 이 원리를 알고 소리를 낼 수 있도록 한다.
-단어 읽기 활동을 할 때에는 반복해서 읽을 수 있도록 지도한다.

-받침을 배우면서 자음의 소리값이름을 함께 지도한다. (기역, 니은 등)
-첫소리와 끝소리는 발음하는 원리가 반대이기 때문에 이 원리를 알고 소리를 낼 수 있도록 한다.
-단어 읽기 활동을 할 때에는 반복해서 읽을 수 있도록 지도한다.</td></tr>
<tr><td>훈민정음 운해에 드러난 발음원리</td><td>-첫소리를 발음하는 원리를 반대로 적용하면 끝소리 발음이 된다. 예를 들어 첫소리 ㄴ은 혀가 윗니에 살짝 닿았다가 떨어지면서 소리가 난다. 하지만 끝소리 ㄴ은 혀가 윗니에서 떨어져 있다가 붙으며 소리가 난다. 다른 끝소리도 모두 같은 원리로 소리가 나게 된다.</td></tr>
</table>

<table>
<tr><td rowspan="10">52-59
/62</td><td colspan="5">끝소리가족 배우기</td></tr>
<tr><td colspan="4">• 기본 받침과 같은 소리 나는 받침 알기 • 듣고 받침적기 • 받침 단어 읽기
• 한글 큐브를 이용하여 같은 끝소리 만들기 • 노래 부르며 받침소리 익히기</td><td>-자음의 이름값(비읍, 피읖 등)을 이용하여 끝소리 규칙을 알 수 있도록 한다.
-노래를 통해 읽기능력을 기를 수 있도록 한다.
-듣고 받침을 적는 활동을 통해 끝소리규칙을 자연스럽게 익힐 수 있도록 한다.
-끝소리에서 혀의 모양이 어떻게 되는지 알 수 있도록 한다.</td></tr>
<tr><td rowspan="8">끝소리 규격[973]</td><td>대표 받침소리</td><td>받침</td><td>예시</td><td rowspan="8">-듣고 받침을 적는 활동을 통해 끝소리규칙을 자연스럽게 익힐 수 있도록 한다.
-끝소리에서 혀의 모양이 어떻게 되는지 알 수 있도록 한다.</td></tr>
<tr><td>/음/</td><td>ㅁ</td><td>꿈</td></tr>
<tr><td>/읍/</td><td>ㅂ ㅍ</td><td>밥, 잎</td></tr>
<tr><td>/응/</td><td>ㅇ</td><td>빵</td></tr>
<tr><td>/윽/</td><td>ㄱ ㅋ ㄲ</td><td>국, 밖, 부엌</td></tr>
<tr><td>/은/</td><td>ㄴ</td><td>산</td></tr>
<tr><td>/을/</td><td>ㄹ</td><td>꿀</td></tr>
<tr><td>/읍/</td><td>ㄷ ㅌ ㅅ ㅆ
ㅈ ㅊ ㅎ</td><td>곧, 옷, 샀다
젖, 꽃, 솥,
하얗다</td></tr>
<tr><td rowspan="2">60-62
/62
60-62
/62
60-62
/62</td><td colspan="5">겹받침 단어 배우기</td></tr>
<tr><td colspan="4">• 겹받침 단어 제시하고 읽어보기 • 쌍자음 받침 제시하고 읽어보기
• 대표발음 알기 • 겹받침단어와 알맞은 그림 연결하기
• 글자 만들고 읽기 • 겹받침단어가 들어간 노래 부르기</td><td>-겹받침은 두 개의 받침 중 한 개만 소리가 남을 알게 한다.
-실생활에서 자주 사용되는 겹받침단어들을 제시하여 읽을 수 있도록 한다.(읽다, 있다, 많다, 넓다, 늙다 등)</td></tr>
</table>

973) 찬찬한글-교사용(2017). 한국교육과정평가

부록 2〉 한글해득 프로그램 교수학습과정안 예시

일 시	2019년 0월 00일 (월) 0교시	**대 상**	2학년 5명	**수업자**	○○○
프로젝트	**훈민정음의 제자원리를 이용한 한글해득 프로그램**	**프로젝트 차시**	**첫소리 배우기(4/19)**		
관련 성취기준	[2국04-01] 한글 자모의 이름과 소릿값을 알고 정확하게 발음하고 쓴다. [2국05-03] 여러 가지 말놀이를 통해 말의 재미를 느낀다.				
배움목표	혓소리(ㄴ)의 모양의 소리를 알고 읽으며 쓸 수 있다.				
학습자료	한글 자석, PPT, 활동지				

과정 (시량)	**학습 준거**	**학생이 스스로 성장하는 수업 과정**	자료(■), **유의점(☞)**
선수 학습		**엄소리(ㄱ ㅋ ㄲ) 배우기** 엄소리가 어디에서 나는지 알고, 입과 혀의 위치를 안다. 엄소리의 모양이 주는 느낌을 통해 글자를 이해하고 여러 활동을 통해 엄소리를 익혀 읽고 쓸 수 있다.	
배 움 열 기 (5')	경 험 나 누 기	**▣ ㄴ 이야기 듣기** _교사는 이야기를 들려준다. 옛날에 왕과 왕비가 예쁜 공주와 멋진 왕자와 함께 살았어요. 공주는 숲에서 꽃의 요정과 놀기를 좋아했어요. 왕자는 숲속에서 나무에 오르며 노는 것을 좋아했어요. 공주는 개나리꽃 요정과 노래를 불렀어요. 나리 나리 개나리 입에 따다 물고요. 나풀 나풀 노랑나비 너울 너울 그네 타요. 고란 꽃에 앉은 노랑나비는 나풀 나풀 날아다녀요. 나비는 꽃이 가득한 숲에 살면서 나비를 괴롭히지 않는 공주님을 좋아했어요. 이야기를 듣고 떠오르는 느낌을 이야기해 본다. **▣ 배움 주제 확인하기** **ㄴ의 소리를 알며, 읽고 쓸 수 있다.** **▣ 평가 계획 안내하기** **■ 단어에서 ㄴ 찾기** **■ ㄴ 읽고 쓰기** **▣ 학습활동 안내** **공부할 순서** **배움1** 어디서 소리가 나니? **배움2** 어떤 느낌이지? **점 프** 몸으로 표현해보자! **정 리** 노래를 불러요!	☞이야기에 집중할 수 있는 분위기를 조성한다. ☞학생이 자신의 의견을 자유롭게 이야기할 수 있는 허용적인 분위기를 조성한다. ☞배움 주제 확인 단계에서 평가계획을 안내하여 도달해야할 결과를 명확히 인식시킨다.

<table>
<tr>
<td>배움전개
(30′)</td>
<td>마음열기</td>
<td>
배움1 어디서 소리가 나니?

▣ ㄴ 소리 관찰
- ‘느’소리는 어디서 나는지 직접 소리를 내보며 알아본다.
- 소리를 내며 친구의 입 모양과 소리를 살펴보고 발표해본다.
▣ ㄴ 글자 쓰기
- 칠판에 붙어있는 ㄴ글자를 보고 크게 허공에 쓰며 따라 읽는다.
- 학습지에 ㄴ을 쓰고 읽는다.
<table>
<tr><td>평가</td><td>- ㄴ을 읽고 쓸 수 있는가?</td></tr>
<tr><td>피드백</td><td>- ㄴ소리를 잘 내지 못하는 학생들에게 다시 한번 입모양과 혀의 위치를 지도한다.</td></tr>
</table>
배움2 어떤 느낌이지?

▣ ㄴ 느낌 알아보기
- ㄴ 글자를 보고 생각나는 것을 말해본다.
- ㄴ 소리를 듣고 생각나는 것을 말해본다.
- ㄱ과 ㄴ을 비교하며 글자의 모양과 글자의 소리를 비교한다.
▣ ㄴ 글자 찾아보기
- 학습지에 있는 단어들 중 ㄴ을 찾아 동그라미 친다.
<table>
<tr><td>평가</td><td>- 단어에서 ㄴ을 찾을 수 있는가?</td></tr>
<tr><td>피드백</td><td>- 여러 단어에서 ㄴ을 찾으며 소리도 함께 낼 수 있도록 한다.</td></tr>
</table>
점프 몸으로 표현해보자!

▣ ㄴ 그림으로 그리기
- ㄴ글자를 보고 떠오르는 것을 그림으로 표현해본다.
▣ ㄴ 몸으로 만들기
- ㄴ글자를 보고 몸으로 만들어 본다.

정리 노래를 불러요!

▣ 되돌아보기
- 개나리노래를 개사하여 부르며 ㄴ글자를 익힌다.
<table>
<tr><td>나리 나리 개나리 나풀 나풀 노랑나비
공주님과 그네 타요. 나풀 나풀 날아요.</td></tr>
</table>
▣ 차시 예고하기
- 다음 차시에 배울 내용에 대해 예고한다

《차시학습 안내》 ㄷ 배우기
</td>
<td>
■ PPT
☞혀가 윗니와 입천장 사이에 붙었다가 떨어짐을 알 수 있도록 한다.

☞니은’이라는 이름 대신 ‘니’ 소리로 지도한다.

☞손가락으로 ㄴ을 그리며 ‘느’라고 읽게 한다.

☞교사는 학생들이 자유롭게 의견을 말할 수 있도록 허용적 인 분위기를 조성한다.

☞ㄱ의 딱딱한 소리와 비교해 ㄱ을 뒤집으면 나오는 ㄴ의 부드러운 소리를 알려준다.

■ 학습지
☞학습지에 제시된 단어 중에서 스스로 ㄴ을 찾을 수 있도록 한다.

☞ㄴ은 모양은 윗니의 뒷부분 과 입천장사이에 닿으며 구부러 지는 모양을 본떠 만들었다는 것을 알려준다.
☞처음에는 혼자서 표현하고 다음에는 친구와 함께 만들 수 있도록 한다.

■ 피아노
☞글자를 모르는 학생들도 따라 부를 수 있도록 교사가 노래를 먼저 불러 알려준다.
</td>
</tr>
</table>

<table>
<tr><td rowspan="4">평가 기준안</td><td>성취 기준</td><td>[2국04-01] 한글 자모의 이름과 소릿값을 알고 정확하게 발음하고 쓴다.
[2국05-03] 여러 가지 말놀이를 통해 말의 재미를 느낀다.</td></tr>
<tr><td>평가방법</td><td>관찰평가, 자기평가</td></tr>
<tr><td>평가문항</td><td>ㄴ 글자를 알고, 읽고 쓸 수 있는가?</td></tr>
<tr><td>평가지 (활동지) 및 예시 답안</td><td>

ㄴ 배우기

이름(　　　　)

1. ㄴ이야기 듣기

<table><tr><td>옛날에 왕과 왕비가 예쁜 공주와 멋진 왕자와 함께 살았어요. 공주는 숲에서 꽃의 요정과 놀기를 좋아했어요. 왕자는 숲속에서 나무에 오르며 노는 것을 좋아했어요. 공주는 개나리꽃 요정과 노래를 불렀어요. 나리 나리 개나리 입에 따다 물고요. 나풀 나풀 노랑나비 너울 너울 그네 타요. 고란 꽃에 앉은 노랑나비는 나풀 나풀 날아다녀요. 나비는 꽃이 가득한 숲에 살면서 나비를 괴롭히지 않는 공주님을 좋아했어요.</td></tr></table>

2. ㄴ쓰고 읽기

<table><tr><td>ㄴ</td><td>ㄴ</td><td>ㄴ</td><td>ㄴ</td><td>ㄴ</td><td>ㄴ</td><td>ㄴ</td><td>ㄴ</td><td>ㄴ</td><td>ㄴ</td></tr></table>

3. ㄴ을 찾아 ○표시 하세요.

<table><tr><td>나들이, 나, 반짝반짝, 눈, 넘실넘실, 노랑, 나비, 나라, 노래, 놀이
느낌, 낼름낼름, 나폴나폴, 너울너울, 노릇노릇, 나붓나붓, 그네</td></tr></table>

4. ㄴ그림 그리기

<table><tr><th>예시</th><th>그림 그리기</th></tr><tr><td>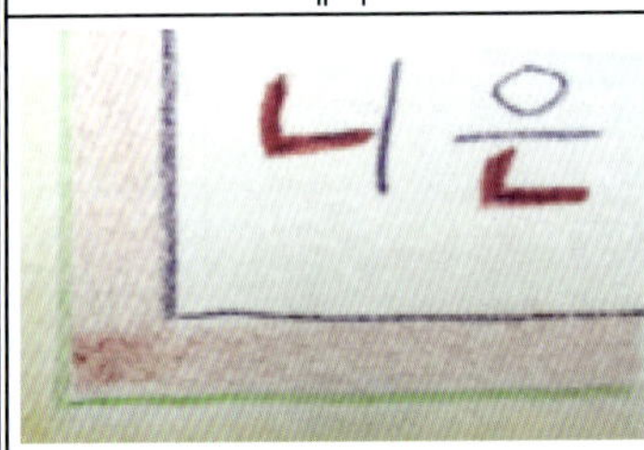</td><td></td></tr></table>

5. ㄴ노래부르기

<table><tr><td>나리 나리 개나리 나풀 나풀 노랑나비. 공주님과 그네 타요. 나풀 나풀 날아요.</td></tr></table>

</td></tr>
</table>

성취수준	상	○ㄴ글자를 20개 이상 찾을 수 있다. ○ㄴ을 읽고 쓸 수 있다.
	중	○ㄴ글자를 15개 이상 찾을 수 있다. ○ㄴ을 읽을 수 있다.
	하	○ㄴ글자를 찾는데 어려움이 있다. ○ㄴ을 읽고 쓰지 못한다.

피드백 예시

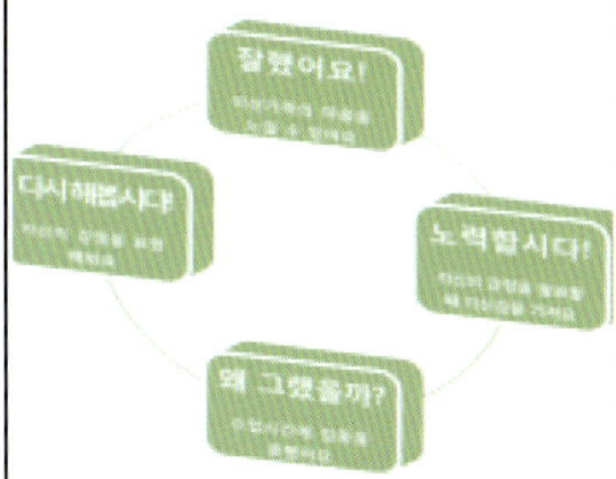

성장 참조형 평가 통지 예시

교과	국어	평가문항	ㄴ 글자를 알고, 읽고 쓸 수 있는가?
김00의 평가 되돌아보기			
강점	ㄴ소리를 낼 때 입모양과 혀의 위치가 정확합니다.		
성장	단어에서 ㄴ글자를 모두 찾아낼 수 있습니다.		
약점	ㄴ쓰기를 할 때 어려움이 있습니다.		

도움 자료

- 교육부(2015). 초·중등학교 교육과정 총론. 교육부 고시 제2015-80호.
- 김도남(2008). 한글 해득 교육 원리 탐색. 한국초등국어교육
- 김동일(2017). 읽기능력 증진 개별화 프로그램 읽기나침반 1, 2권. 학지사
- 김미선(2018). 발음중심 접근법을 활용한 한글해득 능력 신장. 전국현장교육연구대회보고서
- 김지형(2007). 훈민정음의 창제 원리를 활용한 자모 및 발음 교육 방안. 국어국문학
- 박규현(2017). 하늘에서 온 글 한글. 수신제
- 인현민(2011). 훈민정음 제자원리를 활용한 정음법 교수학습 방안 연구. 인하대학교 교육대학원 석사학위 논문
- 이화진(2017). 재미있게 배우는 한글놀이 하늘아, 놀자. 전국교육자료전 자료설명서
- 이홍파(2018). 한글 미해득 아동을 위한 한글 해득 지도자료. 전라북도교육자료전 자료설명서
- 정효은(2018). 훈민정음이와 함께하는 슬로러너를 위한 한글놀이터. 전국교육자료전 자료설명서
- 장명옥(2018). 배우자 한글 해득 레시피로 읽기 능력을 통통하게 만들기. 전국현장교육연구대회보고서
- 진대영(2018). 과학으로 풀어낸 한글 이야기. 생각나눔
- 최영환(2013). 훈민정음을 통해 본 한글 지도 방법. 한국초등국어교육
- 한글교육과정평가원(2017). 찬찬한글
- 이성진(2015). 훈민정음 제자 원리, 한솜미디어
- 노마히데키(2011). 한글의 탄생, 돌베개
- 이상규(2018). 여암 신경준의 저정서 연구, 역락
- 김승권(2015). 사람이 하늘과 땅을 품는다 훈민정음 해례본
- 김봉태(2001). 훈민정음의 음운체계와 글자 모양
- 박장원(2018). 훈민정음, 소리를 그리다
- 동양학연구소(1971). 훈몽자회
- 금호(2018). 한글 훈민정음
- 신상준, 이돈주, 이환묵(1988). 훈민정음의 이해

부록 3

훈민정음 해례본

·일러두기·

훈민정음 해례본과 훈민정음 언해본은 지금의 책과 같이 왼쪽에서 오른쪽으로 읽는 방식이 아닌 오른쪽에서 왼쪽으로 읽는 방식으로 읽었다. 따라서 이 책의 가장 뒤쪽을 펼쳐 해례본, 언해본의 순서를 따라 실었다.

ᄒᆞ고 이 소리ᄂᆞᆫ 우리나랏 소리예셔 열ᄫᅳ니 혓그티 웃닛머리예 다ᄃᆞᄂᆞ니라

ᅎᅔᅏᄼᄽ字ᄍᆞᆼᄂᆞᆫ 齒칭頭뚷ㅅ 소리예 ᄡᅳ고

ᅐᅕᅑᄾᄿ字ᄍᆞᆼᄂᆞᆫ 用용於헝 正졍齒칭ᄒᆞᄂᆞ니 이 소리ᄂᆞᆫ 우리나랏 소리예셔 두터ᄫᅳ니 혓그티 아랫닛므유메 다ᄃᆞᄂᆞ니라

ᅎᅔᅏᄼᄽ字ᄍᆞᆼᄂᆞᆫ 正졍齒칭ㅅ 소리예 ᄡᅳᄂᆞ니

正音 十五

牙앙舌쎯脣쓘喉흫之징字ᄍᆞᆼᄂᆞᆫ 通통用용於헝漢한音름ᄒᆞᄂᆞ니라

엄과 혀와 입시울와 목소리옛 字ᄍᆞᆼᄂᆞᆫ 中듕國귁 소리예 通통히 ᄡᅳᄂᆞ니라

訓훈民민正졍音름

右ᅌᅮᇢᄂᆞᆫ 올ᄒᆞᆫ녀기라

ㅣ와ㅏ와ㅓ와ㅑ와ㅕ와란 올ᄒᆞᆫ녀긔 브텨쓰라

凡뻠字ᄍᆼㅣ必빓合ᅘᅡᆸ而ᅀᅵᆼ成쎵音ᅙᅳᆷᄒᆞᄂᆞ니 凡뻠은 믈읫ᄒᆞ논 ᄠᅳ디라 必빓은 모로매 ᄒᆞ논 ᄠᅳ디라 成쎵은 일 씨라

믈읫字ᄍᆼㅣ 모로매 어우러ᅀᅡ 소리 이ᄂᆞ니

正音 十三

左ᄌᆞᆼ加강一ᅙᅵᇙ點뎜ᄒᆞ면則즉去컹聲셩이오 左ᄌᆞᆼᄂᆞᆫ 왼녀기라 加강ᄂᆞᆫ 더을 씨라 一ᅙᅵᇙ은 ᄒᆞ나히라 去컹聲셩은 ᄆᆞᆺ노ᄑᆞᆫ 소리라

왼녀긔 ᄒᆞᆫ 點뎜을 더으면 ᄆᆞᆺ노ᄑᆞᆫ 소리오

二ᅀᅵᆼ則즉上썅聲셩이오 二ᅀᅵᆼᄂᆞᆫ 둘히라 上썅聲셩은 처ᅀᅥ미 ᄂᆞᆽ갑고 乃냉終즁이 노ᄑᆞᆫ 소리라

點뎜이 둘히면 上썅聲셩이오

無뭉則즉平뼝聲셩이오 無뭉ᄂᆞᆫ 업슬 씨라 平뼝聲셩은 ᄆᆞᆺᄂᆞᆽ가ᄫᆞᆫ 소리라

點뎜이 업스면 平뼝聲셩이오

入ᅀᅵᆸ聲셩은加강點뎜이同똥而ᅀᅵᆼ促쵹急급ᄒᆞᄂᆞ니라 入ᅀᅵᆸ聲셩은 ᄲᆞᆯ리 긋ᄃᆞᆮᄂᆞᆫ 소리라 促쵹急급은 ᄲᆞᄅᆞᆯ 씨라

入ᅀᅵᆸ聲셩은 點뎜 더우믄 ᄒᆞᆫ가지로ᄃᆡ ᄲᆞᄅᆞᄂᆞ니라

正音 十四

漢한音ᅙᅳᆷ齒칭聲셩은有ᅌᅮᇢ齒칭頭뚷正졍齒칭之징別볋ᄒᆞ니 漢한音ᅙᅳᆷ은 中듕國귁 소리라 頭뚷ᄂᆞᆫ 머리라 別볋은 ᄀᆞᆯᄒᆡᆯ 씨라

中듕國귁 소리옛 니쏘리ᄂᆞᆫ 齒칭頭뚷와 正졍齒칭왜 ᄀᆞᆯᄒᆡ요미 잇ᄂᆞ니

ᅎᅔᅏᄼᄽ字ᄍᆼᄂᆞᆫ 用뵹於ᅙᅥ齒칭頭뚷

ㅛ는 欲욕字쫑 가온딧소리 ᄀᆞᄐᆞ니라
ㅑ는 如셩穰샹ㄱ字쫑中듕聲셩ᄒᆞ니라
ㅑ는 穰샹ㄱ字쫑 가온딧소리 ᄀᆞᄐᆞ니라
ㅠ는 如셩戌슗字쫑中듕聲셩ᄒᆞ니라
ㅠ는 戌슗字쫑 가온딧소리 ᄀᆞᄐᆞ니라
ㅕ는 如셩彆볋字쫑中듕聲셩ᄒᆞ니라

正音 十二

ㅕ는 彆볋字쫑 가온딧소리 ᄀᆞᄐᆞ니라
終즁聲셩은 復뿡用용初총聲셩ᄒᆞᄂᆞ니라 復뿡는 다시 ᄒᆞ논 ᄠᅳ디라
乃냉終즁ㄱ소리ᄂᆞᆫ 다시 첫소리ᄅᆞᆯ ᄡᅳᄂᆞ니라
ㅇ를 連련書셩唇쑨音흠之징下ᅘᅡᆼᄒᆞ면 則즉爲윙唇쑨輕켱音흠ᄒᆞᄂᆞ니라 連련은 니슬씨라 下ᅘᅡᆼᄂᆞᆫ 아래라 則즉은 아모리 ᄒᆞ면 ᄒᆞᄂᆞᆫ 겨체 ᄡᅳᄂᆞᆫ 字쫑ㅣ라 爲윙ᄂᆞᆫ ᄃᆞ욀씨라 輕켱은 가ᄇᆡ야ᄫᆞᆯ 씨라
ㅇ를 입시울쏘리 아래 니ᅀᅥ ᄡᅳ면 입시울 가ᄇᆡ야ᄫᆞᆫ 소리 ᄃᆞ외ᄂᆞ니라
初총聲셩을 合ᅘᅡᆸ用용ᄒᆞᇙ디면 則즉竝뼝書셩ᄒᆞ라 終즁聲셩도 同똥ᄒᆞ니라 合ᅘᅡᆸ은 어울씨라 同똥ᄋᆞᆫ ᄒᆞᆫ가지라 ᄒᆞ논 ᄠᅳ디라

正音 十三

첫소리ᄅᆞᆯ 어울워 ᄡᅮᇙ디면 ᄀᆞᆯᄫᅡ ᄡᅳ라 乃냉終즁ㄱ소리도 ᄒᆞᆫ가지라
ㆍㅡㅗㅜㅛㅠ란 附뿡書셩初총聲셩之징下ᅘᅡᆼᄒᆞ고 附뿡ᄂᆞᆫ 브틀씨라
ㆍ와 ㅡ와 ㅗ와 ㅜ와 ㅛ와 ㅠ와란 첫소리 아래 브텨 ᄡᅳ고
ㅣㅏㅓㅑㅕ란 附뿡書셩於헝右웋ᄒᆞ라

ᄍᆞᆼ初총發벓聲셩ᄒᆞ니라
ㄹᄂᆞᆫ半반혀쏘리니閭령ᅙ字ᄍᆞᆼ처ᅀᅥᆷ
펴아나ᄂᆞᆫ소리ᄀᆞᄐᆞ니라
ㅿᄂᆞᆫ半반齒칭音흠이니如셩穰샹ㄱ字
ᄍᆞᆼ初총發벓聲셩ᄒᆞ니라
ㅿᄂᆞᆫ半반니쏘리니穰샹ㄱ字ᄍᆞᆼ처ᅀᅥᆷ
펴아나ᄂᆞᆫ소리ᄀᆞᄐᆞ니라

《正音 九》

ㆍᄂᆞᆫ如셩呑튼ㄷ字ᄍᆞᆼ中듕聲셩ᄒᆞ니라
中듕은가온ᄃᆡ라
ㆍᄂᆞᆫ呑튼ㄷ字ᄍᆞᆼ가온ᄃᆡᆺ소리ᄀᆞᄐᆞ니
라
ㅡᄂᆞᆫ如셩即즉字ᄍᆞᆼ中듕聲셩ᄒᆞ니라
ㅡᄂᆞᆫ即즉字ᄍᆞᆼ가온ᄃᆡᆺ소리ᄀᆞᄐᆞ니라
ㅣᄂᆞᆫ如셩侵침ㅂ字ᄍᆞᆼ中듕聲셩ᄒᆞ니라

ㅣᄂᆞᆫ侵침ㅂ字ᄍᆞᆼ가온ᄃᆡᆺ소리ᄀᆞᄐᆞ니
라
ㅗᄂᆞᆫ如셩洪ᅘᅩᆼㄱ字ᄍᆞᆼ中듕聲셩ᄒᆞ니라
ㅗᄂᆞᆫ洪ᅘᅩᆼㄱ字ᄍᆞᆼ가온ᄃᆡᆺ소리ᄀᆞᄐᆞ니
라
ㅏᄂᆞᆫ如셩覃땀ㅂ字ᄍᆞᆼ中듕聲셩ᄒᆞ니라
ㅏᄂᆞᆫ覃땀ㅂ字ᄍᆞᆼ가온ᄃᆡᆺ소리ᄀᆞᄐᆞ니

《正音 十》

라
ㅜᄂᆞᆫ如셩君군ㄷ字ᄍᆞᆼ中듕聲셩ᄒᆞ니라
ㅜᄂᆞᆫ君군ㄷ字ᄍᆞᆼ가온ᄃᆡᆺ소리ᄀᆞᄐᆞ니
라
ㅓᄂᆞᆫ如셩業업字ᄍᆞᆼ中듕聲셩ᄒᆞ니라
ㅓᄂᆞᆫ業업字ᄍᆞᆼ가온ᄃᆡᆺ소리ᄀᆞᄐᆞ니라
ㅛᄂᆞᆫ如셩欲욕字ᄍᆞᆼ中듕聲셩ᄒᆞ니라

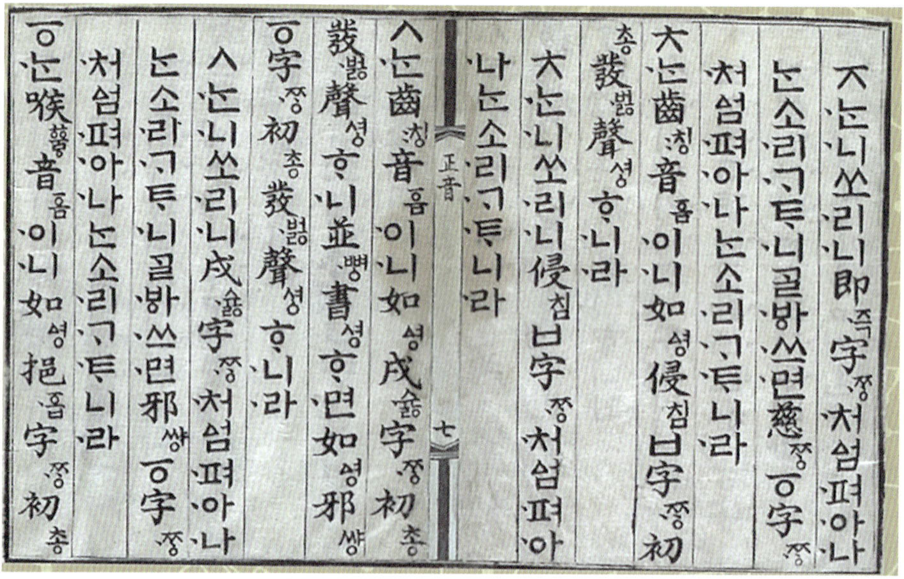

ㅈ는 니쏘리니 卽즉字쭝 처엄펴아나
는소리ᄀᆞᄐᆞ니 ᄀᆞᆯᄫᅡ쓰면 慈쫑ㆆ字쭝
처엄펴아나는소리ᄀᆞᄐᆞ니라
ㅊ는 齒칭音음이니 如셩侵침ㅂ字쭝初
총發벓聲셩ᄒᆞ니라
ㅊ는 니쏘리니 侵침ㅂ字쭝 처엄펴아
나는소리ᄀᆞᄐᆞ니라

正音 七

ㅅ는 齒칭音음이니 如셩戌슗字쭝初총
發벓聲셩ᄒᆞ니 並뼝書셩ᄒᆞ면 如셩邪썅
ㆆ字쭝初총發벓聲셩ᄒᆞ니라
ㅅ는 니쏘리니 戌슗字쭝 처엄펴아나
는소리ᄀᆞᄐᆞ니 ᄀᆞᆯᄫᅡ쓰면 邪썅ㆆ字쭝
처엄펴아나는소리ᄀᆞᄐᆞ니라
ㆆ는 喉흫音음이니 如셩挹흡字쭝初총

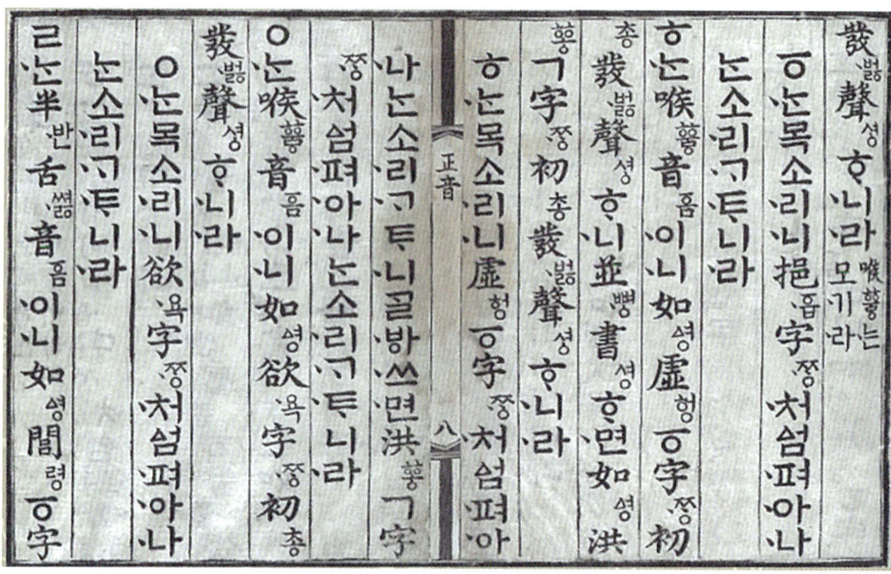

發벓聲셩ᄒᆞ니라 喉흫는 모기라
ㆆ는 목소리니 挹흡字쭝 처엄펴아나
는소리ᄀᆞᄐᆞ니라
ㅎ는 喉흫音음이니 如셩虛헝ㆆ字쭝初
총發벓聲셩ᄒᆞ니 並뼝書셩ᄒᆞ면 如셩洪
홍ㄱ字쭝初총發벓聲셩ᄒᆞ니라
ㅎ는 목소리니 虛헝ㆆ字쭝 처엄펴아

正音 八

나는소리ᄀᆞᄐᆞ니 ᄀᆞᆯᄫᅡ쓰면 洪홍ㄱ字
쭝 처엄펴아나는소리ᄀᆞᄐᆞ니라
ㅇ는 喉흫音음이니 如셩欲욕字쭝初총
發벓聲셩ᄒᆞ니라
ㅇ는 목소리니 欲욕字쭝 처엄펴아나
는소리ᄀᆞᄐᆞ니라
ㄹ는 半반舌쎯音음이니 如셩閭령ㆆ字

ㄷ·ᄂᆞᆫ 혀쏘·리·니 斗ᄃᆞᇢ字ᄍᆞᆼ ·처ᅀᅥᆷ·펴·아
·나·ᄂᆞᆫ소·리·ᄀᆞᄐᆞ·니·ᄀᆞᆯ·ᄫᅡ·쓰·면覃땀ㅂ字
ᄍᆞᆼ·처ᅀᅥᆷ·펴·아·나·ᄂᆞᆫ소·리·ᄀᆞᄐᆞ·니·라
ㅌ·ᄂᆞᆫ舌쎯音흠·이·니如셩呑튼ㄷ字ᄍᆞᆼ初
총發벓聲셩ᄒᆞ·니·라
ㅌ·ᄂᆞᆫ·혀쏘·리·니呑튼ㄷ字ᄍᆞᆼ·처ᅀᅥᆷ·펴·아
·나·ᄂᆞᆫ소·리·ᄀᆞᄐᆞ·니·라

正音 五

ㄴ·ᄂᆞᆫ舌쎯音흠·이·니如셩那낭ㆆ字ᄍᆞᆼ初
총發벓聲셩ᄒᆞ·니·라
ㄴ·ᄂᆞᆫ·혀쏘·리·니那낭ㆆ字ᄍᆞᆼ·처ᅀᅥᆷ·펴·아
·나·ᄂᆞᆫ소·리·ᄀᆞᄐᆞ·니·라
ㅂ·ᄂᆞᆫ脣쓘音흠·이·니如셩鷩볋字ᄍᆞᆼ初총
發벓聲셩ᄒᆞ·니並뼝書셩ᄒᆞ·면如셩步뽕
ㆆ字ᄍᆞᆼ初총發벓聲셩ᄒᆞ·니·라 脣쓘은 입시·우리·라

ㅂ·ᄂᆞᆫ입시·울쏘·리·니鷩볋字ᄍᆞᆼ·처ᅀᅥᆷ·펴
·아·나·ᄂᆞᆫ소·리·ᄀᆞᄐᆞ·니·ᄀᆞᆯ·ᄫᅡ·쓰·면步뽕ㆆ
字ᄍᆞᆼ·처ᅀᅥᆷ·펴·아·나·ᄂᆞᆫ소·리·ᄀᆞᄐᆞ·니·라
ㅍ·ᄂᆞᆫ脣쓘音흠·이·니如셩漂푷ㅸ字ᄍᆞᆼ初
총發벓聲셩ᄒᆞ·니·라
ㅍ·ᄂᆞᆫ입시·울쏘·리·니漂푷ㅸ字ᄍᆞᆼ·처ᅀᅥᆷ
·펴·아·나·ᄂᆞᆫ소·리·ᄀᆞᄐᆞ·니·라

正音 六

ㅁ·ᄂᆞᆫ脣쓘音흠·이·니如셩彌밍ㆆ字ᄍᆞᆼ初
총發벓聲셩ᄒᆞ·니·라
ㅁ·ᄂᆞᆫ입시·울쏘·리·니彌밍ㆆ字ᄍᆞᆼ·처ᅀᅥᆷ
·펴·아·나·ᄂᆞᆫ소·리·ᄀᆞᄐᆞ·니·라
ㅈ·ᄂᆞᆫ齒칭音흠·이·니如셩卽·즉字ᄍᆞᆼ初총
發벓聲셩ᄒᆞ·니並뼝書셩ᄒᆞ·면如셩慈ᄍᆞᆼ
ㆆ字ᄍᆞᆼ初총發벓聲셩ᄒᆞ·니·라 齒칭ᄂᆞᆫ·니·라

ᄋᆞᆫ 새라 制졩ᄂᆞᆫ 밍ᄀᆞᄅᆞ실 씨라 二
ᅀᅵᆼ 十씹 八밣ᄋᆞᆫ 스믈여들비라
새로 스믈여듧 字ᄍᆞᆼ를 밍ᄀᆞ노니
欲욕使ᄉᆞᆼ人ᅀᅵᆫ人ᅀᅵᆫᄋᆞ로 易잉習씹ᄒᆞ야
便뼌於ᅙᅥᆼ日ᅀᅵᇙ用용耳ᅀᅵᆼ니라 使ᄉᆞᆼᄂᆞᆫ ᄒᆡᅇᅧ ᄒᆞ논 마
리라 人ᅀᅵᆫ은 사ᄅᆞ미라 易잉ᄂᆞᆫ 쉬ᄫᅳᆯ 씨라
習씹은 니길 씨라 便뼌은 便뼌安한ᄒᆞᆯ 씨라
라 於ᅙᅥᆼᄂᆞᆫ 아모 그ᅌᅦ ᄒᆞ논 겨체 ᄡᅳᄂᆞᆫ 字ᄍᆞᆼ
ㅣ라 日ᅀᅵᇙ은 나리라 用용은 ᄡᅳᆯ 씨라 耳ᅀᅵᆼ
ᄂᆞᆫ ᄯᆞᄅᆞ미라
ᄒᆞ논 ᄠᅳ디라

正音 三

사ᄅᆞᆷ마다 ᄒᆡᅇᅧ 수ᄫᅵ 니겨 날로 ᄡᅮ메 便
뼌安한킈 ᄒᆞ고져 ᄒᆞᇙ ᄯᆞᄅᆞ미니라
ㄱᄂᆞᆫ 牙앙音ᅙᅳᆷ이니 如ᅀᅥᆼ君군ㄷ字ᄍᆞᆼ 初
총發벓聲셩ᄒᆞ니 並뼝書셩ᄒᆞ면 如ᅀᅥᆼ虯
끃ㅸ字ᄍᆞᆼ 初총發벓聲셩ᄒᆞ니라 牙앙ᄂᆞᆫ 어미라
如ᅀᅥᆼᄂᆞᆫ ᄀᆞᄐᆞᆯ 씨라 初총發벓聲셩은 처ᅀᅥᆷ
펴아 나ᄂᆞᆫ 소리라 並뼝書셩ᄂᆞᆫ ᄀᆞᆯᄫᅡ ᄡᅳᆯ 씨
라

ㄱᄂᆞᆫ 엄쏘리니 君군ㄷ字ᄍᆞᆼ 처ᅀᅥᆷ 펴아
나ᄂᆞᆫ 소리 ᄀᆞᄐᆞ니 ᄀᆞᆯᄫᅡ ᄡᅳ면 虯끃ㅸ字
ᄍᆞᆼ 처ᅀᅥᆷ 펴아 나ᄂᆞᆫ 소리 ᄀᆞᄐᆞ니라
ㅋᄂᆞᆫ 牙앙音ᅙᅳᆷ이니 如ᅀᅥᆼ快쾡ㆆ字ᄍᆞᆼ 初
총發벓聲셩ᄒᆞ니라
ㅋᄂᆞᆫ 엄쏘리니 快쾡ㆆ字ᄍᆞᆼ 처ᅀᅥᆷ 펴아
나ᄂᆞᆫ 소리 ᄀᆞᄐᆞ니라

正音 四

ㆁᄂᆞᆫ 牙앙音ᅙᅳᆷ이니 如ᅀᅥᆼ業업字ᄍᆞᆼ 初총
發벓聲셩ᄒᆞ니라
ㆁᄂᆞᆫ 엄쏘리니 業업字ᄍᆞᆼ 처ᅀᅥᆷ 펴아 나
ᄂᆞᆫ 소리 ᄀᆞᄐᆞ니라
ㄷᄂᆞᆫ 舌쎯音ᅙᅳᆷ이니 如ᅀᅥᆼ斗ᄃᆞᇹㅸ字ᄍᆞᆼ 初
총發벓聲셩ᄒᆞ니 並뼝書셩ᄒᆞ면 如ᅀᅥᆼ覃
땀ㅂ字ᄍᆞᆼ 初총發벓聲셩ᄒᆞ니라 舌쎯은 혀라

訓훈民민正졍音흠 訓훈은 ᄀᆞᄅᆞ칠 씨오 民민은 百ᄇᆡᆨ姓셩이오 音흠은 소리니 訓훈民민正졍音흠은 百ᄇᆡᆨ姓셩 ᄀᆞᄅᆞ치시논 正졍ᄒᆞᆫ 소리라

國귁之징語엉音흠이 國귁은 나라히라 之징는 입겨지라 語엉는 말ᄊᆞ미라

나랏 말ᄊᆞ미

異잉乎홍中듕國귁ᄒᆞ야 異잉는 다ᄅᆞᆯ 씨라 乎홍는 아모 그에 ᄒᆞ논 겨체 ᄡᅳ는 字ᄍᆞᆼㅣ라 中듕國귁은 皇황帝뎽 겨신 나라히니 우리 나랏 常썅談땀애 江강南남이라 ᄒᆞᄂᆞ니라

正音 二

中듕國귁에 달아

與영文문字ᄍᆞᆼ로 不붏相샹流륳通통ᄒᆞᆯᄊᆡ 與영는 이와 뎌와 ᄒᆞᄂᆞᆫ 겨체 ᄡᅳ는 字ᄍᆞᆼㅣ라 文문은 글와리라 不붏은 아니 ᄒᆞ논 ᄠᅳ디라 相샹ᄋᆞᆫ 서르 ᄒᆞ논 ᄠᅳ디라 流륳通통ᄋᆞᆫ 흘러 ᄉᆞᄆᆞᄎᆞᆯ 씨라

文문字ᄍᆞᆼ와로 서르 ᄉᆞᄆᆞᆺ디 아니ᄒᆞᆯᄊᆡ

故공로 愚웅民민이 有ᇢ所송欲욕言언

ᄒᆞ야도 故공는 젼ᄎᆡ라 愚웅는 어릴 씨라 有ᇢ는 이실 씨라 所송는 배라 欲욕ᄋᆞᆫ ᄒᆞ고져 ᄒᆞᆯ 씨라 言언ᄋᆞᆫ 니를 씨라

이런 젼ᄎᆞ로 어린 百ᄇᆡᆨ姓셩이 니르고져 ᄒᆞᇙ 배 이셔도

而ᅀᅵᆼ終즁不붏得득伸신其끵情쪙者쟝ㅣ 多당矣읭라 而ᅀᅵᆼ는 입겨지라 終즁ᄋᆞᆫ ᄆᆞᄎᆞ미라 得득ᄋᆞᆫ 시를 씨라 伸신ᄋᆞᆫ 펼 씨라 其끵는 제라 情쪙ᄋᆞᆫ ᄠᅳ디라 者쟝는 노미라 多당는 할 씨라 矣읭는 말 ᄆᆞᆺ는 입겨지라

正音 二

ᄆᆞᄎᆞᆷ내 제 ᄠᅳ들 시러 펴디 몯ᄒᆞᇙ 노미 하니라

予영ㅣ 爲윙此ᄎᆞᆼ憫민然션ᄒᆞ야 予영는 내 ᄒᆞᅀᆞᆸ시논 ᄠᅳ디시니라 此ᄎᆞᆼ는 이라 憫민然션은 어엿비 너기실 씨라

내 이ᄅᆞᆯ 爲윙ᄒᆞ야 어엿비 너겨

新신制졩二ᅀᅵᆼ十씹八밣字ᄍᆞᆼᄒᆞ노니 新신

훈민정음언해본

能發揮也。恭惟我
殿下。天縱之聖。制度施爲超越
百王。正音之作。無所祖述。而成
於自然。豈以其至理之無所不
在。而非人爲之私也。夫東方有
國。不爲不久。而開物成務之
大智。盖有待於今日也歟。正統
十一年九月上澣。資憲大夫禮

正音解例 二十九

曹判書集賢殿大提學知春秋
館事 世子右賓客 臣 鄭麟趾
拜手稽首謹書

訓民正音

之語。有其聲而無其字。假中國之字以通其用。是猶枘鑿之鉏鋙也。豈能達而無礙乎。要皆各隨所處而安。不可强之使同也。吾東方禮樂文章。侔擬華夏。但方言俚語。不與之同。學書者患其旨趣之難曉。治獄者病其曲折之難通。昔新羅薛聰。始作吏

讀。官府民間。至今行之。然皆假字而用。或澁或窒。非但鄙陋無稽而已。至於言語之間。則不能達其萬一焉。癸亥冬。我

殿下創制正音二十八字。略揭例義以示之。名曰訓民正音。象形而字倣古篆。因聲而音叶七調。三極之義。二氣之妙。莫不該

括。以二十八字而轉換無窮。簡而要。精而通。故智者不終朝而會。愚者可浹旬而學。以是解書。可以知其義。以是聽訟。可以得其情。字韻則淸濁之能辨。樂歌則律呂之克諧。無所用而不備。無所往而不達。雖風聲鶴唳。雞鳴狗吠。皆可得而書矣。遂

命詳加解釋。以喩諸人。於是。臣與集賢殿應敎臣崔恒。副校理臣朴彭年。臣申叔舟。修撰臣成三問。敦寧府注簿臣姜希顔。行集賢殿副修撰臣李塏。臣李善老等。謹作諸解及例。以敍其梗槩。庶使觀者不師而自悟。若其淵源精義之妙。則非臣等之所

如뫼爲山。마爲薯萸。ㅸ。如사ᄫᅵ爲
蝦。드ᄫᅴ爲瓠。ㅈ。如자爲尺。죠ᄒᆡ爲
紙。ㅊ。如체爲簏。채爲鞭。ㅅ。如손爲
手。셤爲島。ㅎ。如부헝爲鵂鶹。힘爲
筋。ㅇ。如비육爲鷄雛。ᄇᆞ얌爲蛇。ㄹ。
如무뤼爲雹。어름爲氷。ㅿ。如아ᅀᆞ
爲弟。너ᅀᅵ爲鴇。中聲ㆍ。如ᄐᆞᆨ爲頤。
ᄑᆞᆺ爲小豆。ᄃᆞ리爲橋。ᄀᆞ래爲楸。ㅡ。

如믈爲水。발측爲跟。그력爲鴈。드
레爲汲器。ㅣ。如깃爲巢。밀爲蠟。피
爲稷。키爲箕。ㅗ。如논爲水田。톱爲
鉅。호ᄆᆡ爲鉏。벼로爲硯。ㅏ。如밥爲
飯。낟爲鎌。이아爲綜。사ᄉᆞᆷ爲鹿。ㅜ。
如숫爲炭。울爲籬。누에爲蠶。구리
爲銅。ㅓ。如브섭爲竈。널爲板。서리
爲霜。버들爲柳。ㅛ。如종爲奴。고욤

爲梬。쇼爲牛。삽됴爲蒼朮菜。ㅑ。如
남샹爲龜。약爲鼅鼊。다야爲匜。쟈
감爲蕎麥皮。ㅠ。如율믜爲薏苡。쥭
爲飯䉛。슈룹爲雨繖。쥬련爲帨。ㅕ。
如엿爲飴餹。뎔爲佛寺。벼爲稻。져
비爲燕。終聲ㄱ。如닥爲楮。독爲甕。
ㆁ。如굼벙爲蠐螬。올창爲蝌蚪。ㄷ。
如갇爲笠。싣爲楓。ㄴ。如신爲屨。반

되爲螢。ㅂ。如섭爲薪。굽爲蹄。ㅁ。如
범爲虎。ᄉᆡᆷ爲泉。ㅅ。如잣爲海松。못
爲池。ㄹ。如ᄃᆞᆯ爲月。별爲星之類。
有天地自然之聲。則必有天地
自然之文。所以古人因聲制字
以通萬物之情。以載三才之道。
而後世不能易也。然四方風土
區別。聲氣亦隨而異焉。盖外國

起ㅣ聲於國語無用。兒童之言邊野之語或有之。當合二字而用。如ᄀᆝᄁᆝ之類。其先縱後橫。與他不同。

訣曰

初聲在中聲左上
挹欲於諺用相同
中聲十一附初聲
圓橫書下右書縱
欲書終聲在何處
初中聲下接着寫
初終合用各並書
中亦有合悉自左
諺之四聲何以辨
平聲則弓上則石
刀爲去而筆爲入
觀此四物他可識

音因左點四聲分
一去二上無點平
語入無定亦加點
文之入則似去聲
方言俚語萬不同
有聲無字書難通
一朝
制作侔神工
大東千古開矇矓

用字例

初聲ㄱ。如감爲柹。ᄀᆞᆯ爲蘆。ㅋ。如우케爲未舂稻。콩爲大豆。ㆁ。如러울爲獺。서에爲流凘。ㄷ。如뒤爲茅。담爲墻。ㅌ。如고티爲繭。두텁爲蟾蜍。ㄴ。如노로爲獐。납爲猿。ㅂ。如ᄇᆞᆯ爲臂。벌爲蜂。ㅍ。如파爲葱。ᄑᆞᆯ爲蠅。ㅁ。

下。即字ㅡ在ㅈ下。侵字ㅣ在ㅊ右之類。終聲在初中之下。如君字ㄴ在구下。業字ㅂ在어下之類。初聲二字三字合用並書。如諺語ᄯᆞ爲地。ᄧᅡᆨ爲隻。ᄢᅳᆷ爲隙之類。各自並書。如諺語·혀爲舌而·ᅘᅧ爲引。괴·여爲我愛人而괴·ᅇᅧ爲人愛我。소·다爲覆物而쏘·다爲射之之類。中聲二

字三字合用。如諺語·과爲琴柱。·홰爲炬之類。終聲二字三字合用。如諺語홁爲土。·낛爲釣。ᄃᆞᇌ·ᄣᅢ爲酉時之類。其合用並書。自左而右。初中終三聲皆同。文與諺雜用則有因字音而補以中終聲者。如孔子ㅣ魯ㅅ:사ᄅᆞᆷ之類。諺語平上去入。如활爲弓而其聲平。:돌爲石而其聲

上。·갈爲刀而其聲去。·붇爲筆而其聲入之類。凡字之左。加一點爲去聲。二點爲上聲。無點爲平聲。而文之入聲。與去聲相似。諺之入聲無定。或似平聲。如긷爲柱。녑爲脅。或似上聲。如:낟爲穀。:깁爲繒。或似去聲。如·몯爲釘。·입爲口之類。其加點則與平上去同。平聲安而和。春也。

萬物舒泰。上聲和而擧。夏也。萬物漸盛。去聲擧而壯。秋也。萬物成熟。入聲促而塞。冬也。萬物閉藏。初聲之ㆆ與ㅇ相似。於諺可以通用也。半舌有輕重二音。然韻書字母唯一。且國語雖不分輕重。皆得成音。若欲備用。則依脣輕例。ㅇ連書ㄹ下。爲半舌輕音。舌乍附上腭。·ㅡ

也。且半舌之ㄹ。當用於諺。而不可用於文。如入聲之彆字。終聲當用ㄷ。而俗習讀爲ㄹ。盖ㄷ變而爲輕也。若用ㄹ爲彆之終。則其聲舒緩。不爲入也。訣曰

不淸不濁用於終
爲平上去不爲入
全淸次淸及全濁
是皆爲入聲促急
初作終聲理固然
只將八字用不窮
唯有欲聲所當處
中聲成音亦可通
若書卽字終用君
洪彆亦以業斗終
君業覃終又何如

正音解例 十九

以那彆彌次第推
六聲通乎文與諺
戌閭用於諺衣絲
五音緩急各自對
君聲迺是業之促
斗彆聲緩爲那彌
穰欲亦對戌與挹
閭宜於諺不宜文
斗輕爲閭是俗習

合字解

初中終三聲。合而成字。初聲或在中聲之上。或在中聲之左。如君字ㄱ在ㅜ上。業字ㆁ在ㅓ左之類。中聲則圓者橫者在初聲之下。ㆍㅡㅗㅛㅜㅠ是也。縱者在初聲之右。ㅣㅏㅑㅓㅕ是也。如呑字ㆍ在ㅌ

正音解例 二十

也。訣曰
母字之音各有中
須就中聲尋闢闔
洪覃自呑可合用
君業出卽亦可合
欲之與穰戌與彆
各有所從義可推
侵之爲用最居多

於十四聲徧相隨

終聲解

終聲者。承初中而成字韻。如卽字
終聲是ㄱ。ㄱ居즈終而爲즉。洪字
終聲是ㆁ。ㆁ居호終而爲홍之類。
舌脣齒喉皆同。聲有緩急之殊。故
平上去其終聲不類入聲之促急。
不淸不濁之字。其聲不厲。故用於
終則宜於平上去。全淸次淸全濁
之字。其聲爲厲。故用於終則宜於
入。所以ㆁㄴㅁㅇㄹㅿ六字爲平
上去聲之終。而餘皆爲入聲之終
也。然ㄱㆁㄷㄴㅂㅁㅅㄹ八字可
足用也。如빗곶爲梨花。엿의갗爲
狐皮。而ㅅ字可以通用。故只用ㅅ
字。且ㅇ聲淡而虛。不必用於終。而

中聲可得成音也。ㄷ如볃爲彆。ㄴ
如군爲君。ㅂ如업爲業。ㅁ如땀爲
覃。ㅅ如諺語옷爲衣。ㄹ如諺語실
爲絲之類。五音之緩急。亦各自爲
對。如牙之ㆁ與ㄱ爲對。而ㆁ促呼
則變爲ㄱ而急。ㄱ舒出則變爲ㆁ
而緩。舌之ㄴㄷ。脣之ㅁㅂ。齒之ㅿ
ㅅ。喉之ㅇㆆ。其緩急相對。亦猶是

是ㅋ。ㅋ與ㅙ而爲쾌。虯字初聲是ㄲ。ㄲ與ㅠ而爲뀨。業字初聲是ㆁ。ㆁ與ㅓㅂ而爲업之類。舌之斗呑覃那。脣之彆漂步彌。齒之即侵慈戌邪。喉之挹虛洪欲。半舌半齒之閭穰。皆倣此。訣曰

君快虯業其聲牙
舌聲斗呑及覃那
彆漂步彌則是脣
齒有即侵慈戌邪
挹虛洪欲迺喉聲
閭爲半舌穰半齒
二十三字是爲母
萬聲生生皆自此

中聲解

中聲者。居字韻之中。合初終而成音。如呑字中聲是ㆍ。ㆍ居ㅌㄴ之間而爲툰。即字中聲是ㅡ。ㅡ居ㅈㄱ之間而爲즉。侵字中聲是ㅣ。ㅣ居ㅊㅁ之間而爲침之類。洪覃君業欲穰戌彆。皆倣此。二字合用者ㅗ與ㅏ同出於ㆍ。故合而爲ㅘ。ㅛ與ㅑ又同出於ㅣ。故合而爲ㆇ。ㅜ與ㅓ同出於ㅡ。故合而爲ㅝ。ㅠ與ㅕ又同出於ㅣ。故合而爲ㆊ。以其同出而爲類。故相合而不悖也。一字中聲之與ㅣ相合者十。ㆎㅢㅚㅐㅟㅔㆉㅒㆌㅖ是也。二字中聲之與ㅣ相合者四。ㅙㅞㆈㆋ是也。ㅣ於深淺闔闢之聲。並能相隨者。以其舌展聲淺而便於開口也。亦可見人之參贊開物而無所不通

呑之爲字貫八聲
維天之用徧流行
四聲兼人亦有由
人參天地爲最靈
且就三聲究至理
自有剛柔與陰陽
中是天用陰陽分
初迺地功剛柔彰

中聲唱之初聲和
天先乎地理自然
和者爲初亦爲終
物生復歸皆於坤
陰變爲陽陽變陰
一動一靜互爲根
初聲復有發生義
爲陽之動主於天

終聲比地陰之靜
字音於此止定焉
韻成要在中聲用
人能輔相天地宜
陽之爲用通於陰
至而伸則反而歸
初終雖云分兩儀
終用初聲義可知

正音之字只廿八
探賾錯綜窮深幾
指遠言近牖民易
天授何曾智巧爲

初聲解

正音初聲。即韻書之字母也。聲音由此而生。故曰母。如牙音君字初聲是ㄱ。ㄱ與ᅟᅮᆫ而爲군。快字初聲

聲音又自有淸濁
要於初發細推尋
全淸聲是君斗彆
卽戌挹亦全淸聲
若迺快呑漂侵虛
五音各一為次淸
全濁之聲虯覃步
又有慈邪亦有洪

全淸竝書為全濁
唯洪自虛是不同
業那彌欲及閭穰
其聲不淸又不濁
欲之連書為脣輕
喉聲多而脣乍合
中聲十一亦取象
精義未可容易觀

呑擬於天聲最深
所以圓形如彈丸
卽聲不深又不淺
其形之平象乎地
侵象人立厥聲淺
三才之道斯為備
洪出於天尙為闔
象取天圓合地平

覃亦出天為已闢
發於事物就人成
用初生義一其圓
出天為陽在上外
欲穰兼人為再出
二圓為形見其義
君業戌彆出於地
據例自知何須評

一元之氣。周流不窮。四時之運。循
環無端。故貞而復元。冬而復春。初
聲之復爲終。終聲之復爲初。亦此
義也。吁。正音作而天地萬物之理
咸備。其神矣哉。是殆天啓
聖心而假手焉者乎。訣曰
天地之化本一氣
陰陽五行相始終

正音解例 九

物於兩間有形聲
元本無二理數通
正音制字尙其象
因聲之厲每加畫
音出牙舌脣齒喉
是爲初聲字十七
牙取舌根閉喉形
唯業似欲取義別

舌迺象舌附上腭
脣則實是取口形
齒喉直取齒喉象
知斯五義聲自明
又有半舌半齒音
取象同而體則異
那彌戍欲聲不厲
次序雖後象形始

正音解例 十

配諸四時與冲氣
五行五音無不協
維喉爲水冬與羽
牙迺春木其音角
徵音夏火是舌聲
齒則商秋又是金
脣於位數本無定
土而季夏爲宮音

成金之數也。ㅠ再生於地。地六成水之數也。ㅕ次之。地八成木之數也。水火未離乎氣。陰陽交合之初。故闔。木金陰陽之定質。故闢。ㆍ天五生土之位也。ㅡ地十成土之數也。ㅣ獨無位數者。蓋以人則無極之眞。二五之精。妙合而凝。固未可以定位成數論也。是則中聲之中。

亦自有陰陽五行方位之數也。以初聲對中聲而言之。陰陽。天道也。剛柔。地道也。中聲者。一深一淺一闔一闢。是則陰陽分而五行之氣具焉。天之用也。初聲者。或虛或實或颺或滯或重若輕。是則剛柔著而五行之質成焉。地之功也。中聲以深淺闔闢唱之於前。初聲以五

音淸濁和之於後。而爲初亦爲終。亦可見萬物初生於地。復歸於地也。以初中終合成之字言之。亦有動靜互根陰陽交變之義焉。動者。天也。靜者。地也。兼乎動靜者。人也。蓋五行在天則神之運也。在地則質之成也。在人則仁禮信義智神之運也。肝心脾肺腎質之成也。初

聲有發動之義。天之事也。終聲有止定之義。地之事也。中聲承初之生。接終之成。人之事也。蓋字韻之要在於中聲。初終合而成音。亦猶天地生成萬物。而其財成輔相則必賴乎人也。終聲之復用初聲者。以其動而陽者乾也。靜而陰者亦乾也。乾實分陰陽而無不君宰也。

縮而聲淺。人生於寅也。形之立象乎人也。此下八聲。一闔一闢。ㅗ與ㆍ同而口蹙。其形則ㆍ與ㅡ合而成。取天地初交之義也。ㅏ與ㆍ同而口張。其形則ㅣ與ㆍ合而成。取天地之用發於事物待人而成也。ㅜ與ㅡ同而口蹙。其形則ㅡ與ㆍ合而成。亦取天地初交之義也。ㅓ

正音解例 五

與ㅡ同而口張。其形則ㆍ與ㅣ合而成。亦取天地之用發於事物待人而成也。ㅛ與ㅗ同而起於ㅣ。ㅑ與ㅏ同而起於ㅣ。ㅠ與ㅜ同而起於ㅣ。ㅕ與ㅓ同而起於ㅣ。ㅗㅏㅜㅓ始於天地。爲初出也。ㅛㅑㅠㅕ起於ㅣ而兼乎人。爲再出也。ㅗㅏㅜㅓ之一其圓者。取其初生之義

也。ㅛㅑㅠㅕ之二其圓者。取其再生之義也。ㅗㅏㅛㅑ之圓居上與外者。以其出於天而爲陽也。ㅜㅓㅠㅕ之圓居下與內者。以其出於地而爲陰也。ㆍ之貫於八聲者。猶陽之統陰而周流萬物也。ㅛㅑㅠㅕ之皆兼乎人者。以人爲萬物之靈而能參兩儀也。取象於天地人

正音解例 六

而三才之道備矣。然三才爲萬物之先。而天又爲三才之始。猶ㆍㅡㅣ三字爲八聲之首。而ㆍ又爲三字之冠也。ㅗ初生於天。天一生水之位也。ㅏ次之。天三生木之位也。ㅜ初生於地。地二生火之位也。ㅓ次之。地四生金之位也。ㅛ再生於天。天七成火之數也。ㅑ次之。天九

ㅿ。半齒音。如穰字初發聲
·。如呑字中聲
ㅡ。如即字中聲
ㅣ。如侵字中聲
ㅗ。如洪字中聲
ㅏ。如覃字中聲
ㅜ。如君字中聲

正音 三

ㅓ。如業字中聲
ㅛ。如欲字中聲
ㅑ。如穰字中聲
ㅠ。如戌字中聲
ㅕ。如彆字中聲
終聲復用初聲。ㅇ連書脣音
之下。則爲脣輕音。初聲合用

則竝書終聲同。·ㅡㅗㅜㅛ
ㅠ。附書初聲之下。ㅣㅏㅓㅑ
ㅕ。附書於右。凡字必合而成
音。左加一點則去聲。二則上
聲。無則平聲。入聲加點同而
促急

正音 四

訓民正音解例

制字解

天地之道。一陰陽五行而已。坤復
之間爲太極。而動靜之後爲陰陽。
凡有生類在天地之間者。捨陰陽
而何之。故人之聲音。皆有陰陽之
理。顧人不察耳。今正音之作。初非
智營而力索。但因其聲音而極其

正音解例 一

理而已。理旣不二。則何得不與天
地鬼神同其用也。正音二十八字。
各象其形而制之。初聲凡十七字。
牙音ㄱ。象舌根閉喉之形。舌音ㄴ。
象舌附上腭之形。脣音ㅁ。象口形。
齒音ㅅ。象齒形。喉音ㅇ。象喉形。ㅋ
比ㄱ。聲出稍厲。故加畫。ㄴ而ㄷ。ㄷ
而ㅌ。ㅁ而ㅂ。ㅂ而ㅍ。ㅅ而ㅈ。ㅈ而

ㅊ。ㅇ而ㆆ。ㆆ而ㅎ。其因聲加畫之
義皆同。而唯ㆁ爲異。半舌音ㄹ。半
齒音ㅿ。亦象舌齒之形而異其體。
無加畫之義焉。夫人之有聲本於
五行。故合諸四時而不悖。叶之五
音而不戾。喉邃而潤。水也。聲虛而
通。如水之虛明而流通也。於時爲
冬。於音爲羽。牙錯而長。木也。聲似

正音解例 二

喉而實。如木之生於水而有形也。
於時爲春。於音爲角。舌銳而動。火
也。聲轉而颺。如火之轉展而揚揚
也。於時爲夏。於音爲徵。齒剛而斷
金也。聲屑而滯。如金之屑瑣而鍛
成也。於時爲秋。於音爲商。脣方而
合。土也。聲含而廣。如土之含蓄萬
物而廣大也。於時爲季夏。於音爲

ㅿ。半齒音。如穰字初發聲

ㆍ。如呑字中聲

ㅡ。如即字中聲

ㅣ。如侵字中聲

ㅗ。如洪字中聲

ㅏ。如覃字中聲

ㅜ。如君字中聲

ㅓ。如業字中聲

ㅛ。如欲字中聲

ㅑ。如穰字中聲

ㅠ。如戌字中聲

ㅕ。如彆字中聲

終聲復用初聲。ㅇ連書脣音之下。則爲脣輕音。初聲合用則並書終聲同。ㆍㅡㅗㅜㅛ
ㅠ。附書初聲之下。ㅣㅏㅓㅑ
ㅕ。附書於右。凡字必合而成音。左加一點則去聲。二則上聲。無則平聲。入聲加點同而促急

訓民正音

國之語音異乎中國與文字不相流通故愚民有所欲言而終不得伸其情者多矣予爲此憫然新制二十八字欲使人人易習便於日用耳

ㄱ牙音如君字初發聲
並書如虯字初發聲
ㅋ牙音如快字初發聲
ㆁ牙音如業字初發聲
ㄷ舌音如斗字初發聲
並書如覃字初發聲
ㅌ舌音如呑字初發聲
ㄴ舌音如那字初發聲

ㅂ脣音如彆字初發聲
並書如步字初發聲
ㅍ脣音如漂字初發聲
ㅁ脣音如彌字初發聲
ㅈ齒音如即字初發聲
並書如慈字初發聲
ㅊ齒音如侵字初發聲
ㅅ齒音如戌字初發聲
並書如邪字初發聲
ㆆ喉音如挹字初發聲
ㅎ喉音如虛字初發聲
並書如洪字初發聲
ㅇ喉音如欲字初發聲
ㄹ半舌音如閭字初發聲

훈민정음해례본

훈민정음 해례본

초판 1쇄 인쇄 | 2025년 12월 27일
초판 1쇄 발행 | 2025년 12월 30일

편저자 | 전영태
펴낸이 | 이어산
편 집 | 김성진
발행처 | 도서출판 실천
등록번호 | 서울 종로 바00196호 등록일자 | 2018년 7월 13일
| 진주 제2021-000009호 등록일자 | 2021년 3월 19일
서울사무실 | 서울특별시 종로구 율곡로 6길 36
02)766-4580, 010-6687-4580
본사사무실 | 경남 진주시 동부로 169번길 12. 윙스타워지식산업센터 A동 705호
055)763-2245, 010-3945-2245 팩스 055)762-0124
인쇄·출판 | 도서출판 실천
홈페이지 | https://cafe.daum.net/poem1188
이메일 | 0022leesk@hanmail.net

ISBN |
값 30,000원

* 이 책의 국립중앙도서관 출판예정도서목록(CIP)은 서지정보유통지원시스템(http://seoji.nl.go.kr)과 국가자료종합목록시스템(http://www.nl.go.kr/kolisnet)에서 이용하실 수 있습니다.
* 잘못된 책은 교환해 드립니다.